Daniel Schenkel

Bibellexikon

Vol. 1

Daniel Schenkel

Bibellexikon
Vol. 1

ISBN/EAN: 9783337226152

Printed in Europe, USA, Canada, Australia, Japan

Cover: Foto ©Lupo / pixelio.de

More available books at **www.hansebooks.com**

Obergaliläa sieht man oft den einen Thalabhang mit hohem Strauchwald bewachsen, während der gegenüberliegende, der ausdörrenden Hitze mehr ausgesetzt, kahl ist. Karmel und Tabor haben fast in ihrem ganzen Umfang hohen Strauchwald; dagegen entbehren die Berge Ephraims und Benjamins des Gehölzes fast gänzlich. Namentlich holzarm zeigt sich der Boden östlich von der Wasserscheide gegen das Jordanthal hin und zwar auf der ganzen Strecke vom Gilboa an bis zu der südlichen Landesgrenze (s. Wüste). Judäas ausgedehnte Strauchwälder liegen im Westen und Nordwesten von Hebron. An der Verkümmerung des Baumschlages sind hauptsächlich die Ziegenheerden schuld, welche die zarten Zweige abnagen. Es wird indeß überhaupt auf Pflege des Forstes nicht die mindeste Sorgfalt verwandt. Weil man die Wurzeln der Sträucher ausrodet, um sie zu Kohlen zu brennen, steigert sich die Holzarmuth des Landes von Jahr zu Jahr.

Viel bedeutender ist der Waldbestand im Ostjordanland. Ueppiges Waldland treffen wir im obern Dschaulan, viele alte Eichenhaine am Westabhang des Hauran; am gesegnetsten aber in dieser Beziehung ist Gilead. Hier kann man mancherorts sowol im Dschebel Adschlun als in der Belka eine Stunde in dichtem Waldesschatten reisen, wir erinnern an die Wälder von Suf, vom Dschebel Kaflaf, von Ragaba, von Gil'ad südlich des Jabbok und von Fuheis südöstlich von Ramoth Gilead (es-Salt). Um so auffallender contrastirt gegen Gileads Wälderpracht die große Holzarmuth der ammonitischen und moabitischen Hochebenen. Den viel geschlungenen Lauf des untern Jordan begleitet ein schmaler Streifen von Laubwald abwechselnd mit hohem, dichtem Schilf (vgl. 2 Kön. 6, 21).

In ganz Palästina herrscht unter den Waldbäumen die Eichengattung vor, von andern Gattungen nennen wir Tamarisken, Platanen, Eschen, Pappeln, Föhren, Erdbeerbäume und den stacheligen Nebk, welch letzterer die Oase von Jericho in Strauch- und Baumform weithin bedeckt.

Daß im Alterthum der Waldbestand auch im westlichen Palästina noch größer gewesen als heute, bezeugen die jetzt noch vorhandenen Spuren sowie auch die biblischen Andeutungen. Ein großer Wald zog sich über die Berge Ephraims und Benjamins hin (Jos. 17, 15 fg.; 1 Sam. 14, 25), und Kirjath-Jearim, d. i. Wälderstadt, hieß ein angesehener Ort letztern Stammes. Selbst in dem jetzt so öden Bergschluchten im Osten Bethels gab es Wald, in welchem sich Bären aufhielten (2 Kön. 2, 24). Noch mehr beweisen die vielen dem Waldleben entlehnten Bilder des A. T. Dichter und Propheten erzählen uns, wie die Löwen hervorbrechen aus dem Walde, dem „Wohnort des Wildes" (Jer. 5, 6; 12, 8; Am. 3, 4; Jes. 56, 9; Ps. 50, 10), wie das Laub rauscht in den unzählbaren Bäumen des „undurchdringlichen" Waldes (Jes. 7, 2; 10, 18. 19; Jer. 46, 23), wie der Gewittersturm Lichtungen bricht (Ps. 29, 9), wie des Waldes Dickicht niedergemäht wird von der Axt (Ps. 74, 5; Jes. 10, 34), und wohlbekannt war das großartige Schauspiel des Waldbrandes (Jes. 9, 18; Jer. 21, 14; Ps. 83, 15; Jak. 3, 5). Von Holzhauern redet noch das Gesetz 5 Mos. 19, 5; jetzt könnte man dort nur noch von Holzbrennern berichten. Feierliche Waldeinsamkeit herrschte auf Karmels Höhen zu Micha's Zeit (Mich. 7, 14) und vom würzigen Waldesduft des Libanon redet Hosea (Kap. 14, 16). Auf umwaldeten Höhen baute Jotham Burgen und Thürme (2 Chron. 27, 4). S. Basan, Cedern, Eichen, Gilead, Jordan, vgl. Ritter, „Die Sinai-Halbinsel, Palästina und Syrien" (Berlin 1848—55), II, 1, 1488; Tristram, The land of Israel, a journal of travels in Palestine (London 1865), S. 462 fg.

Furrer.

Waldesel (hebräisch: pérē oder ʽarod) (asinus hemippus). Dieser nahe Verwandte des zahmen Esels, schlanker und elastischer als dieser, kommt an Schnelligkeit dem besten Pferde gleich, hat außerordentlich feines Gesicht und Gehör und ebenso guten Geruch. Sein graues Fell spielt im Sommer ins Röthliche, welche Schattirung im Winter verschwindet, hingegen bleibt ein über den Rückgrat sich hinziehender dunkler Streif um die wollige Mähne. Wild und unbändig streift der Waldesel am liebsten heerdenweise in menschenarmen Gegenden (Jes. 32, 14; Hiob 24, 5). Er läuft auf alle aussichtreichen Höhen seines Reviers, um etwaige Feinde zu erspähen; daher denn auch nur die geschicktesten Jäger seiner habhaft werden können und die assyr. Könige selbst mit allem Eifer der Jagd auf wilde Esel oblagen (vgl. G. Rawlinson, The five great monarchies of the eastern world [2. Aufl., London 1871], S. 222 fg., 515 fg.). Den trotzigen Freiheitssinn des wilden Esels hat der Dichter Hiob's (Kap. 39, 6—8) prächtig geschildert und geistreich der alte Erzähler (1 Mos. 16, 12) den ungebändigten Sohn der arab. Wüste mit dem Waldesel verglichen. Wenn die Israeliten den Brunsttrieb des Waldesels (Jer. 2, 24), sein Streifen auf Gebirgshöhen (Hiob 39, 8; Jer. 14, 6), sein heerdenweises Kommen zu den Trinkstätten (Ps. 104, 11), sein klägliches Schreien bei Mangel an grünem Gras (Hiob 6, 5), ja selbst den kräftigen Glanz seiner Augen (Jer. 14, 6), und die harmlose Unwissenheit (Hiob 11, 12) seines Füllens kannten, so stützte sich solch genaue Kenntniß auf unmittelbare Anschauung im eigenen Lande. Jetzt ist der Waldesel von Palästina verschwunden und findet sich auch nur selten in den einsamen Gegenden östlich von Hauran oder nördlich von Damaskus. In den Einöden Aegyptens kommt übrigens auch der gewöhnliche Esel in wildem Zustande vor und es mag sein, daß der feinsinnige Naturbeobachter, der Dichter Hiob's, mit tarod diesen wilden asinus vulgaris, mit pĕrëh den eigentlichen asinus hemippus bezeichnen wollte. Im Euphratgebiet schwärmen die Waldesel im Sommer bis ins armenische Gebirge hinauf, im Winter bis zum Persischen Golf hinab, während sie in Aegypten nur im Sommer an den Grenzen des cultivirten Landes sich zeigen, im Winter sich in das Innere der Einöden zurückziehen. Vgl. Tristram, The natural history of the Bible (London 1867), S. 43 fg.; Wood, Bible animals (London 1869), S. 219 fg. Furrer.

Waldochs, s. Gazelle.

Walfisch deutet Luther das hebr. liwjatān und tannin (vgl. z. B. Ps. 74, 14; 104, 26; Hiob 7, 12; 1 Mos. 1, 21) sowie das griech. ketos (Sir. 43, 27; Matth. 12, 40). Beide Ausdrücke beziehen sich auf große Reptile oder Wasserthiere überhaupt und eine genauere Bestimmung ergibt sich nur aus dem Zusammenhang der jeweiligen Schilderung. In mehrern Stellen (z. B. Jer. 14, 6) liegt übrigens schon im Hebräischen eine Verwechselung von tannin („Reptil") und tannim („Schakale"). Das Mittelländische Meer beherbergt eine Menge von Haifischen, an die neben Krokodilen bei 1 Mos. 1, 21 wol vorzüglich zu denken ist. In früherer Zeit kamen indeß auch Walfische, namentlich Bartwale, im Mittelländischen Meer zahlreich vor. Der Verfasser des Jonabuches hat daher bei der bekannten Erzählung (Jon. 2, 11 fg.; vgl. Matth. 12, 40) ohne Zweifel den Walfisch im Sinne gehabt, da dem Unkundigen zwar das ungeheuere Maul, aber nicht der enge Schlund des Wals bekannt war. Vgl. Schleiden, „Das Meer" (Berlin 1866), S. 623 fg. Tristram, The natural history of the Bible (London 1867), S. 152. Furrer.

Walker, einer, der durch kräftiges Kneten oder Stampfen den vom Webstuhl genommenen Stoff verdichtet, zugleich aber auch entfettet und überhaupt reinigt, bedient sich in neuerer Zeit der Walkmühle, daher Luther 2 Kön. 18, 17 das hebr. Wort kobes durch „Walkmüller" übersetzt. Im gesammten Alterthum wurde aber das Verdichten und Reinigen des Stoffes, das Walken, durch Treten mit den Füßen erzielt, worauf auch die hebr. Bezeichnung des Walkers, kobes, von kabas, mit Filzen treten, stampfen, hindeutet. Da der Walker nicht nur neugewobene Stoffe bearbeitete, sondern auch, und größtentheils, getragene Kleider reinigte, so war der hebr. Walker vornehmlich Wäscher, wie Luther Mal. 3, 2 übersetzt. In ältester Zeit wird wol auch bei den Hebräern das Waschen der Gewänder, das beim sogenannten Aussatz derselben gesetzlich verordnet ist (3 Mos. 13, 54), von der Familie (2 Mos. 19, 10; 3 Mos. 11, 23; 4 Mos. 19, 7), namentlich dem weiblichen Theile, verrichtet worden sein, wie nach althellenischem Brauch selbst Königstöchter dieses Geschäft besorgten; später aber finden wir, wie in Aegypten, so auch bei den Hebräern und Römern, die Wäscherei als ein besonderes und wichtiges Handwerk der Männer (2 Kön. 18, 17; Jes. 7, 3; 36, 2; Luther: Färber), welche getragene Gewänder, sowol weiße (Mark. 9, 3; Luther: Färber) als, nach dem Talmud, auch bunte, reinigten (s. übrigens Waschen).

Einen Einblick in die Einrichtung einer röm. Walkerei und die Manipulation bei der Reinigung der Gewänder erhalten wir durch eine in Pompeji aufgedeckte Walkerwerkstätte und die an ihren Wänden befindlichen Gemälde. Da sehen wir in Nischen Kübel mit Wasser aufgestellt, in deren einem ein Walker den Stoff durch Treten mit den Füßen reinigt, während in zwei andern die schon durchkneteten Gewänder herausgezogen und die noch etwa sich vorfindenden Flecken durch Reiben mit den Händen entfernt werden. Wahrscheinlich kamen dann die Gewänder in Waschgefäße, deren einige in der Werkstätte eingemauert sind, in denen durch Uebergießung mit klarem Waffer die zur Reinigung angewandte Lauge, Mineral- oder Pflanzenkali oder der Urin herausgespült wurde. Selbstverständlich trocknete man hierauf die gereinigten Kleider, wie die, auf einem andern Bilde, an Stangen aufgehängten Stoffe das Innere einer Trockenstube darstellen. Wie die röm. Walker und Wäscher ihr Gewerbe des übeln Geruchs wegen außerhalb der Stadt trieben, so wird 2 Kön. 8, 17; Jes. 5, 7; 36, 2 im Westen Jerusalems in der Nähe des obern Teichs ein Feld der Walker oder Wäscher erwähnt, wo die israelitischen, theils aus dem angeführten Grunde, theils wol des nöthigen Wassers wegen, ihr Geschäft verrichteten. In dem Namen „Rogel-Brunnen" (Jos. 15, 7. 8; 18, 16. 17) erscheint zwar „Rogel" als nomen proprium, das ursprünglich aber wol ein Appellativum war und auch Walker bedeutet. Rostoff.

Walkerfeld, s. Walker.

Wand, s. Häuser.

Wandel, s. Werke.

Waschen. Dem Orientalen ist die durch Waschung bewirkte Reinheit diätetisch wichtig und religiös bedeutsam; daher werden von ihm Waschungen der Kleidungsstücke, des ganzen Körpers oder einzelner Theile desselben wegen des heißen Klimas im Orient, wegen des Wüstensandes, besonders wegen Verhütung von Hautkrankheiten oft vorgenommen. Vor allem aber verlangte Ehrfurcht gegen das Heilige Reinheit des Körpers, äußere Reinigung (s. d.) erschien daher als würdige Vorbereitung für heilige Dinge. Daraus erklärt sich die Werthschätzung des Wassers im Morgenlande, die Anlegung von Brunnen, Wasserleitungen und Bädern und die Verehrung, welche man Strömen durch Baden in ihren Wellen zu beweisen glaubte. So legen die Indier großen Werth auf das Baden im Ganges, und die Frauen Aegyptens verehren den Nil dadurch, daß sie sich in seine Fluten tauchen (vgl. 2 Mos. 2, 5 fg.). Der Gottesdienst der Mohammedaner schreibt viele Waschungen vor und erfordert deshalb reichen Wasservorrath in oder nahe bei den Moscheen, daher oft in deren Nähe Cisternen oder Brunnen angelegt sind. Fast jedes vornehme orientalische Haus enthält eine Cisterne und ein Bad. Die alten Aegypter pflegten ihre irdenen Trinkgefäße täglich mit Wasser zu reinigen und immer frisch gewaschene leinene Kleider zu tragen; ihre Priester mußten zweimal des Tages und zweimal des Nachts in kaltem Wasser baden. Auch die Priester der Israeliten mußten rein vor Gott erscheinen; Hände und Füße mußten sie waschen beim Eingehen in das Heiligthum, beim Heraustreten an den Opferaltar (2 Mos. 30, 18 fg.). Mose sollte den Aaron und dessen Söhne sich waschen lassen, ehe sie in den Dienst Gottes traten (2 Mos. 29, 4; 3 Mos. 8, 6). Auch die Leviten sollten die Kleider waschen und mit Wasser besprengt werden (4 Mos. 8, 7); die Vorschrift des Kleiderwaschens galt auch für den, der das Reinigungswasser sprengte (4 Mos. 19, 21). Dem ganzen israelitischen Volke wird das Waschen der Kleider befohlen, als würdige Vorbereitung auf die Eröffnung der Bundesgesetze (2 Mos. 19, 10). Bei jeder Verunreinigung, z. B. durch Samenergießung (3 Mos. 15, 16; 5 Mos. 23, 11 fg.) und durch den Beischlaf (3 Mos. 15, 18), sollte man sich waschen. Die Priester mußten sich waschen, wenn sie unrein geworden waren durch eine Leiche oder auf andere Weise (3 Mos. 22, 4 fg.). Waschung der Kleider wurde von dem verlangt, welcher ein Aas trug oder davon gegessen hatte (3 Mos. 11, 25. 28. 40); Kleiderwaschung und Bad hatte derjenige vorzunehmen, welcher das Lager, den Sitz, den Leib eines Mannes, der den Samenfluß hatte, berührte (3 Mos. 15, 5 fg.), der von dem Speichel desselben getroffen wurde (V. 8) oder irgendetwas berührte, was jener berührt hatte (V. 10). Dieselbe Waschung mußte vorgenommen werden, wenn man eine Menstruirende oder etwas von ihr Berührtes gleichfalls berührt hatte (3 Mos. 15, 21 fg.), wenn man durch eine Leiche sich verunreinigt hatte (4 Mos. 19, 19) oder vom Aussatz befallen war (3 Mos. 14, 8). Eine besondere Höflichkeit war es, dem Gast vor dem Mahle Wasser zum Waschen der Füße bringen zu lassen (1 Mos. 18, 4; 19, 2; 24, 32; Richt. 19, 21); Robinson (vgl. „Palästina" [Halle 1841—42], III, 234) erfuhr diese Aufmerksamkeit gleichfalls im Hause des amerikan. Consularagenten in Ramleh, wo ihm eine nubische Sklavin Wasser brachte, es auf seine Füße goß, die sie mit der Hand abrieb und mit einer Serviette abtrocknete. Man erwartete diese Fußwaschung als einen Beweis der Höflichkeit (vgl. Luk. 7, 44); auch die Hindus beobachteten sie und brachten sogar dem Götzenbild Wasser zum Fußwaschen als Gabe dar. Diese Fußwaschung (s. d.), in der

Regel von Sklaven verrichtet, wurde auch von Jesus während des letzten Mahles an seinen Jüngern vollzogen (Joh. 13, 2 fg.). Der Salbung pflegte ein Bad voranzugehen (Ruth 3, 3; Judith 10, 3). Vor dem Essen wusch man die Hände (Matth. 15, 2), doch wurde diese von den Pharisäern peinlich beobachtete Sitte von Jesus und seinen Jüngern unbeachtet gelassen, da er vielmehr Werth legte auf innere Reinheit (Luk. 11, 38 fg.). Die Mischna (Tractat, Berachoth, VIII, 4) verlangt das Händewaschen auch nach dem Essen; Robinson (a. a. O., II, 726) fand diese Sitte bei einem Mahl im Hause des Gouverneurs von Hebron. Leichen wurden vor der Beerdigung gewaschen (Apg. 9, 37); man wusch die Striemen zur Linderung des Schmerzes (Apg. 16, 33); an Flüssen und Brunnen wurde und wird noch heute im Orient von den Frauen die Wäsche gewaschen; auch Thiere reinigten sich im Wasser (vgl. 2 Petr. 2, 22). Durch Waschen der Hände bezeugte man symbolisch seine Unschuld an vergossenem Blut (5 Mos. 21, 6; Matth. 27, 24; vgl. Ps. 73, 13). Auf der reinigenden Kraft des Wassers beruht die Anwendung desselben in der Taufe (s. d.). Grundt.

Wasser. In einem so trockenen Lande wie Palästina wurde das Wasser weit höher geschätzt als bei uns; denn von langer anhaltender Dürre hat dort die lebende Natur am meisten zu leiden. Wenn spärlich die Winterregen gefallen und des Sommers Glut ununterbrochen bis in den October sich erstreckt, begreifen wir, daß es, wie der Prophet sagt, Elende gibt, die weitherum umsonst nach Wasser suchen und deren Zunge vor Durst verdorrt (Jes. 41, 17), daß Streit entsteht um der Brunnen willen (1 Mos. 21, 25; 26, 18 fg.), daß ein Trunk kühlen Wassers ein wonnevoller Genuß ist (Spr. 25, 25; vgl. Mark. 9, 41; Matth. 10, 42), gestohlene Wasser süß schmecken (Spr. 9, 17) und daß man überhaupt Wasser in reichem Maße genießt (vgl. Hiob 34, 7). Fauliges Cisternenwasser ist oft das einzige Getränk. Welches Labsal dagegen das frisch aus dem Felsen quellende Wasser, das „Wasser des Lebens" (Jer. 2, 13; 17, 13; Joh. 4, 10; Offb. 22, 17). Einen Trunk Wassers durfte man dem Wanderer nicht versagen (Matth. 10, 42; Mark. 9, 41), doch im freigebigen Hause gab man ihm Milch (Richt. 5, 25). Wein mit Wasser vermischt galt als das angenehmste Getränk (2 Makk. 15, 40); dem schwachen Magen seines Freundes empfahl Paulus Wein anstatt Wassers (1 Timoth. 5, 23). An Wassern bewahrt der Baum unvergängliches Grün (Jer. 17, 8; Ps. 1, 3), gedeiht üppig die Saat (Hiob 29, 19), und durch Wasser macht Gott die Wüste zu Paradiesesauen (Jes. 35, 1 fg.; 41, 19 fg.) Unersättlich schluckt die Erde, die lange geschmachtet, das Wasser (Spr. 30, 16).

Die göttliche Allmacht hat Wasser als Himmelsocean über die Erde gewölbt (1 Mos. 1, 7; Ps. 104, 3), ins Wolkenkleid dasselbe gehüllt (Spr. 30, 4), und in Tropfen läßt sie es auf die durstige Erde rieseln (Hiob 36, 27 fg.; Jes. 44, 3). Dem Wasser des Meeres, das alle Gewässer in seinen Schos aufnimmt (Koh. 1, 7), hat sie Schranken gesetzt (Am. 5, 8; Ps. 33, 7) und aus dürrem Fels den sprudelnden Quell geschlagen (Jes. 48, 21; 2 Mos. 17, 6; 4 Mos. 20, 11). Wie geheimnißvoller erscheint im compacten Kalkgebirge die Quellenbildung als im reichgeäderten, porösen, krystallinischen Gestein. Aus wilden Bergwassern, die Steine mit fortreißen (Hiob 14, 19), und die in enger Schlucht von allen Seiten den Ahnungslosen plötzlich bedrohen (Ps. 88, 18), rettet der starke Gott (Ps. 18, 17; 32, 6; 144, 7; Jes. 43, 16). Salziges und süßes Wasser kann nicht dieselbe Quelle spenden (Jak. 3, 12); aber Gottes Kraft kann die Salzsole zu süßem Wasser umwandeln (2 Kön. 2, 19 fg.), wie dies infolge von innern Erdbewegungen etwa beobachtet werden mochte, begreiflich auch das Umgekehrte. In intermittirenden Quellen, deren berühmteste die von Jerusalem ist, verehrte man ein göttliches Geheimniß (Joh. 5, 4).

Stand eine Frau im Verdacht des Ehebruchs, so mußte sie „Fluchwasser" trinken, nämlich geweihtes Wasser vermischt mit Staub und der vom Zettel abgewaschenen Buchstabensubstanz der Fluchsprüche (4 Mos. 5, 11—31; s. Fluchwasser). Ueber das in Blut verwandelte Nilwasser, s. Nil, Mose. Furrer.

Wassermelonen, 'abattihim, aßen nach 4 Mos. 11, 5 die Israeliten einst neben anderm Gemüse in Aegypten, und noch jetzt werden bortzulande diese Melonen (cucurbita citrallus) in großer Menge angebaut und verzehrt, vgl. Knobel zu 4 Mos. 11, 5. Das Innere der Wassermelone, die bisweilen ein Gewicht von 30 Pfund und einen Längendurchmesser von drei bei einem Querdurchschnitt von zwei Fuß erreicht, ist fest, das Fleisch blaßroth und mit dunkeln Samenkörnern durchsprengt. Die harte Haut ist glatt, schwarzgrün untermischt mit blaßgrünen weißlichen Flecken. Das Kraut ausgezeichnet durch fieberiggespaltene Blätter und kleine blaßgelbe Blüten kriecht mit Ranken auf der Erde fort. Wässerig und ohne viel Geschmack ist sie wegen ihrer kühlenden Eigenschaft unter der glutheißen Sonne der Wüste eine höchst angenehme Erquickung. Wassermelonen werden auch in Palästina massenhaft angebaut, besonders in der Ebene Saron (vgl. Rogers, La vie domestique en Palestine [Paris 1864], S. 442 fg.) wo die Haupternte auf Ende Juli fällt. Die frühesten Melonen auf dem Markt von Damaskus kommen von der Ebene Batiha (Melonenebene) am Nordostsaume des Sees Genezareth. Neben den Wassermelonen cultivirt man auch die Fleischmelonen (cucumos melo) sowol in Aegypten als auch in Palästina. Es bezieht sich indeß der mit 'abattihim stammverwandte arab. Name auf die Wassermelone. Vgl. Oken, „Allgemeine Naturgeschichte" (Stuttgart 1833—41), II, 829 fg.; Tristram, The natural history of the Bible (London 1867), S. 468; Hasselquist, „Reise nach Palästina", deutsch von Gabebusch (Rostock 1762), S. 528 fg. Furrer.

Webebrote, s. Heben und Weben.
Webebrust, s. Heben und Weben.
Webegarbe, s. Heben und Weben.
Weben, s. Heben und Weben.
Weberei, s. Handwerke, Wirken.

Wechsler, ein Kaufmann, der eine Münzsorte gegen eine andere umtauscht, hieß in Griechenland κολλυβιστής, wo dies Geschäft zuerst durch den auswärtigen Handel, der nach den Perserkriegen, infolge der Züge Alexander's und der Gründung Alexandriens, sich mächtig aufgeschwungen und weit ausgedehnt hatte, hervorgerufen wurde. Als dann die röm. Herrschaft den unmittelbaren Verkehr des Occidents mit dem Orient eröffnete, war das Wechslergeschäft ein nothwendiges Moment im Handel. Die Wechsler blieben aber nicht bei ihrer ursprünglichen Beschäftigung, fremde gegen einheimische Münzsorten für ein kleines Aufgeld (collybus) umzutauschen, sondern verlegten sich hauptsächlich darauf, zu geringen Zinsen Geld aufzunehmen und zu hohen darzuleihen (die athenienfischen z. B. nahmen 36 Proc.), wodurch sie großen Gewinn und eine Art Gläubigermonopol erlangten. Außerdem wußten sie von den ihnen anvertrauten Summen solcher, die ihre Kasse nicht selbst führten, eigenen Vortheil zu ziehen und misbrauchten nicht selten ihren Credit zum Nachtheil ihrer Creditoren. Es kann daher nicht befremden, daß Habsucht, Raubgier, Schlechtigkeit überhaupt zu Prädicaten jener Wechsler wurden, zumal sie gewöhnlich Leute niederer Herkunft und Gesinnung waren. Die üble Behandlung der Wechsler im N. T. (Matth. 12, 12; Mark. 11, 15; Joh. 2, 15) hat aber ihren Grund nicht sowol in dem Gebaren derselben als vielmehr in dem ganzen trivialen Getriebe, wodurch das Heilige entweiht wurde. Die Wechsler im äußern Vorhof des Tempels, dem sogenannten Vorhof der Heiden, wo das zum Opferdienst erforderliche Opfermaterial verkauft wurde (Joh. 2, 14 fg.), wechselten gewöhnliches Geld gegen Sekel oder Doppeldrachmen, deren man zur Abtragung der Tempelsteuer bedurfte, welche zuerst von Mose zur Errichtung der Stiftshütte eingeführt wurde (2 Mos. 30, 12 fg.; 2 Chron. 24, 6), wonach jeder über 20 Jahre alte Israelit einen halben Silbersekel, aber nur dieses eine mal, zu entrichten hatte. Unter Joas wurden zur Ausbesserung des Tempels freiwillige Gaben vom Volke durch die Leviten eingesammelt (2 Kön. 12, 4 fg.; 22, 4—7). Nach dem Exil ward eine ständige, jährliche Abgabe von einem Drittelsekel daraus (Neh. 10, 33), später zu einem halben Sekel oder zwei Drachmen erhöht, welche auch die außerhalb Palästinas lebenden Juden zu leisten und nach Jerusalem abzuführen hatten. Nach dem Talmud wurde dieses Geld aber nicht, wie ursprünglich, blos für die Baulichkeiten des Tempels, sondern zur Anschaffung der täglichen Opfer, der Schaubrote, überhaupt zur Deckung der Bedürfnisse des Cultus verwendet (vgl. Neh. 10, 33 fg.). Da diese Tempelsteuer nur in der alten Münze abgetragen werden durfte (Matth. 17, 24), so war die Umwechselung der gewöhnlichen Münzsorten in jene nothwendig, somit auch die Wechsler, die das Geschäft verrichteten.

Das N. T. erwähnt den Wechsler auch unter dem Namen τραπεζίτης (Matth. 25, 27), von dem Tisch (Bank, Bankhalter), an dem er sein Gewerbe, Geld gegen Verzinsung auszuleihen, ausübt. Rosloff.

Wege, s. Straßen.

Wehmutter, s. Geburt.

Weib, s. Frauen.

Weiden. In Luther's deutscher Bibel sind mit dem Worte Weiden zwei an sich verschiedene Bäume übersetzt; sie finden sich jedoch häufig in Gesellschaft und mit Oleandern, Tamarisken, Palmen und niedern Sträuchern am meisten in heißen Niederungen, an fließendem Wasser (vgl. Ez. 17, 5; Ps. 137, 2; Hiob 40, 22), wo überhaupt der Baum am besten gedeiht (vgl. Ps. 1, 3). Daher sollen die mit Gottes Geist erfüllten, gekräftigten Israeliten, nach des Propheten Verheißung (Jes. 44, 4), wachsen und emporsprießen auf einem mit frischem Grün bedeckten Lande wie Weiden am dahinwallenden Gewässer. Die Zweige der Weiden wurden beim Laubhüttenfest getragen und geschwenkt zum Ausdruck der Freude (3 Mos. 23, 40; 2 Makk. 10, 7); dabei sollten jedoch, wie die Mischna (Tractat, Succa, III, 3) bemerkt, die Zweige der zaphzaphah, d. i. der Ez. 17, 5 genannten Weide, nicht gebraucht werden. Neuere Reisende, z. B. Robinson („Paläſtina" [Halle 1841—42], I, 175; II, 433; III, 48), fanden den Weidenbaum fast überall in Paläſtina und auch am Horeb, und zwar immer in der Nähe vom Waſſer. Doch wurde von Wetzstein der gewöhnlich (z. B. Pſ. 137, 2) mit „Weide" übersetzte Baum arab nur einmal in Paläſtina, und zwar in der Nähe von Nimrin im Moabiterland, gefunden, mit Weiden (arabisch: safsaf = hebräisch: zaphzaphah, Ez. 17, 5) und blühenden Oleandern zusammenstehend. Die Blätter dieses arab sitzen ringsum dicht am Stamm, wie bei der sindiana (der syr. Eiche), und sind wie bei dieser mit Dörnchen umsäumt. Auch der arab ist eine Wasserpflanze wie die Weide; seine Blütenbüschel sitzen an den Spitzen der schlanken Zweige und bilden Dolden; er ist daher eine Art viburnum und wird zum Unterschied von der Weide wol auch „Wiebe" genannt. Die Chowärene, d. h. Bauern an den Ufern des Todten Meeres, gewinnen in den Monaten Mai und Juni den sogenannten Beyrukhonig aus den Blättern und Zweigen dieses arab; die Araber essen ihn wie Honig, benutzen ihn auch dazu, ihre Wasserschläuche damit zu reiben und luftdicht zu machen. Dieser arab ist also keine Species der Weide, daher Pſ. 137, 2 nicht an die Trauerweide zu denken ist, denn diese gehören zur Gattung safsaf, welches nach Sprengel („Geschichte der Botanik" [Altona und Leipzig 1817—18], I, 25) die salix subserrata ist.   Grundt.

Weidenbach, s. Bäche.

Weihe, s. Weihen.

Weihen, heißt etwas für einen höhern Zweck bestimmen und im besondern etwas an Gott, beziehentlich an die irdischen Organe seines Willens und Wirkens dahingeben. Im weitesten Sinne gefaßt schließt der Begriff Weihe, Weihgeschenk auch den des Opfers mit ein, sofern aber letzteres gewöhnlich noch einen besondern Zweck (Sühnung, Erstattung u. s. w.) hat und infolge dessen in einer besondern, cultisch geregelten Weise dargebracht wird, versteht man unter Weihen im engern Sinne gewöhnlich die Darbringung von Gaben, die nicht als Opfer verwendbar waren, sondern in irgendeiner freiern, weniger gebundenen Weise dem Heiligthum und seinen Dienern zugewiesen wurden. Die häufigste Veranlassung zu solchen Gaben war ein vorangegangenes Gelübde (s. b.), das sowol auf Menschen wie auf Thiere und Sachen sich beziehen konnte (3 Mos. 27). Natürlich aber war das Gelübde nicht nothwendige Vorbedingung für die Darbringung eines Weihgeschenks, letzteres konnte ebenso gut Folge eines unmittelbaren und sogleich ausgeführten Willensentschlusses sein. Das bekannteste Beispiel dieser Art sind die freiwilligen Gaben, welche die Israeliten je nach Geschlecht, Stand und Vermögen zusammensteuerten, um den Bau und die Ausstattung ihres Heiligthums zu ermöglichen (2 Mos. 35, 20—29; 25, 1—7). In der spätern Zeit, als das Heiligthum einen bleibenden Ort gefunden und sich zu einem prächtigen Tempel umgestaltet hatte, wurden für die Unterhaltung desselben und der zu ihm gehörenden zahlreichen Dienerschaft (s. Priester, Leviten) zwar gewisse Gaben als regelmäßige obligatorische Abgaben eingeführt, so die Tempelsteuer von einem halben Sekel jährlich (2 Mos. 30, 13), die Erstlinge, Erstgeburten (s. b.) und Zehnten (s. b.); der ganze Aufwand konnte aber damit nicht bestritten werden, und soviel wir sehen können, fehlte es auch in der That daneben nie an freiwilligen Weihgeschenken, aus denen ein Tempelschatz gesammelt und geäufnet werden konnte (2 Kön. 12, 5 fg.; 22, 4 fg.).

Besonders waren es glückliche Kriegsunternehmungen, die jeweilen auch dem Tempelschatz

642 Weihrauch

zugute kamen (Jos. 6, 19; 2 Sam. 8, 11 fg. 7; 2 Kön. 11, 10); durch das spätere Gesetz wurde sodann der Modus der Beutevertheilung genau geregelt und der dem Heiligthum zu entrichtende Antheil fest bestimmt (4 Mos. 31, 25 fg.). Auch von auswärts flossen dem Tempel, besonders in späterer Zeit, hier und da Gaben zu (2 Makk. 3, 2; 9, 17; Josephus, „Alterthümer", XII, 2, 4. 7 fg.; XIV, 16, 4; XVIII, 3, 5; „Jüdischer Krieg", II, 17, 3; V, 13, 6); aus ganz früher Zeit berichtet von einem Beispiel ähnlicher Art 1 Sam. 6.

Was die Form der Darbringung solcher Weihgeschenke anlangt, so bestand sie zunächst einfach in Ablieferung der betreffenden Gaben an die Priester, welche dieselben, beziehentlich den daraus erlösten Geldwerth sorgfältig aufzuheben verpflichtet waren. Gewöhnlich schloß sich wol an die Empfangnahme von seiten der Priester die Ceremonie des Hebens und Webens (f. b.) an als Symbol der Weihe und Darbringung an Gott. Ueber eine besondere in gänzlicher Vernichtung des Gottgeweihten bestehende Form solcher Gaben f. Bann.

Auch der Fall, daß Menschen sich selbst oder ihre Angehörigen dem Heiligthum weihten, war denkbar und kam, wie es scheint, oft vor. Selten aber wurde eine solche Weihung in Wirklichkeit ausgeführt (1 Sam. 1), in den meisten Fällen trat an ihre Stelle die Einlösung mit Geld, für welche das Gesetz 3 Mos. 27, 2—8 das Nähere bestimmt. Ueber Lösung der Weihgeschenke überhaupt gilt das „Bibel-Lexikon", II, 374, Gesagte. Als leichtere, meist nur für bestimmte Zeit geltende und auf Beobachtung einiger weniger Enthaltsamkeitsvorschriften sich beschränkende Form einer solchen persönlichen Weihung gehört hierher auch das Nasiräat (f. b.). Steiner.

Weihrauch kommt von einer Pflanzengattung aus der zehnten Klasse erster Ordnung des Linné'schen Systems, nach J. Boswell Boswellia genannt, wozu nur einige Baumarten gehören, die in Asien und Afrika wachsen, gefiederte Blätter, traubige oder rispige Blüten mit fünfzähnigem Kelch, fünfblätteriger Blumenkrone mit zehn Staubgefäßen und einen Griffel haben, dreikantige Steinfrüchte mit dreifächerigem Kern und geflügelten Samen tragen. Der echte Weihrauch stammt von drei Boswelliaspecies, die nur in Südarabien und im Somaliland vorkommen. Die im östlichen Afrika heimische Boswellia floribunda oder papyracea mit Rispenblüten liefert den afrikanischen oder arab. Weihrauch, die Boswellia serrata (indisch: sillaki), mit blaßrothen Blumentrauben, schwitzt aus der Rinde ein Harz (indisch: kunduru), das, im Handel als echter Weihrauch bezeichnet, in blaßrothen Tropfen und in bräunlichen Stücken auf den Markt kommt, bitter schmeckt und beim Verbrennen einen scharfaromatischen Geruch verbreitet. Der Weihrauch verdankt seine Berühmtheit nicht seiner Verwendung als Arzneimittel, sondern daß er schon im Alterthum als Räucherwerk, vornehmlich gottesdienstlichen Zwecken geweiht, wie sein deutscher Name andeutet, und als „Weihrauch" in weitverbreitetem Gebrauch war. Die Hebräer bezogen ihn aus Arabien (Jes. 60, 6; Jer. 6, 26), dem Hauptbezugsland für Wohlgerüche in damaliger Zeit, und dem Weihrauch will man zum großen Theil den Ursprung des sprichwörtlichen Reichthums dieses Landes zuschreiben. Die Araber waren die Vermittler des Handels zwischen den ind. Völkerschaften und den Aegyptern, Phöniziern, Assyrern, Babyloniern, und dank der günstigen Lage ihres Landes vermochten sie auch, den Zwischenhandel zu monopolisiren, wodurch Europa mit Ostasien in Verbindung stand. Mit dem Weihrauchhandel befaßten sich vornehmlich die Sabäer (Jes. 60, 6; Jer. 6, 20) und Gerrhäer (Γερραιοι des Ptolemäus, VI, 7, 16; Strabo, XVI, 778, 782; Plinius, VI, 32). Im Alterthum galt Arabien für die ausschließliche Heimat des kostbaren Weihrauchs; die Schriftsteller kannten die Pflanze nur nach unsichern Traditionen, daher die Verschiedenheit ihrer Angaben; neuere Forschungen haben aber gezeigt, daß das hochgeschätzte Harz auch in Indien erzeugt und selbst nach Arabien eingeführt wird. Aus Hl. 4, 6. 11 vermuthet man, daß der Baum auch in Palästina als Culturpflanze vorgekommen sei. Schon vor alten Zeiten waren, nach Plinius, mancherlei Surrogate statt des echten Weihrauchs gebräuchlich. Vor dem trojanischen Kriege kommt der Weihrauch bei den Griechen nicht vor, und die Rauchopfer bestanden in ältester Zeit bei ihnen aus inländischen Pflanzen, die ganze Wurzel, Blüten und Früchten den Göttern dargebracht wurden. Später ist der Weihrauch wesentlicher Bestandtheil des Rauchopfers (f. b.), womit man in allen Angelegenheiten des Lebens das göttliche Wohlwollen zu erlangen suchte. Er war seines Duftes wegen eins der geschätztesten Räuchermittel, daher ihn die Bibel als Kostbarkeit anzuführen pflegt.

(Hl. 3, 6; 4, 14; Jef. 45, 23; 60, 6; Sir. 39, 19; 50, 9; Matth. 2, 11). Er diente zum Rauchopfer, das aus ihm nebst drei andern Ingredienzen bestand (2 Mof. 30, 34) und jeden Morgen und Abend dargebracht wurde (2 Mof. 30, 7 fg.), als Beigabe der Speiseopfer und der Schaubrote (3 Mof. 2, 1 fg. 15 fg.; 6, 8. 15; 24, 7; 4 Mof. 5, 15; Jef. 43, 23; 66, 3; Jer. 14, 5; Sir. 24, 21) und selbst im gewöhnlichen Leben zur Räucherung (Hl. 3, 6; Offb. 18, 13). Als zu den Tempelbedürfnissen gehörig mußte Weihrauch stets vorräthig sein und wurde häufig als freiwillige Gabe gebracht (1 Chron. 9, 29; Neh. 13, 5. 9; Jer. 17, 26; 41, 5). Ueber die Weise, den Weihrauch darzubringen, f. Rauchopfer, Schaubrote. Vgl. Boidwood, The genus Boswellia (London 1870). **Roskoff.**

Wein, Weinbau. Kein Land ist für die Cultur des Weinstockes geeigneter als das Hochland von Palästina. Steinige Halden mit trockenem Untergrund, heiße Tage und thaufeuchte Nächte kommen dort dem Wachsthum der Rebe fördernd entgegen. Da Mohammed den Weingenuß verboten (Koran, Sura, II; V), hat sich die Cultur des Weins auf wenige Gegenden zurückgezogen. Weit ausgedehnte Rebberge sieht man nur noch in Hebrons Umgebung, während Reblauben, welche den Hof des Hauses überschatten, Weinstöcke, die, um Feigenbäume geschlungen, mit dem Feigenlaub zusammen dichten kühlen Schatten spenden, in den meisten Landestheilen sich finden. Zur Zeit des alten Israel war die Cultur des Weinstocks in hohem Schwung und Wein ein Hauptproduct des Landes (1 Mof. 49, 11; 5 Mof. 6, 11; 8, 8; 4 Mof. 16, 14; Jof. 24, 13; 1 Sam. 8, 14; Jer. 39, 10; 2 Kön. 25, 12; Neh. 5, 3). Weinberge bildeten mit silbergrünen Oelbaum- und schwarzgrünen Feigenbaumpflanzungen den charakteristischen Schmuck der Gebirgslandschaft (Jof. 24, 13; 1 Sam. 8, 14; 2 Kön. 5, 26; Jer. 5, 17; 40, 10; Hof. 2, 12; 2 Kön. 18, 32). Ueber dem „Sohn des Oeles", dem Oelbaum, prangt nach Jef. 5, 2 das Rebgelände. Sicher ruhen unter dem Laubdach von Weinstock und Feigenbaum in des Sommers Gluth galt als Inbegriff harmlosen friedlichen Glückes (1 Kön. 4, 25; Mich. 4, 4; Sach. 3, 10; 1 Makk. 14, 12). Besonders berühmte Weinberge traf man damals in der Oase Engedi (Hl. 1, 14), im Traubenthal bei Hebron (4 Mof. 13, 24), an den Abhängen des Eichenthales (Richt. 9, 27), am Karmel (2 Chron. 26, 10), an Israels zum Gilboa aufstrebenden Hügeln (1 Kön. 21, 1 fg.). Man pries den Libanonwein (Hl. 8, 11; Hof. 14, 8) und die üppig rankenden Reben vom nördlichen Moab (Jef. 16, 8 fg.; Jer. 48, 32). In der ägyptisch warmen Ebene von Genezareth pflückte man zu Josephus Zeit („Jüdischer Krieg", III, 10, 8) während zehn Monaten des Jahres reife Trauben. An die alte Weincultur erinnern auch Ortschaftsnamen wie Abelcheramim im Ostjordanland (Richt. 11, 33) und Beth-Cherem (Jer. 6, 1; Neh. 3, 14) nördlich von Tekoa. Ja selbst ganz im Süden des Landes, im Negeb, bis gegen Kades Barnea hin wurde Wein gezogen; denn man findet in jener Gegend jetzt noch eine Menge kleiner aneinandergereihten Steinhaufen, die als Unterlage für Rebstöcke dienten (vgl. Palmer, Tho deserts of tho Exodus [Cambridge 1872], S. 367 fg.). Auch in Aegypten hat es zu keiner Zeit an Rebenpflanzungen gefehlt, wie dies von der hebr. Sage (1 Mof. 40, 11 fg.) und altägypt. Denkmalen bezeugt wird (vgl. Ebers, „Aegypten und die Bücher Mose's" [Leipzig 1868], S. 322 fg.).

Wer einen Weinberg anlegte, der las auf dem hierzu bestimmten Landstücke die Steine zusammen, umhegte es, wie wir es heute noch in Palästina sehen, mit einer Mauer oder umpflanzte es mit einer Hecke zum Schutz gegen wilde Thiere, z. B. Füchse (Hl. 2, 15), Wildschweine (Pf. 80, 13 fg.) sowie auch gegen das zahme weidende Vieh (Jef. 5, 1—5; Matth. 21, 33), meißelte in Felsen zwei übereinander liegende Tröge oder Keltern (f. Kelter) aus und erbaute einen Thurm für Wächter und Arbeitsleute, da die Häuser der Bauern entfernt von den Rebbergen nahe beieinanderstanden. Der einzelne hätte allein inmitten seines Landgutes nicht genügende Sicherheit gefunden (vgl. Jef. 5, 1—5; Matth. 21, 33). Ein Rebstock kostete den hohen Preis von 2 Mark 41 Pf. (1 Sekel, Jef. 7, 23). Sorgfältig wurde das Erdreich behackt, die Rebe von den unnützen Schossen befreit (Jef. 5, 6; Joh. 15, 1 fg.), und nicht war es gestattet, zwischen die Reben hinein noch andere Pflanzen zu säen (5 Mof. 22, 9).

Man cultivirte vorherrschend rothe Weinsorten, weshalb die Vergleichung des Weines mit Blut auch Jesus bei Stiftung des Abendmahles nahe lag (Matth. 26, 28), und öfters der Ausdruck „Traubenblut" wiederkehrt (Jef. 63, 3. 6; Sir. 39, 26 [31]). Heutzutage werden bei Hebron und Bethlehem fast nur weiße Weine gezogen, an denen es doch auch im Alterthum nicht fehlen mochte. Vielleicht war schon jene riesige Traube, welche die Kundschafter Mose's ins israelitische Lager brachten, von weißer Art; denn letztere zeichnet sich jetzt noch bei Hebron durch große Beeren und bedeutenden Umfang aus. Trauben von drei Pfund Schwere sind dort nichts Seltenes, man hat aber auch schon 9—12 Pfund schwere gefunden. Die Trauben der Edelrebe, sorek (Jes. 5, 2; Jer. 2, 21) sollen nach jüd. Auslegern kleine dunkelrothe Beeren mit winzigem Kern besessen haben. Dem Gedeihen der Reben waren neben schlechter Witterung besonders die Heuschreckenschwärme verderblich (s. d.; vgl. Joel 1, 4 fg.). Jesaja berichtet (Kap. 5, 2. 4), daß sich auch an er edelsten Rebensorte die Grünfäule einstellte, eine Krankheit, die durch die Traubenmotte (tinea uvella) hervorgerufen wird. Von den reifen Trauben mochte der Wanderer nehmen, so viel er zur Erquickung bedurfte, nur das Forttragen von Trauben in einem Gefäß galt für Diebstahl (5 Mos. 23, 24). Das Recht der Nachlese war den Armen zugesichert (3 Mos. 19, 10; 5 Mos. 24, 21). Wer einen neuen Weinberg angelegt, war vom Kriegsdienst so lange frei, bis er einmal Weinlese hatte halten können (5 Mos. 20, 6). Reife Trauben kommen schon Ende Juli auf den Markt Jerusalems, doch beginnt die eigentliche Weinlese erst Mitte Herbstmonat oder Anfang October, sobaß bei reichem Weinertrag und frühem Eintreten des ersten Regens „der Traubenkelterer den Säemann erreichte" (Am. 9, 13). Freudengesang und Jauchzen erschallte von Traubenschnittern sowie von den Arbeitern, die mit bloßen Füßen die in der Kelter (s. b.) aufgehäuften Trauben zertraten (Richt. 9, 27; Jes. 16, 10; Jer. 25, 30; 48, 33; Jes. 63, 3).

Von der Kelterkufe wurde der Wein in Krüge oder Schläuche gefüllt, um darin zu vergären, wobei etwa alte Schläuche unter der Expansivkraft der Gärungsgase zerplatzten (Matth. 9, 17; Luk. 5, 33—39). Man beließ den Wein meist auf den Hefen (Ps. 75, 9; Zeph. 1, 12; Jer. 48, 11); doch verstand man sich, da man gern alten Wein trank (Luk. 5, 39), auch auf das Abziehen des Weines (Jer. 48, 11; Jes. 25, 6). Mit leichter Mühe gewann man aus dem sehr süßen klebrigen Most Traubenhonig.

Der Wein, sowol der ungegorene (tirós) als der gegorene, war als freudig aufregendes Getränk bei den Israeliten hochgeschätzt (HL. 1, 2.4; 4, 10; 7, 10; Spr. 31, 6; Richt. 9, 13; Ps. 104, 15; Sir. 31, 31 fg.; Hos. 4, 11; Sach. 9, 17) und selbst den Priestern nur während sie im Cultus thätig waren verboten (3 Mos. 10, 3—11; Ez. 44, 21). Ebenso wenig paßte der Weingenuß zur ernsten Stimmung derer, die ein Gelübde auf sich genommen (vgl. 4 Mos. 6, 3 fg.; s. Nasiräer). Durchdrungen vom Ernst einer trüben Zeit, verschmähte die Familie der Rechabiten den Wein (Jer. 35, 1—11). Den feurigen Wein temperirte man, wenigstens in der späteren Zeit, mit Wasser (2 Makk. 15, 40), und früh schon, wie jetzt noch im Orient, setzte man ihm Gewürze bei, die seine Annehmlichkeit steigern oder wol auch seine berauschende Wirkung etwas hemmen sollten (Jes. 5, 22; HL. 7, 3; 8, 2; Spr. 9, 5; 23, 30; Ps. 75, 9). Zur Pfingstzeit, also im Mai, trank man süßen Wein (Apg. 2, 13); begreiflich war dies nicht Weinmost, sondern man bereitete denselben wol in derselben Weise, wie ich es bei einem Juden in Hebron erfahren, der Wasser auf getrocknete Trauben gegossen und den Aufguß unter Beigabe von Gewürz destilliren ließ. Es schmeckte dieser „süße Wein" sehr angenehm. Gegen „Helden des Weintrinkens" (Jes. 5, 22; Sir. 31, 29), gegen wüstes und übermüthiges Treiben in den Schenkhäusern erhob sich besonders die ernste Stimme des Jesaja (Kap. 5, 11 fg.; 22, 13; 28, 7 fg.). Das Gebaren von Betrunkenen war wohl bekannt (1 Sam. 1, 13 fg.; Spr. 23, 29 fg.; Apg. 2, 13), während heutzutage in Palästina Trunkenheit sehr selten vorkommt. Als Trankopfer (s. b.) fand der Wein im Cultus häufige Verwendung (4 Mos. 15, 5; Hos. 9, 4; Sir. 50, 15). Trauben, frische und getrocknete, wurden viel gegessen (Mich. 7, 1; 4 Mos. 6, 3; 1 Sam. 25, 18; 2 Sam. 16, 1; 1 Chron. 13, 40); ja bei großem Durst waren sie selbst in saurem, unreifem Zustand willkommen, obgleich sie dann wie Essig auf die Zähne wirkten (Ez. 18, 2; Jer. 31, 29).

Neben dem Wein kannten die Israeliten noch andere berauschende Getränke, die sie mit dem Namen šekár zusammenfassen (vgl. 5 Mos. 14, 26; Spr. 20, 1; 31, 4). Wir haben dabei vorzüglich an den Saft einheimischer Früchte, der Granaten und Aprikosen, zu denken. Im Jordanthal und an der Meeresküste mochte man auch Palmwein genießen, den man aus dem Herz der Blätterkrone gewann (vgl. Mariti, Viaggi por la Soria e Palestina [Florenz 1769—70], III, 162 fg.) oder Dattelwein, der durch Aufguß von Wasser auf Datteln ähnlich wie bei den getrockneten Trauben oder einfach durch Auspressen den saftreichen frischen Datteln und nachherige Gärung zu Stande kommt (vgl. Plinius XIV, 19, 3; Oken, „Allgemeine Naturgeschichte" [Stuttgart 1833—41], III, 683). Schwerlich kannten die Israeliten die Fabrikation des ägypt. Gerstenweines (Herodot, II, 77), einer Art Bieres, indem bei der häufigen Erwähnung der Gerste im A. T. sonst davon wol auch eine Andeutung gegeben wäre. Den Nasiräern und den Priestern im Dienste war šekâr wie Wein verboten (4 Mos. 6, 3 fg.; Richt. 13, 4. 5; Luk. 1, 15). Vgl. Tristram, The natural history of the Bible (London 1867), S. 402 fg. **Furrer.**

Weise, f. **Weisheit.**

Weisheit. Wie in dem ältern Hebraismus der Geist und das Wort Gottes als das belebende, schaffende und offenbarende Princip erscheinen, so tritt in dem spätern die Weisheit (hebräisch: hokmah, griechisch: sophia) in gleichem Sinne hervor, und wie auch die Menschen Geist und Wort haben, so tritt auch die Weisheit zu ihnen in mannichfaltigem Bezug. Als es bei dem hebr. Volke auf Grundlage der von Mose gegebenen theokratischen Gemeindeverfassung in der Weiterentwickelung zu einem gesetzlichen und sich veräußerlichenden Priesterthum kam, entstand daneben ein Prophetenthum, das, der Veräußerlichung entgegentretend, in begeisterter Rede das Volk geistig zu wecken und zu heben, Unarten und Sünden entgegenzutreten und, in die politischen Fragen der Zeit eingreifend, Regenten und Volk den auf theokratischem Standpunkte einzuschlagenden Weg zu führen suchte. Während die Propheten, die Vollendung des herrlichen Reichs schauend und den Tag des Gerichts und der Strafe für die Bösen als Ausgleichung gegebener Misverhältnisse erwartend, fest im väterlichen Glauben standen, entstand im Volke eine Richtung, welche die Erfahrungen des täglichen Lebens mit den religiösen Satzungen in Widerspruch fand und so entweder bei sittlichem Leichtsinn dem Unglauben und der Religionsspötterei verfiel (vgl. Jes. 28, 14 fg.; 29, 20; 32, 5 fg.; Pf. 10; 14; 94), oder die Theokratie zwar und den Glauben zur Voraussetzung nahm, daß alles von Gott zweckgemäß geordnet sei, aber das speculative Bedürfniß fühlte, sich über die Räthsel und Widersprüche des Lebens zu verständigen und mit dem väterlichen Glauben auseinanderzusetzen. Die Aufgabe war schwer; glaubte doch selbst der Fromme oft bei der Herrschaft des Bösen mit Gott rechten zu sollen und zu sprechen wie Pf. 10, 1: „Warum Jahve, stehest du ferne, verhüllest dein Antlitz für Zeiten der Drangsal?" Es kam so zu einer Philosophie, die wie verschieden auch immer von der griechischen nach Inhalt, Methode und Form, doch eben wie jede Philosophie die Lösung der Probleme der Welt und des Lebens dem hebr. Geiste gemäß sich zur Aufgabe stellte. Schon die kosmogenischen Fragmente der Genesis waren Producte derselben. Ihre eigentlichen Träger waren die Weisen, hakamim, die seit den Zeiten Salomo's hervortreten. Jer. 18, 18 nennt sie neben Propheten und Priestern, doch bildeten sie keinen besondern Stand: es waren Männer freierer Geister, die dem öffentlichen Cultus nicht eben zugethan, durch Betrachtung der Natur und des Lebens die großen Probleme zu lösen und eine Lebensphilosophie zu gewinnen suchten. Wennschon ihr Ausgangspunkt der Satz war: „Die Furcht Gottes ist der Weisheit Anfang" (Spr. 1, 7; 9, 10; Hiob 28, 28; Pf. 111, 10), so war doch möglich, daß einzelne unbefriedigt in Skepsis geriethen oder stumpf resigniren zu müssen glaubten. In dieser Beziehung ist besonders auf Hiob und Koheleth zu verweisen. Dem letztern ist alles eitel, selbst die Weisheit ist nichtig (vgl. Koh. 1, 13; 6, 8; 2, 16—21; 9, 11), und er findet schließlich nur weisen Lebensgenuß als das höchste Gut. Sonst liegt uns die hebr. Weisheitslehre in verschiedener Entfaltung besonders in den Sprichwörtern, einigen Psalmen, in Jesus Sirach, Baruch und dem Buch der Weisheit vor; über Henoch vgl. Dillmann, „Das Buch Henoch übersetzt und erklärt" (Leipzig 1853), S. 152 fg.

Ganz überwiegend legten die Weisen die Resultate ihres Denkens in Sprichwörtern nieder; seltener bedienten sie sich der Lyrik und des Dialogs. Das Sprichwort, die Gnome (hebräisch: maschal), entspringt aus der Erfahrung; aus der Betrachtung verschiedener gleich- oder ähnlich gearteter Fälle des Lebens zieht man das Resultat und sucht damit einen allgemein giltigen Satz zu gewinnen. Da Gott und sein Walten, die menschlichen Dinge im weitesten Umfang und die Natur in Betrachtung kamen, so ist der Inhalt äußerst mannichfaltig. Die Form ist durchgehends poetisch und rhythmisch, doch liegt es im spröden Stoff, wenn manchmal die Poesie zur Prosa herabsinkt. Oft richtet der Weise seine Rede als Vater (Lehrer) an einen Sohn (Schüler) und gibt seine Gedanken in der Form des Gebots oder Verbots, der Ermunterung oder Warnung, aber daneben werden Beobachtungen mitgetheilt, Urtheile abgegeben und Schilderungen eingeflochten. Die Sprache ist bilderreich und durch rhetorische Figuren, als Fragen, Einführungen und Anreden, belebt.

Der Centralbegriff, um den es sich hier handelt, ist der der Weisheit, über den überhaupt auf Bruch („Weisheitslehre der Hebräer" [Straßburg 1851], S. 122 fg.) und Oehler („Theologie des alten Testaments" [Tübingen 1873—74], II, 276 fg.) verwiesen sei.

Wenn 4 Makk. 1, 16 die Weisheit stoisch als Erkenntniß der göttlichen und menschlichen Dinge und deren Gründe definirt wird, so sei gleich bemerkt, daß unsere Weisheit der stoischen mehrfach analog ist. Sie scheidet sich in eine göttliche und menschliche, aber da letztere ein Ausfluß der erstern ist, müssen wir von dieser ausgehen.

Unter den göttlichen Eigenschaften (f. Eigenschaften Gottes) treten bei Betrachtung der Natur die Macht und die Weisheit in den Vordergrund, doch letztere überwiegt, je mehr das Wohlgeordnete und Zweckmäßige der Natur erwogen wird. So hielten sich denn an diese die Weisen ganz vorzugsweise und erfüllten sie mit reichem Inhalt. Wenn es Spr. 3, 19. 20 heißt: „Jahve hat durch Weisheit (hokmah) die Erde gegründet, festgestellt den Himmel durch Einsicht (tebunah); durch seine Einsicht (daat) brachen hervor die Fluten, und die Wolken träufeln Thau", so ist die Weisheit deutlich als Eigenschaftsbegriff gefaßt, aber ebenso deutlich wird sie Spr. 8, 22. 23: „Jahve erschuf mich als Erstling seiner Wege, vor seinen Werken, vordem; von Ewigkeit ward ich eingesetzt, von Anfang, vor Ursprung der Erde", als Person behandelt. Es ist dies indessen nur dichterische Personification, wie sie gerade von der Weisheit auch Hiob 28, 12 fg.; Sir. 24, 1 fg.; Weish. 7, 21 fg. vorkommt; allerdings aber lag es dem lebhaften orientalischen Geist nicht fern, von der Personification zur Hypostasirung überzugehen, was denn auch in späterer Zeit wirklich geschehen ist.

Die Weisheit existirte von Ewigkeit, aber als vorweltliche ruhte sie in Gott, war sie immanent. Als sie aus Gott heraustrat, war sie das wie bei der Weltschöpfung, so bei der Weltentwickelung thätige Princip. Jahve erschuf sie als Erstling seiner Werke (Spr. 8, 22), sie war bei der Schöpfung bei ihm als Werkmeisterin (vgl. Spr. 8, 30; Weish. 7, 21), sie durchbrang und durchbringt alle seine Werke (Spr. 7, 24), kurz sie ist das Offenbarungsprincip, das Princip der ewigen Wirksamkeit, das zwischen Gott und der Welt vermittelt. Ihrem Wesen nach Abglanz des ewigen Lichts, unbefleckter Spiegel der Wirksamkeit Gottes und Bild seiner Güte (Weish. 7, 26), ist sie ein denkender, heiliger, in seiner Art einziger Geist, der überhaupt alle Vollkommenheiten Gottes in sich schließt (Weish. 7, 22 fg.). Demgemäß ist sie auch nur Gott bekannt, im übrigen ganz unerforschlich, und kostbarer als alle erdenklichen Kostbarkeiten. Als Hauptstellen vgl. überhaupt Spr. 8, 1 fg.; Hiob 28, 13 fg.; Bar. 3, 9 fg.; Sir. 1, 1 fg.; 24, 1 fg.; Weish. 7, 21 fg. Hagadische Bearbeitungen der in der Welt sich manifestirenden göttlichen Weisheit sind erwähnt im Bet ha-Midrasch, herausgegeben von Jellinek (Leipzig und Wien 1853—73), V, XXVIII fg.

Die menschliche Weisheit ist, wie bemerkt, ein Ausfluß der göttlichen. Wie letztere überhaupt in der Schöpfung thätig ist, so theilt sie sich auch nach Maßgabe den Menschen mit. So ist sie das Höchste, was der Mensch erreichen mag; sie ist köstlicher als Perlen, und alles, was du wünschen magst, gleicht ihr nicht (Spr. 3, 15). Freilich ist sie auch nicht leicht zu erreichen; man muß sie suchen, eifrigst suchen, um sie zu finden; man suche sie bei den Weisen und im Umgang mit Weisen; man bewähre sich durch religiösen Sinn und durch strenge Zucht im Leben. Hat man sie erlangt, so ist sie theoretisch das Wissen und Erkennen der Dinge, soweit menschliches Wissen reichen mag, aber praktisch entfaltet sie sich mächtig, und der göttlichen entsprechend umfaßt sie alle Vollkommenheiten des Menschen. Gott gegenüber ist sie εὐσέβεια, Frömmigkeit, den Menschen gegenüber δικαιοσύνη, Rechtlichkeit im weitesten Sinne, und überhaupt σωφροσύνη, maßvolles Verhalten. Hier wird nun eine Ethik aufgestellt, die im ganzen sich sehr rein hält, wenn etwa auch bloße Klugheitsregeln mit unterlaufen, und welche die verschiedensten Seiten des Lebens in Betrachtung zieht. Es geschieht dies nicht systematisch, sondern wie sich eben gewisse Themata darbieten, werden sie besprochen. Obenan steht die Tugend der Gottesfurcht, die sich nicht sowol in äußerm Dienst als in vollem

(Gottvertrauen und Rechtthun zu äußern hat; Gerechtigkeit und Recht üben ist Jahve lieber als Opfer (Spr. 21, 3). Der Weise ist fromm und tugendhaft, der Thor gottlos und sündhaft. Vielseitig wird behandelt, wie sich der Weise an sich, in der Familie, seinen Mitmenschen und der Obrigkeit gegenüber zu verhalten hat, und vielseitig wird vor Unarten und Sünden gewarnt. Oft wird das eheliche Leben besprochen, dessen Grundlage eheliche Treue sei, die gute und böse Frau vielseitig geschildert und auf strenge Kindererziehung gedrungen. Kinder sind nicht überhaupt, sondern nur dann Segen, wenn sie wohlgerathen. Den Armen und Nothleidenden gegenüber wird Wohlthätigkeit bringend empfohlen, den Feinden gegenüber Großmuth.

Die Weisheit hat aber auch große Segnungen. Der Weise ist Gott wohlgefällig und hat innern Frieden; in der Familie ist er glücklich und genießt Ruhe und Sicherheit; er ist beredt und ihm gebührt in der Gemeinde zu sprechen; endlich erlangt er Reichthum und Ehre und ihm wird langes Leben (Spr. 3, 16: „Langes Leben ist in ihrer Rechten, in ihrer Linken Reichthum und Ehre"). Gerade die beiden letzten Punkte waren es, bei denen die Erfahrung leicht mit der Theorie in Conflict gerieth, und da mußte man sich durch Beschränkungen zu helfen suchen. So ist der Reichthum nur von Werth, wenn er mit Rechtthun verbunden ist, auf ihn selbst ist kein Verlaß (Spr. 11, 28: „Wer sich auf seinen Reichthum verläßt, der wird fallen"), ja Spr. 30, 8 wird er nicht einmal gewünscht: „Armuth und Reichthum gib mir nicht, laß mich genießen mein bescheiden Theil Brot." Wenn ferner auch der Weise Schlimmes zu erdulden hatte, so wurde das als Prüfung angesehen (Spr. 3, 11. 12: „Die Zucht des Herrn verachte nicht, und laß dich seine Strafe nicht verdrießen; denn wen Jahve liebt, den züchtigt er, wie ein Vater seinen Sohn, an dem er Wohlgefallen hat"). Wenn endlich die Frage kam, wozu die Frevler und ihr langes Treiben, so wurde dies unter die Teleologie des allwaltenden Gottes gestellt (Spr. 16, 4: „Alles hat Jahve geschaffen für seinen Zweck, auch den Frevler für den Tag des Unheils").
Fritzsche.

Weisheit, Buch der. Das apokryphische Buch der Weisheit bezeichnet einen Fortschritt in der hebr. Weisheitslehre und den Uebergang zu der Philonischen Logoslehre. Sein Inhalt ist wesentlich folgender.

Der Verfasser beginnt mit einer Ermahnung an die Herrscher, durch sittliches Streben der Weisheit nachzugehen, denn nur durch dieses erlange man sie; Sünde und gotteslästerliche Rede führe zum Tode, und doch habe Gott alles fürs Leben geschaffen (Kap. 1). Hierauf werden freigeisterische Grundsätze angegeben, und als deren Consequenzen das Jagen nach sinnlicher Lust und die Unterdrückung des Gerechten (Kap. 2, 1—20). Solche Denkweise entstand aus Schlechtigkeit und aus Unkenntniß der Geheimnisse Gottes. Gott nämlich schuf den Menschen zur Unsterblichkeit, durch den Neid des Satans aber kam der Tod in die Welt, dem die Bösen verfallen, während die Seelen der Gerechten in Gottes Hand ruhen (Kap. 2, 21—3, 3). Die irdischen Leiden, welche die Gerechten treffen, dienen zu ihrer Läuterung, und auch dafür wird ihnen ihr Lohn (Kap. 3, 4—9); dagegen werden die Gottlosen ihre Strafe empfangen, und ihre Mühen sind nutzlos (Kap. 3, 10. 11): ihre Weiber sind gottlos, ihre Nachkommenschaft gedeiht nicht, während, wenn auch der Gerechte kinderlos bleibt, die Unsterblichkeit ihm gesichert ist (Kap. 3, 12—4, 6); und stirbt auch der Gerechte früh, so kommt er zur ewigen Ruhe, und es bemißt sich ja das Leben nicht nach den Jahren, sondern nach seinem Inhalt; auch entrückt wol Gott den Gerechten früh, um ihn einer verderblichen Gesellschaft zu entziehen. Freilich begreifen jetzt die Völker nicht, wie Gott seine Auserwählten gnädig führt, aber sie werden es einst sehen und schwer büßen (Kap. 4, 7—19). Da, bei dem Gericht, wird der Gerechte zuversichtlich gegenüber seinen Drängern stehen, während diese ihre Selbsttäuschung, ihre Verirrungen und deren schwere Folgen und das Nichtige ihres Treibens beklagen werden (Kap. 4, 20—5, 14); die Gerechten aber werden belohnt, auf ewig leben und die herrliche Krone erlangen, und Gott wird das Strafgericht walten lassen (Kap. 5, 15—23).

In Rückbeziehung auf das Vorhergehende richtet der Verfasser sich aufs neue an die Könige, daß sie auf seine Worte hören: Euere Macht habt ihr von Gott, aber sie gemißbraucht, und so wird ein schweres Gericht über euch ergehen; nun denn lernet Weisheit, daß ihr demselben entgehet (Kap. 6, 1—12). Es wird hierauf erörtert, wie man zur Weisheit gelangt (Kap. 6, 13—17), und wie sie zur Unsterblichkeit führt (Kap. 6, 18—21). So ehret sie denn, ihr Herrscher, und ich will euch über sie, auf der der Wohlstand des

Volks beruht, belehren (Kap. 6, 22—26). Der Verfasser zeigt nun als König Salomo, wie er, ein sterblicher Mensch wie jeder andere, zur Weisheit gelangt und was ihm mit ihr geworden sei (Kap. 7, 1—21), entwickelt das Wesen und die Wirksamkeit der göttlichen Weisheit (Kap. 7, 22—8, 1) und erzählt, wie er wegen ihrer Segnungen sie von Jugend auf gesucht, und da sie nur von Gott komme, im Gebet sie von Gott erfleht habe (Kap. 8, 2—21). Das Gebet folgt Kap. 9.

Den Beschluß des Buchs macht zur Empfehlung der Weisheit ein historischer Theil (Kap. 10—19), die Nachweisung, wie die Weisheit in der Geschichte von Adam bis Mose trefflich gewaltet habe, wobei mit besonderm Interesse das verschiedene Schicksal der Israeliten als Monotheisten und der Aegypter und Kanaaniter als Götzendiener geschildert und der Götzendienst nach Ursprung, Wesen und Folgen erörtert wird.

Man ersieht aus dieser Uebersicht, daß sich der Verfasser in einem sehr bestimmten Ideenkreis bewegt, dieselben Gedanken wiederholt, wenn auch in andern Wendungen behandelt, und daß das Buch sich als geordnetes Ganze darstellt. Der Verfasser war Jude, und so ist seine Sprache nicht ohne Hebraismen, namentlich hat er sich des Parallelismus der Glieder bedient, aber daneben zeigt er eine solche Kenntniß des Griechischen und eine solche Gewandtheit im Ausdruck, daß das Buch, wie es vorliegt, nur griech. Original sein kann. Dem Verfasser stand ein reicher Wortvorrath zu Gebote, er liebt zusammengesetzte Worte, namentlich Adjectiva, schreibt geziert, bilderreich und rhetorisch, sodaß zahlreiche Paronomasien, Antithesen und dergleichen Figuren vorkommen. Wenn die Darstellung etwa wechselt, lag es im Stoffe. Nicht immer gelungen sind die Schilderungen, namentlich fehlt es in den letzten Kapiteln nicht an Uebertreibungen und einzelnen Geschmacklosigkeiten. Nach Sprache und Geist ist das Buch mit 2—4 Makk. verwandt. Noch sei bemerkt, daß dem Verfasser die LXX nicht unbekannt waren, vgl. Kap. 2, 12 mit Jes. 3, 10 und Kap. 15, 10 mit Jes. 44, 20.

Im griech. Original ist uns das Buch in einer Reihe von Handschriften erhalten, die in einzelnen Worten nicht wenige Varianten bieten. Von den alten Uebersetzungen ist die alte lateinische die wichtigste, die Hieronymus unberührt ließ, obgleich er selbst keine eigene anfertigte. Sie hat mancherlei Zusätze, die überwiegend sich als willkürliche charakterisiren. Die syrische und die arabische halten sich frei, wörtlicher ist die armenische. Die Einheit des Buchs ist erst in neuerer Zeit angefochten worden. Houbigant ließ Kap. 1—9 hebräisch vom König Salomo (!) verfaßt, das Folgende später griechisch, vielleicht vom Uebersetzer des ersten Theils, hinzugefügt sein; Eichhorn („Einleitung in die apokryphischen Bücher des Alten Testaments" [Leipzig 1795], S. 142 fg.) wies Kap. 1, 1—11, 1 und Kap. 11, 2 fg., Bertholdt („Historisch-kritische Einleitung in sämmtliche kanonische und apokryphische Schriften des Alten und Neuen Testaments" [Erlangen 1812—19], V, 2276 fg.) Kap. 1, 1—12, 27 und Kap. 13, 1 fg. verschiedenen Verfassern zu; Bretschneider (De libri Sapientiae parte priore cap. I—XI o duobus libellis diversis onflata [Wittenberg 1804], I, 9 fg.) zerlegte das Buch in drei Stücke: Kap. 1, 1—6, 8 sei Fragment eines größern apologetischen, ursprünglich hebräisch geschriebenen Werks aus der Zeit des Königs Antiochus Epiphanes; Kap. 6, 9—10, 21 habe ein gebildeter alexandrinischer Jude zur Zeit Jesu, Kap. 12, 1 fg. ein gewöhnlicher, wenig gebildeter Jude ebenfalls zur Zeit Jesu verfaßt; Kap. 11 aber habe der eingefügt, der die drei Theile zu einem Ganzen vereinigte; Nachtigal endlich („Das Buch der Weisheit" [Halle 1799], S. 1 fg.) erblickte im Buch eine Anthologie verschiedener Vorträge über die Weisheit und zerlegte es so in eine Menge kleinerer Abschnitte verschiedener Verfasser. Alle diese auf schwächliche Gründe gestützten Vermuthungen widerlegt der sich wesentlich gleichbleibende sprachliche und sachliche Charakter des Buchs; übrigens vgl. Grimm, „Das Buch der Weisheit erklärt" (Leipzig 1860), S. 9 fg.

Auch die Integrität des Buchs ist in Anspruch genommen worden. Allerdings scheinen ein paar Stichen verloren gegangen zu sein (vgl. Kap. 1, 15; 2, 8); dagegen ist es mit den christl. Interpolationen, die Graetz („Geschichte der Juden" [Leipzig 1855], S. 494 fg.) Kap. 2, 24; 3, 13; 4, 1; 14, 7 gefunden haben will, nichts, denn um von Kap. 3, 13 und Kap. 4, 1 gänzlich abzusehen, so ist, daß der Tod durch den Neid des Teufels in die Welt gekommen (Kap. 2, 24), eben eine jüd. Vorstellung, und das gesegnete Holz, durch welches Gerechtigkeit geschieht (Kap. 14, 7), ist in Rückbeziehung auf die Arche Noah's und überhaupt die rettenden Schiffe gesagt. Houbigant vermißte eine

Ueberschrift, wie sich solche vor den Sprüchwörtern und dem Koheleth findet; allein der doch wol ursprüngliche Titel genügte wie HL. 1, 1, und auch das Buch Sirach hatte nur die Aufschrift: „Weisheit Jesus Sirach's." Eher könnte am Ende etwas in Wegfall gekommen sein, wie auch vermuthet worden. Man fand anstößig, daß der Verfasser das Walten der göttlichen Weisheit nur von Adam bis Mose geschildert habe, und nicht weiter herab bis zur Zeit Salomo's gegangen sei. Gewiß konnte er das, aber mußte er es? Da die langathmigen Schilderungen des Auszugs Israels aus Aegypten, wobei auch der Götzendienst mehrseitige Beleuchtung fand, augenscheinlich dem Verfasser von besonderm Interesse waren, die Worte Kap. 19, 22: „Denn in allem, Herr, hast du dein Volk erhöht und geehrt, und es nicht übersehen, in jeder Zeit und an jedem Orte ihm beistehend", aber einen sehr passenden Abschluß geben, so wird der Verfasser um so eher hier abgeschlossen haben, als das Spätere im Verhältniß zu dem detaillirt ausgeführten Frühern nur einen abschwächenden Eindruck hätte machen können.

Bevor wir nach Verfasser und Abfassungszeit fragen, haben wir uns die Situation klar zu stellen, aus der das Buch hervorging und in die es eingreifen sollte. Und diese liegt ziemlich deutlich vor. Es war eine schlimme Zeit, in der der Verfasser schrieb, das Judenthum hatte im Innern eine schwere Krisis durchzumachen, von außen aber hatte es Druck zu erdulden. Hatte sich schon früher mancher eine Skepsis bemächtigt, die durch Erfahrungen des Lebens am väterlichen Glauben irre wurden, namentlich nicht finden konnten, daß Frömmigkeit und Tugend stets ein ruhiges und glückliches Leben im Begleit habe (vgl. Ps. 37, 73 und Buch Hiob), und war Koheleth so weit gekommen, daß er resignirt alles für eitel erklärte, so war die Skepsis nun aber bedeutend vorgeschritten, und eine doch wol weitverbreitete (Weish. 2, 1s) Richtung hatte im Volke platzgegriffen, die im religiösen und politischen Interesse aufs schärfste zu bekämpfen und von ihrem unseligen Treiben abzumahnen war. Abgefallen vom väterlichen Glauben (Kap. 2, 12; 3, 10) gerieth sie in Unglauben, sie leugnete die Unsterblichkeit der Seele (Kap. 2, 1—5) und gefiel sich in Gotteslästerung (Kap. 1, 6—11), praktisch suchte sie im Libertinismus Befriedigung (Kap. 2, 6—11) und übte gegen die Frommen den möglichsten Druck (Kap. 2, 12—20). Es war eine bösartigere Richtung als die heidenfreundliche zur Zeit des Königs Antiochus Epiphanes, die aus Egoismus zwar das väterliche Gesetz mit dem heidnischen Wesen vertauschte (vgl. 1 Makk. 1, 11—15. 41—61; 2 Makk. 4, 10—15), aber nicht die Religion theoretisch und praktisch negirte. Verwandten waren ihr diejenigen Juden in Aegypten, welche nach Philo's Schilderung (De confusione linguarum, §. 2; De tribus virtutibus, §. 2) ihren väterlichen Glauben, den sie schnöde verlassen, verspotteten und einem wüsten Lasterleben sich ergaben. Aber auch nach außen, gegen die Heiden, den Aberglauben glaubte der Verfasser seine Polemik richten zu sollen. Den Uebergang bildete ihm der geschichtliche Nachweis, wie von Adam bis Mose die göttliche Weisheit als Vorsehung gewaltet habe (Kap. 10—12). Da hierbei schon wiederholt des Götzendienstes gedacht war, so wird er Kap. 13—15 ausführlich behandelt, seine feinere und rohere Form geschildert, sein Ursprung aufgezeigt und seine Thorheit nachgewiesen, und wie er zur größten Unsittlichkeit führe (Kap. 14, 22 fg.). Wenn der Verfasser nun schließlich Kap. 16—19 mit sichtlichem Interesse in breiter Rede und sehr gesuchter Weise das entgegengesetzte Schicksal der Israeliten und der Aegypter zur Zeit des Auszugs Israels aus Aegypten parallelisirt, so fühlt man unschwer heraus, daß er nicht ohne Reflex auf die Gegenwart schrieb, daß die auch jetzt gedrückten Juden in Aegypten der Belehrung und des Zuspruchs bedurften. Er hofft aber auf den baldigen Sieg Israels über die fremden Völker (vgl. Kap. 3, 8; 6, 6), und daß dann die Theokratie auf immer bestehen werde (Kap. 5, 16 fg.). Die Weisheit, wie sie oben beschrieben wurde, ist es nun, die der Verfasser den Verirrten entgegenhält, nach dieser sollen sie streben, diese wird sie belehren und ihnen den rechten Weg zeigen. In Betreff der Vergeltung hatte er dies vor den ältern Juden voraus, daß er sie nicht blos an das Diesseits, sondern auch an das Jenseits, an die Unsterblichkeit der Seele knüpfte. Uebrigens finden sich die von ihm angegebenen skeptischen Behauptungen sehr ähnlich auch im Koheleth (vgl. Grimm, a. a. O., S. 30).

Der Verfasser nennt sich nicht. Kap. 9, 7. 8 wird König Salomo als Sprechender zwar nicht genannt, aber deutlich genug bezeichnet; nach Kap. 8, 10 fg. ist er ein junger König, der sich durch die Weisheit eine glänzende Regierung, Ruhm und Unsterblichkeit verspricht, und nach Kap. 7, 1 fg. ein Mann hoher Stellung. Wenn demgemäß es Salomo ist, der in dem Buche spricht, so war es doch, von Spätern und Neuern ganz abgesehen, selbst für Kirchenväter, zu denen natürlich ein Hieronymus nicht zählte, start, ihn auch für den Verfasser dieses griechisch geschriebenen, von griech. Philosophie nicht wenig berührten und überhaupt spätere Verhältnisse voraussetzenden Buchs zu nehmen. Um eindringlicher die Weisheit zu empfehlen, ließ der Verfasser, statt selbst zu reden, lieber den Salomo, dem Ideal eines weisen Königs (vgl. 1 Kön. 5, ⁹ fg.; Sprüche Salomo und Koheleth), das Wort. Es war in damaliger Zeit nicht ungewöhnlich, sich solcher literarischer Maske zu bedienen; wollten die einen damit wirklich täuschen, so glaubten die andern harmloser ihren Gedanken durch die entsprechende Autorität mehr Eingang verschaffen zu können. Wenn sich Kap. 1, ¹ fg. und Kap. 6, ¹ fg. der König an die Könige und Richter der Erde richtet, so ist das eine rhetorische Form, deren sich auch die Propheten fremden Völkern und Fürsten gegenüber bedienen. Das Buch ist selbstverständlich nur für die Juden zur Lehre, Warnung und Ermunterung geschrieben.

Der Verfasser war, wie aus dem Buche selbst deutlichst erhellt, ein vielseitig, namentlich auch philosophisch gebildeter Hellenist, den wir gemäß seiner Bildung in Aegypten zu suchen haben; darauf führt auch dies, daß der große Haß, den er in den letzten Kapiteln gegen die alten Aegypter zeigt, augenscheinlich auch den Aegyptern seiner Zeit gilt. Wie sich schon seit der Mitte des 3. Jahrh. v. Chr. Juden in Alexandria angelegentlich mit griech. Philosophie beschäftigten und sie mit ihrem Mosaismus in Verbindung setzten, sodaß es schließlich zu einem Synkretismus in der jüdisch-alexandrinischen Religionsphilosophie kam, deren Repräsentant Philo zur Zeit Jesu ist, so hat auch unser Verfasser mancherlei aus der griech. Philosophie, namentlich der platonischen (vgl. Kap. 1, ⁴; 8, ²⁰; 9, ¹⁵, der Leib ist der Sitz der Sünde; Kap. 8, ¹⁹⁻²⁰, Präexistenz der Seele; Kap. 11, ¹⁷, Weltbildung aus gestaltlosem Stoff) und stoischen (Kap. 7, ²², ²⁴, die Weisheit als intelligenter Geist und alles durchdringende Weltseele; Kap. 12, ⁸, Menschenwürde u. a.) entlehnt und für sich verwendet. Der Begriff der Weisheit war zwar schon im spätern Hebraismus, wie wir sahen, gegeben, aber hier hat er philosophische Zuthaten erhalten (vgl. Kap. 7, ²² fg.); die Hypostasirung der Weisheit ist, wenn auch noch nicht vollzogen, doch nahe gelegt und der Uebergang zum philonischen λόγος ἐνδιάθετος und προφορικός unverkennbar. Doch mit diesem allgemeinen Resultate nicht zufrieden, wollte man auch die Person des Verfassers wissen und kam so auf verschiedene Vermuthungen. Aber läßt sich denn überhaupt die Abfassungszeit unserer Schrift näher bestimmen, einem enger begrenzten Zeitraum anweisen?

Die erste sichere Spur ihrer Existenz findet sich gegen Ende des 2. Jahrh. n. Chr. Irenäus hat sie nach Eusebius („Kirchengeschichte", V, 26) benutzt, was auch aus Irenäus (Contra haer., IV, 38, verglichen mit Weish. 6, ¹⁹) erhellt. Darum konnte sie jedoch um Jahrhunderte früher existiren. Wahrscheinlich dürfen wir schon in Clemens von Rom Epist. 1. ad Corinth., Kap. 27, eine Reminiscenz an Weish. 11, ²¹; 12, ¹² erblicken, dagegen ist eine Bekanntschaft der neutest. Schriftsteller mit unserm Buche nicht nachweisbar. Zwar hat man eine Reihe von Stellen beigebracht, die als Reminiscenzen an Stellen des Buchs der Weisheit anklingen sollen (vgl. Theile, Commentarius in epistolam Jacobi [Leipzig 1833], Prolegomena, S. 46, und Stier, „Die Apokryphen" [Braunschweig 1853], S. 18 fg.); allein man treibt damit ein loses Spiel, denn wenn Schriftsteller, die auf einer gemeinsamen Grundlage basiren und nach Geist und Sprache verwandt sind, sich in einigen Gedanken, Wendungen und Worten berühren, so folgt noch lange nicht die Benutzung des einen vom andern; übrigens vgl. in Betreff des Einzelnen Kreel, „Die Apokryphenfrage" (Leipzig 1855), S. 49 fg. Blicken wir rückwärts, so kann das Buch wegen der Benutzung der LXX (s. oben) und wegen seines Geistes nicht früher als im 2. Jahrh. v. Chr. verfaßt sein, und wenn nach demselben die Juden in Aegypten damals schweren Druck erfuhren (s. oben), so werden wir in die Zeit Ptolemäus' VII. Physkon's (in die J. 145—116) geführt, denn unter den frühern Ptolemäern war die Lage der Juden eine sehr günstige. Blutig verfolgt wurden die Juden in Alexandrien unter Kaiser Caligula (in den J. 38—40 n. Chr.) und Kaiser Nero (um J. 66). Der erstere befahl, daß seine Bildsäule im Tempel zu Jerusalem und Bilder von ihm in den alexandrinischen Synagogen aufgestellt werden sollten. Wenn Noack („Der Ursprung des Christenthums" [Leipzig 1857], I, 25) und Graetz (a. a. O., S. 318, 493) in Kap. 14, ¹⁶⁻²⁰ eine Anspielung auf diesen Befehl erblicken und so die Abfassung in diese Zeit verlegen, so kann von dieser Anspielung doch die Rede nicht sein, da der Verfasser im allgemeinen nachweist, wie der Götzendienst von der Verehrung todter Menschen zu der lebender in Bildern der Fürsten vorgeschritten sei, was bekanntlich lange vorher geschehen war. Trügt nicht alles, so geht die Lehrentwickelung des Buchs der philonischen um ein Erhebliches voraus, so ist vom λόγος im Sinne der σοφία noch keine Rede (vgl. Grimm, a. a. O., zu Kap. 18, 15); der Logosbegriff wird aber von Philo als bekannter vorausgesetzt, es muß daher eine längere Zeit vorausgegangen sein, bis er allgemeinere Verbreitung fand. Demnach steht der Annahme der Abfassung zur Zeit des Ptolemäus VII. Physkon nichts im Wege, wenn auch positivere Anhaltspunkte fehlen. Jedenfalls aber ist es werthlos, nach Jahrzehnten hin- und herzurathen.

Schon in alter Zeit erblickten einige im Juden Philo den Verfasser unsers Buchs (vgl. Hieronymus, Praef. in librum Sapientiae). Diese Meinung, der unter andern auch Luther war und die bis in die Mitte des 18. Jahrh. Vertreter hatte, fand um so leichter Eingang, als man durch sie für das Buch eine bestimmte historische Situation gewonnen zu haben glaubte. Philo nämlich war einer der alexandrinischen Gesandten, welche beim Kaiser Caligula in Rom für ihr gepeinigtes Volk eintraten, die gegen dasselbe erhobenen Anklagen zurückwiesen und die Aufhebung des erwähnten Befehls, das Bildniß des Kaisers im Tempel und in den Synagogen aufzustellen, erwirken sollten. Die Gesandtschaft erreichte ihren Zweck nicht, wurde vielmehr vom Kaiser mit Hohn abgewiesen. Da habe Philo dieses Buch seinem Volke zum Trost, seinen Drängern zur Warnung und Drohung geschrieben. Das nimmt sich ganz gut aus, nur schade, daß, wie oben angedeutet, das durchgebildete System Philo's zu den sporadisch zerstreuten, wenn auch verwandten Ideen unsers Buchs nicht stimmen will, daß wesentlich Philonisches selbst andeutungsweise fehlt, im einzelnen Widersprüche sich nachweisen lassen, auch die Sprache große Verschiedenheiten bietet und für den vielbekannten Philo jeglicher geschichtlicher Anhaltspunkt fehlt; übrigens vgl. Grimm, a. a. O., S. 22 fg.

Josephus (Contra Apion. 1, 23) erwähnt den Demetrius Phalereus, einen ältern Philo und den Eupolemus als heidnische Schriftsteller, die über jüd. Dinge geschrieben. Da sich nun einmal die philonische Abfassung unsers Buchs festgesetzt hatte, glaubten viele, wie Drusius (De Henocho, Kap. 11), die in Betreff des bekannten Philo Bedenken hatten, auf diesen Philo als Verfasser greifen zu müssen. War er Verfasser, so war er natürlich Jude; daß ihn Josephus einen Heiden nennt, bedeutete nichts, da ohne Zweifel auch der daneben genannte Eupolemus Jude war; aber wir wissen eben sonst nichts von ihm, nicht einmal sicher, ob er der Philo war, der ein Gedicht über Jerusalem geschrieben.

Lutterbeck („Die neutestamentlichen Lehrbegriffe" [Mainz 1852], I, 407 fg.) wollte nach Vermuthung die Abfassung unsers Buchs dem Peripatetiker Aristobulus (s. d.) in der Mitte des 2. Jahrh. v. Chr. zuschreiben. Allerdings wird Aristobulus der Lehre nach auf einem verwandten Standpunkte mit unserm Verfasser gestanden haben, aber positivere Anhaltspunkte sind für jene Vermuthung nicht gegeben, dagegen aber ist entscheidend der herbe, heidenfeindliche und schweren Druck der Juden verrathende Ton unserer Schrift, der nicht zur Stimmung eines Aristobulus paßt, welcher unter einer für sein judenfreundliches Regieren lebte und selbst dem König Ptolemäus VI. Philometor nahe stand.

Nach Eichhorn's Vorgang schlossen einige Gelehrte, wie Dähne („Geschichtliche Darstellung der jüdisch-alexandrinischen Religions-Philosophie" [Halle 1834—35], II, 170), aus Kap. 3, 13 fg.; 4, 8 fg.; 8, 21; 16, 28 auf einen Therapenten als Verfasser, allein da sonst im Buche von einer überspannten Askese keine Spur ist, so wird auch die einzige Stelle Kap. 16, 28), die hier in Betracht kommen könnte, nur besagen: am frühesten Morgen sei zu beten (vgl. Ps. 57, 9; 108, 3; 88, 14).

Endlich wollte man das Buch sogar zu einem christl. Product stempeln. Um von dem Phantasiestück Noack's (a. a. O., I, 222 fg.) zu schweigen, der den Alexandriner Apollos um das J. 40 n. Chr. zum Verfasser machte, so glaubte aber auch Weiße („Die Evangelienfrage in ihrem gegenwärtigen Stadium" [Leipzig 1856], S. 256 fg.) im Gebrauch des Vaternamens für Gott, in der reinen Unsterblichkeits- und Vergeltungslehre, in Kap. 1, 13 fg.; 2, 23 fg. und in der schon besprochenen Stelle Kap. 14, 7 christl. Elemente zu finden. Da der sonstige Inhalt und die ganze Haltung des Buchs deutlichst den Juden als Verfasser erkennen läßt, so hätte Weiße über die genommenen Anstöße leicht hinwegkommen können, wenn er bedacht hätte, daß der

Verfasser ein gebildeter Alexandriner war. Vater wird Gott nur Kap. 2, 16; 14, 1 genannt, und zwar wie im A. T., als Schöpfer; der jüd. Particularismus ist deutlich Kap. 9, 1; 11, 1 gegeben. Bei der Unsterblichkeit aber hätte als christliche die Auferstehung nicht fehlen dürfen.

Da unser Buch in die LXX aufgenommen worden war, wurde es von den Vätern als kanonisches und inspirirtes benutzt, und wenn auch ein Origenes (De principiis IV, 34) und Augustinus (De praedestinatione sanctorum, I, 11) wußten, daß seine Kanonicität von manchen beanstandet werde, so bediente man sich seiner doch wie eines kanonischen. Als das Concil zu Trident mit andern auch dieses Apokryphum für kanonisch erklärt hatte, suchten die Protestanten eifrig seinen apokryphen Charakter nachzuweisen; indessen bot das Buch so viel Anziehungspunkte, daß es auch viele Protestanten, wie schon Luther, der es trotzdem, daß es stark jüdele, wohl zu schätzen wußte, hoch hielten, fleißig lasen und praktisch im kirchl. Gebrauch verwendeten. Aufgabe der Wissenschaft ist es, das Buch nach seinem Wesen und aus seiner Zeit zu begreifen, und es ist kein Zweifel, daß es als schriftstellerisches Product alle Anerkennung verdient, daß neben Mangelhaftem es auch viel Treffliches enthält, daß es für die Erforschung des jüd. Alexandrinismus von nicht schätzbarer Bedeutung ist und uns erkennen läßt, wie auch von dieser Seite ein Fortschritt zum Christenthum angebahnt wurde. Fritzsche.

Weissagung, s. Messianische Weissagungen, Propheten und Zukunft.

Weizen, s. Getreide.

Welt, Weltschöpfung, Weltregierung, Weltgericht. Von Schleiermacher datirt bekanntlich die Darstellung der Ideen Gottes und der Welt als zweier sich gegenseitig fordernder Correlatbegriffe. In der That gehört es zur Vollendung und Reinigung des religiösen Bewußtseins, daß dasselbe alles Endliche mit aufnehme in das Gefühl der Abhängigkeit, und dadurch die Gottesidee von jedweder unreinen Beimischung befreie. Am Ende des Processes erscheint somit alles Endliche in gleicher Weise dem Unendlichen gegenübergestellt, in die gleiche Abhängigkeit von diesem aufgenommen, und auf diese Weise kommt es zur Unterscheidung des Weltbegriffes von der Gottesidee: „Als die Welt bezeichnen wir die Gesammtheit alles endlichen, in Wechselwirkung seiner Theile in Raum und Zeit verlaufenden Seins, ein Begriff, der nur wissenschaftlich vollendet werden kann" (vgl. Schweizer, „Die christliche Glaubenslehre" [Leipzig 1867], I, 100). Indem wir daher hier von dem philosophischen Begriff der Welt und seinem, mannichfache Stadien umfassenden, innern Werdegang absehen, beschäftigt uns blos das Interesse der Frömmigkeit, welches sowol bei bürftigerer als bei vollkommener Gestaltung des Weltbegriffs immer nur dasselbe aussagt: die vollkommene Abhängigkeit der Welt von Gott, der aber in ihr seine Selbstdarstellung, sein Organ und Symbol hat. In der unvergleichlichen Energie, womit die Schriftlehre diese Seite des Verhältnisses hervorhebt, beruht ihre Stärke, ihr ewiger Wahrheitsgehalt. Andererseits aber wird auch die religiöse Vorstellung von der Welt in ihrer allmählichen Ausprägung und Durchbildung bestimmt durch das Maß und die Klarheit der naturwissenschaftlichen Erkenntniß. Die Frömmigkeit kann nur gewinnen, wenn steigende Erkenntniß ihr jeweils edlern Stoff bietet, darauf sie sich anzuwenden und zu beziehen hat. Naturwissenschaftliche Errungenschaften dürfen daher niemals verleugnet werden aus religiösem Interesse (vgl. Schweizer, a. a. O., I, 201, 250), und ein religiöses Interesse sollte nie aufgerufen werden gegen die Anerkennung der auf der Hand liegenden Beschränktheit und Kindlichkeit aller in das naturwissenschaftliche Gebiet einschlagenden Aussagen der Schrift über Entstehungsgeschichte und dermalige Beschaffenheit der Welt. „Die Welt ist Gottes, ob die Erde sich bewege oder nicht bewege" (Schweizer, a. a. O., I. 202).

Merkwürdig, daß für einen, allem religiösen Bewußtsein unentrathsamen Begriff das A. T., und zum Theil auch noch das N. T. (vgl. z. B. Mark. 13, 31) zunächst keinen selbständigen Ausdruck haben. Gleich der erste Vers der Bibel bietet vielmehr nur die Zusammenfassung „Himmel und Erde". Genau besehen ist damit sogar erst die gewordene und geordnete Welt, das Ergebniß des schöpferischen Handelns Gottes bezeichnet (1 Mos. 2, 1. 4); anfänglich aber ist nur die Erde vorhanden (1 Mos. 1, 2), aus welcher erst durch Erschaffung des Firmaments (1 Mos. 1, 6. 7) „Himmel und Erde" werden (Schultz, „Alttestamentliche Theologie" [Frankfurt a. M. 1869—70], I, 315. Das diesem ganzen Bericht zu Grunde liegende Phantasiebild des Weltgebäudes ist sehr

Welt, Weltschöpfung, Weltregierung, Weltgericht

an frühern Stellen des „Bibel-Lexikons" (II, 139 fg.; III, 82 fg.) mit erschöpfender Genauigkeit gezeichnet worden. Es steht an sich auf einer und derselben Linie mit den Weltbildern anderer Völker, auch des griechischen, dessen höchst kindliche Vorstellungen von Erdscheibe und Ocean erst sehr allmählich durch den aus der Pythagoreischen Schule stammenden philosophischen Begriff des Kosmos und die dem Ptolemäischen Weltsystem zustrebenden naturwissenschaftlichen Erkenntnisse überholt wurden.

Erst die späteste apokryphische Literatur ist es, welche den eben genannten griech. Ausdruck für das Weltganze (ὁ κόσμος = τὰ πάντα) in den religiösen Sprachgebrauch einführt. So namentlich das wol schon in die neutest. Zeiten hineinreichende Buch der Weisheit (doch f. b.), welches den Begriff der Welt näher zu demjenigen des alles Lebendige, speciell alle Menschen umfassenden Bereiches der Schöpfung bestimmt (ὁ κόσμος = ἡ οἰκουμένη). In diesem Sinne heißt Adam „der erstgeschaffene Vater der Welt" (Weish. 10, 1), und beruht auf dem Samen Noah's „die Hoffnung der Welt" (Weish. 14, 6). So reift nur sehr allmählich und unter entscheidender Vermittelung des Imports griech. Philosopheme über Alexandria der biblische Weltbegriff zu der Vorstellung der Naturwelt, als einer, vor allem auch den Menschen umfassenden Einheit und Totalität heran, während der specifische Sinn, welchen die Griechen mit jenem Worte verbanden („das schön geordnete Weltgebäude"), in der Bibel überhaupt nicht auftritt (vgl. Immer, „Hermeneutik des neuen Testamentes" [Wittenberg 1873], S. 105). Im biblischen Sprachgebrauch weist das Wort, indem es den ursprünglichen Gegensatz von Himmel und Erde in sich aufnimmt und aufhebt, auf eine räumliche Vorstellung zurück. Allerdings ist der Begriff der Welt im spätern Judenthum auch vermittels der Kategorie der Zeit gedacht worden, indem der ältest. Name für Ewigkeit (olam) vielleicht schon Koh. 3, 11, jedenfalls im chaldäischen und rabbinischen Sprachgebrauch im Sinne von „Welt" und „Universum" vorkommt. Dem entspricht aber im Griechischen das Wort Aeon (ὁ αἰών), welches schon bei Sirach (Kap. 38, 34 resp. 39) und im Buche der Weisheit (Kap. 13, 9) neben der Bedeutung „Zeitlauf", „Dauer", „Ewigkeit" auch die der Welt, insonderheit der Menschenwelt (Weish. 14, 6; 18, 4) erkennen läßt.

Damit haben wir bereits die wesentlichen Vorbedingungen zum Verständniß der neutest. Ausdrücke Kosmos und Aeon, welche Luther beide mit „Welt" übersetzt, geliefert. Für Paulus sind es in der That noch ganz gleichwerthige Begriffe, reine Synonymen, wie aus 1 Kor. 1, 20; 2, 6; 3, 19. 19 erhellt. Ein neues Moment tritt aber bei ihm in den biblischen Sprachgebrauch dadurch ein, daß er beiden von der jüd. Theologie ausgebildeten Gegensatz von „dieser" und der „kommenden Welt" aufnimmt (s. „Bibel-Lexikon", IV, 410). Nach jüdischer und paulinischer, überhaupt urchristlicher Vorstellung (Matth. 12, 32; Mark. 10, 30; Luk. 18, 30; 20, 34. 35) stehen sich nämlich die beiden „Welten" nicht wie zwei räumlich unterschiedene Dinge, oder gar wie Zeit und Ewigkeit, sondern wie Gegenwart und Zukunft (Röm. 8, 38; 1 Kor. 3, 22) gegenüber; die Stätte aber für beide Weltalter bleibt dieselbe, diese Welt. Genauer wird daher, was z. B. 1 Kor. 1, 20; 1 Tim. 6, 17; Tit. 2, 12 „diese Welt" heißt, Röm. 8, 18 „diese Zeit" oder „dieser Zeitlauf" genannt. Die Grenze beider Weltalter bildet nach jüd. Auffassung die Erscheinung des Messias, während nach urchristlicher der Anfang der „zukünftigen Welt" (Hebr. 2, 5; 6, 5) mit dem Auftreten Jesu in Niedrigkeit nur ideell zusammenfallen konnte, dagegen erst die Wiederkunft in Herrlichkeit die sinnenfällige Erscheinung und Offenbarung bringen wird. Da nun aber, unter diesem abstract gegensätzlichen Gesichtspunkt betrachtet, „dieser Weltlauf" zugleich als der erlösungsbedürftige, in Sünden verderbte erscheint (Röm. 12, 2; 1 Kor. 2, 6; Luk. 16, 8; 2 Tim. 4, 10), sofern ja Christus dazu gekommen ist, „daß er uns errette von dieser gegenwärtigen argen Welt" (Gal. 1, 4), so empfängt auf diesem Wege der neutest. Begriff „Welt" eine sittliche Bestimmtheit.

Zwar wird auch jetzt noch der Ausdruck „Welt" indifferent von der Stätte gebraucht, da das Gottesreich errichtet wird (Matth. 13, 38; 26, 13), also insonderheit von der Menschenwelt (Joh. 1, 9; 6, 14; 9, 32; 10, 36; 11, 27; 18, 36. 37), oder überhaupt von der Summe des Geschaffenen (Joh. 17, 5. 24; Apg. 17, 21; Röm. 1, 20; 5, 12; Eph. 1, 4; 1 Petr. 1, 20), und bezeichnen demgemäß auch „die Aeonen" einfach das Universum (Hebr. 11, 3) und die aufeinanderfolgenden Weltalter (Hebr. 1, 2; 1 Tim. 1, 17). In der Regel erscheint die „Welt" mindestens schon als Inbegriff des Schwachen und Nichtigen, sozusagen der „schlechten Endlichkeit", in einem gewissen Gegensatze zum Göttlichen (1 Kor. 7, 31; 2 Petr. 1, 4), welcher sich sofort noch steigert durch Reflexion auf ihre Unfähigkeit, das wahre Leben zu erzeugen, also auf ihre Erlösungsbedürftigkeit (Joh. 3, 16. 17. 19; 6, 33. 51; 12, 47; 1 Joh. 2, 2); die Christen sollen daher Lichter dieser Welt sein (Matth. 5, 14; Phil. 2, 15), wie Christus Licht der Welt (Joh. 8, 12; 9, 5; 12, 46), „der Weltheiland" (Joh. 4, 42; 1 Joh. 4, 14) ist. Naturgemäß strebt daher das Sinnen und Trachten des Christen aus dieser Welt heraus, ist also „Sorge dieser Welt" das Gegentheil von göttlicher Gesinnung (Matth. 13, 22). Dasselbe gilt auch von der „Traurigkeit der Welt" (2 Kor. 7, 10). So sorgen und so klagen eben „die Heiden der Welt" (Luk. 12, 30), während die Christen der Welt gekreuzigt sind und ihnen die Welt (Gal. 6, 14). Noch weiter geht diese ungünstige Färbung des Begriffs, wenn die Welt geradezu als Heimat und Bereich des ungöttlichen Wesens, der Kräfte des Bösen und der versuchlichen, verlockenden Mächte der Sinnlichkeit erscheint. „Wehe der Welt der Aergernisse halber" (Matth. 18, 7). In diesem Sinne sagt der Jakobusbrief, daß der „reine Gottesdienst" darin bestehe, daß man „sich von dieser Welt unbefleckt erhält" (Jak. 1, 27), da ja ihre Freundschaft gleichbedeutend ist mit Gottes Feindschaft (Jak. 4, 4). Im Epheserbrief, welcher gleichfalls „diese" und „die zukünftige Welt" unterscheidet (Eph. 1, 21; vgl. 2, 7), heißt die erstere als solche auch „diese Finsterniß" (Eph. 6, 12; vgl. Kol. 1, 13), und ist von einem „Zeitlauf dieser Welt" (Eph. 2, 2), ganz ebenso die Rede, wie Paulus von dem Teufel als dem „Gott dieser Welt" (2 Kor. 4, 4; vgl. Joh. 12, 31; 16, 11) spricht.

Ihren Abschluß findet diese Betrachtung im vierten Evangelium, welches den Ausdruck „diese Welt" adoptirt (Joh. 8, 23; 12, 25; 18, 36), und es selbstverständlich findet, daß die Jünger Jesu, welche noch in der Welt sind (Joh. 17, 11. 13), von dieser gehaßt werden (Joh. 15, 18. 19; vgl. auch 7, 7; 17, 14. 16). Ebenso steht es im ersten Johannesbrief, wenn die Welt nicht blos als das an sich Vergängliche erscheint (1 Joh. 2, 17), sondern auch die Liebe der Welt und die Liebe des Vaters sich gegenüber gestellt werden (1 Joh. 2, 15), und Fleischeslust, Augenlust und Hoffart als Inhalt der Welt erscheinen (1 Joh. 2, 16), weshalb auch „die ganze Welt im argen liegt" (1 Joh. 5, 19), d. h. der Macht des Satans anheimfällt (vgl. Joh. 12, 31; 16, 8—11), während die Gläubige die Welt überwunden hat (1 Joh. 5, 4. 5; vgl. Joh. 16, 33).

Wo der Begriff der Welt eine so weite Entwicklung durchlaufen hat, in deren Folge sich das Merkmal des unbedingt von Gott Abhängigen allmählich geradezu in dasjenige einer relativen, aber widergöttlichen Selbständigkeit umsetzt, wird natürlich auch das Verhältniß der Welt zu Gott nicht vorgestellt werden können, ohne daß sich eine Mannichfaltigkeit von Gesichtspunkten aufdrängt, unter welchen jene Bezogenheit gedacht werden kann. Dem Moment der schlechthinigen Abhängigkeit entspricht der Schöpfungsbegriff, der Reflexion auf das in der Welt repräsentirte Moment einer relativen Selbständigkeit, ja der Möglichkeit widergöttlicher Selbstbestimmung der Begriff der Weltregierung, beziehungsweise der Vorsehung, der letzten Forderung des sich vollziehenden Gottesgedankens endlich, wonach Gott doch schließlich Herr und Meister bleiben muß, derjenige des Weltgerichtes, welcher insofern ein Drittes zur Schöpfung und Lenkung der Welt bilden kann (vgl. auch Schweizer, a. a. O., I, 235).

Nicht dem frommen Bewußtsein an sich, welches lediglich die schlechthinige Abhängigkeit der Welt aussagt, wohl aber der populären Unterscheidung von Anfang und Fortgang derselben, kommt der Begriff der Schöpfung entgegen in seinem Unterschied von dem, was man Erhaltung, Regierung, Vorsehung u. s. w. nennt. Schon an einem andern Orte („Bibel-Lexikon", II, 75 fg.) wurde gezeigt, wie sämmtliche Eigenschaften Gottes der Reflexion auf diese beiden „Werke" desselben ihren Ursprung verdanken. Der Schöpfung insonderheit entspricht die Allmacht. Da diese niemals müßig oder gegenstandslos, sondern nur als immerwährende Begründung des Weltdaseins gedacht werden kann, läuft die Vorstellung von einem zeitlichen Beginn der Schöpfung allerdings Gefahr, der Gottesidee selbst zu nahe zu treten. Wenn es eben die Raum- und Zeitform ist, wodurch sich die Welt von Gott unterscheidet, so schließt die Welt als solche die Zeit ein, kann also nicht erst innerhalb derselben geschaffen sein. In unserm biblischen Schöpfungsbericht wird diese Frage einfach gar nicht berührt, da der „Anfang" (1 Mos. 1, 1) entweder nur das Gegentheil zum Ende, den Anfang der Weltgeschichte ohne Rücksicht auf den Gegensatz von Zeit und Ewigkeit, oder speciell den Punkt bezeichnet, womit das Schöpfungswerk begann (Schultz, a. a. O., I, 317). Wenn daher Stellen, wie Pf. 90, 2; Joh. 17, 5. 24; Eph. 1, 4; 1 Petr. 1, 20, die Annahme einer ewigen Schöpfung direct auszuschließen scheinen, so darf allerdings in Anschlag gebracht werden, daß jener Begriff in populärer und poetischer Sprache, b. h. in derjenigen der Schrift, gar nicht ausdrückbar ist (Rothe, „Dogmatik" [Heidelberg 1869—70], I, 133). Wie diese, so liegt aber auch noch eine andere, damit zusammenhängende Frage, welche die Metaphysik hervorgerufen hat, dem einfachen, volksthümlichen, einen vorgeschichtlichen Zusammenhang semitischer und arischer Schöpfungssagen documentirenden Standpunkte der ältest. Erzählung fern. Es betrifft dies die sogenannte Schöpfung aus nichts, deren religiöses Interesse auf die Sicherstellung des Begriffs eines göttlichen Schaffens gegenüber menschlichem Machen, b. h. darauf hinausläuft, daß kein unabhängig von Gott entstandener oder vorgefundener Stoff zur Weltbildung zugegeben werden darf (vgl. Schwarz, „Das Wesen der Religion" [Halle 1847], I, 185 fg., 192 fg.). Auch diese Controverse ist ohne biblischen Anhaltspunkt, da Hiob 26, 7 nur steht, daß Gott die Erde „über dem Nichts", b. h. der unermeßlichen Leere, gegründet habe, da ferner 2 Makk. 7, 28 (ἐξ οὐκ ὄντων, was die Vulgata mit ex nihilo wiedergibt) ähnlich wie im „Hirten" des Hermas (II, 1: ποιήσας ἐκ τοῦ μὴ ὄντος εἰς τὸ εἶναι τὰ πάντα) vielmehr gelehrt wird, daß die Welt aus dem Nichtsein ins Dasein gerufen wurde, und Röm. 4, 17 (τοῦ καλοῦντος τὰ μὴ ὄντα ὡς ὄντα), daß Gott über nicht Existirendes verfügt, wie über Existirendes, da endlich Hebr. 11, 3 (κατηρτίσθαι τοὺς αἰῶνας ῥήματι θεοῦ εἰς τὸ μὴ ἐκ φαινομένων τὰ βλεπόμενα γεγονέναι) nur in vorsichtig negativem Ausdruck behauptet wird, daß die sichtbare Welt bei ihrer Schöpfung nicht aus solchem, was gleichfalls in die Erscheinung fällt, hervorgegangen ist, mithin eine intelligible Ursache hat. Die Lehre vom nihil negativum könnte letztgenannter Stelle höchstens als unausgesprochene Voraussetzung zu Grunde liegen, während das nihil privativum, b. h. die platonische Lehre von der Materie als dem nicht Seienden, dem Möglichkeitsgrunde der Welt, ihren Anhalt nur in der apokryphischen Stelle Weish. 11, 18 (ἐξ ἀμόρφου ὕλης) hat. Hebräisch aber könnte diese Vorstellung von der gestaltlosen Masse als einem von Gott bearbeiteten Weltstoff höchstens nach der orthodoxen Auslegung von 1 Mos. 1, 1 genannt werden, welche auf einer von uns bereits als falsch erkannten Auffassung des Worte „Himmel und Erde" beruht. Was erst Ergebniß des schöpferischen Wirkens Gottes ist, kann unmöglich den Ausgangspunkt, den Stoff desselbigen bilden. Jede Rücksicht auf einen solchen fällt vollends bei der syntaktisch richtigern Uebersetzung von Ewald, Bunsen, Schrader, Schultz u. a. hinweg: „Am Anfang, da Gott Himmel und Erde schuf — und wüste war die Erde und öde, und Finsterniß über der Urflut, und Gottes Geist schwebete über dem Wasser — da sprach Gott: Es werde Licht!" Somit wird nur der Zustand berichtet, welcher vorlag, als Gottes erste That zum Behuf der Beschaffung der jetzigen Welt stattfand. Ohne Zweifel besteht jedoch die Voraussetzung, daß auch das Himmel und Erde noch ungeschieden in sich befassende Chaos, das Tohuwabohu 1 Mos. 1, 2 (eine Vorstellung, welche bei allen Culturvölkern in irgendwelcher Form wiederkehrt), von Gott hervorgerufen wurde, da seinem Werberuf sofort ein williges Werden entspricht, nirgends aber, wie das in den Consequenzen der platonischen Lehre vom vorgefundenen Weltstoff lag, irgendein aufhaltendes und hemmendes, außergöttliches Princip angedeutet wird, dem das 1 Mof. 1, 31 ausgesprochene Resultat („Alles war sehr gut") erst abzuringen gewesen wäre (vgl. Schultz, a. a. O., I, 316, 318). Die Exegese vollends, welche in Anblick der fossilen Reste einer untergegangenen Urwelt, zwischen den Zeilen des ersten und des zweiten Verses der Genesis, einen Fall der jene Urwelt bewohnenden Engel einschiebt, und demgemäß im Tohuwabohu den durch diesen Fall ruinirten und in Trümmer geschlagenen Erdball, im Sechstagewerk aber die Wiederherstellung desselben findet, gehört zwar recht eigentlich der heutigen Modetheologie an, hat aber keinerlei exegetische Begründung für sich.

Abgesehen von der nachtwandelnden Phantasie, welche in biblischen Schöpfungsbegriff Dinge entnimmt, welche in demselben gar nicht enthalten oder auch nur voraus gesetzt sind, hat man aber auch seinen wirklichen Gehalt nur allzu wenig auf die religiöse Wahrheit, die er vertritt, anzuschauen vermocht. Selten hat ein Schriftstück größere Bedeutung erlangt als diese ersten Blätter des A. T.; selten aber ist auch mit einer religionsgeschichtlichen Urkunde schlimmer gewirthschaftet worden. Bis zum heutigen Tage zanken sich die lutherischen Theologen darüber, ob diese Urkunde auf die noch ungetrübte Weltanschauung Adam's, oder ob sie auf rückwärtsschauende Prophetie des Mose oder auf directe Offenbarung, auf reine, unvermittelte Inspiration zurückzuführen sei; bis zum heutigen Tage ist die Klage Herder's am Platze, daß man eine sinnvolle und liebliche Kindheitsgeschichte und Altvätersage zu einem Kapitel der menschlichen Metaphysik und der göttlichen Naturlehre herabgewürdigt habe. Der Gegensatz, in welchem man damit die angeblichen Interessen der Religion zu den Forderungen der Wissenschaft gestellt hatte, liegt zu Tage und läßt sich durch nichts ausgleichen. „Unsere Wissenschaft beginnt nicht mehr mit der Wüste und Leere, über welcher der Geist Gottes schwebt, sondern vielleicht mit der erhitzten Dampfkugel, die neben unzähligen andern sich im Weltraum dreht; sie bezeichnet die Zeitabschnitte der irdischen Gestaltung nicht mehr nach Tagewerken des göttlichen Schaffens, sondern nach der Abnahme der ausstrahlenden Wärme, der Bildung des Tropfbarflüssigen, der Festigung der Kieselrinde und ihren mannichfaltigen Berstungen; sie leitet die Entstehung der lebendigen Geschöpfe nicht mehr von einem unmittelbaren Eingreifen Gottes ab, sondern schreibt sie der allmählichen Weiterentwickelung der Erzeugnisse zu, welche die natürlichen Kräfte der Urstoffe zuerst einfach, dann in immer reicherer Verwickelung der Gestalten hervorgebracht haben" (Lotze, „Mikrokosmus" [2. Aufl., Leipzig 1869—72], III, 4). Ist das richtig, so hat der biblische Schöpfungsbegriff aufgehört, irgendwelche Beiträge zu unserm wissenschaftlichen Denken über diese Dinge zu liefern. Die ganze Geschichte der Rolle, welche er in der christlichen Theologie gespielt hat, erzählt Diestel („Geschichte des Alten Testamentes in der christlichen Kirche" [Jena 1869], S. 122, 171, 191, 194, 199, 201 fg., 212, 223, 265, 476, 483 fg., 541, 640, 724 fg., 727), und Schrader (in Schenkel's „Allgemeiner kirchlichen Zeitschrift", Jahrg. 1866, S. 626 fg.) lieferte eine treffende Kritik der umfangreichen und doch völlig überflüssigen und unfruchtbaren Literatur, welche sich über dem anachronistischen Bestreben, in der naiven Erzählung philosophische und naturwissenschaftliche Aufschlüsse zu suchen und die Resultate der modernen Paläontologie mit der Kosmologie der Genesis auszugleichen, erzeugt hat. Dieses Bemühen erscheint nun freilich um so gegenstandsloser, als das A. T. selbst keinerlei einheitliche Vorstellung vom Hergange bei der Schöpfung bietet. Denn fürs erste enthalten bekanntlich schon die beiden ersten Kapitel der Genesis eine doppelte, in sich völlig differente Darstellung, sofern im Gegensatz zur ungleich großartigern Elohimurkunde die Jahveurkunde von keiner aufsteigenden Reihe von Tagewerken, auch von keiner paarweisen Erschaffung erst der Thiere, dann des Menschen weiß, sondern vielmehr zuerst den Adam, dann die Thiere, zuletzt die Eva geschaffen sein läßt. Indem wir bezüglich dieser Doppelgestalt des Schöpfungsberichtes auf frühere Ausführungen des „Bibel=Lexikons" (I, 47; II, 205; IV, 446—448) verweisen (vgl. auch Schultz, a. a. O., I, 313, 318 fg.), erinnern wir hier zweitens an anderweitige, auf die Weltschöpfung Bezug nehmende Stellen des A. T., welche zwar eine Reihenfolge und Stufenordnung der Creatur voraussetzen, dieselbe aber wieder anders als die Elohimurkunde construiren. So Pf. 104, 5—9; Hiob 38, 7; vielleicht auch Sir. 16, 25—30. Erst in der Zeit der pharisäischen Schriftgelehrsamkeit hatte man den Sinn für den dichterischen Charakter jener Darstellung so sehr verloren, daß man ihr zumuthete, die correcte Theorie von der Naturgeschichte der Erde liefern zu sollen. Diese Erbschaft hat dann die christl. Dogmatik übernommen, und sogar, wie soeben gezeigt wurde, um mehrere phantasiereiche Kapitel vermehrt. Erst seit Herder, welcher die ganze Erzählung in das Reich der Poesie entrückte und im Sonnenaufgang, wie er sich auf einem erhabenen Punkte darstellt, den Vorwurf nachweisen zu können glaubte, welchen die hebr. Phantasie bei Gestaltung ihrer Schöpfungssage benutzte, ist man theologischerseits geneigter geworden, die Unvereinbarkeit der zum Dogma gestempelten Sage mit dem Kopernicanischen Weltsystem zuzugestehen. Die wissenschaftliche Theologie erkennt heute an, daß die Bibel kein „naturwissenschaftliches Lesebuch" sei (Schweizer, a. a. O., I, 240 fg.), ihr Schöpfungsbericht aber „nur die religiösen Grundgedanken über das Verhältniß Gottes zu der werdenden Welt und ihren Ordnungen" enthalte (Schultz, a. a. O., I, 313), ja daß ohne das zufällige Datum der mosaischen Kosmogonie weder ein speculatives noch ein religiöses Interesse gerade auf ein Sechstagewerk führen, vielmehr der Begriff einer mit Einem Schlage vollführten Weltschöpfung beiden sogar besser entsprechen würde (vgl. die „Protestantische Kirchen=

Welt, Weltschöpfung, Weltregierung, Weltgericht

zeitung", Jahrg. 1873, S. 844). Aber gerade so gut wie wir Heutigen unsere jetzt cursirenden physikalischen Vorstellungen mit verwenden in allem, was wir auch über Religion zu denken und zu sagen haben, mußten auch die zur Zeit der Entstehung des Schöpfungsberichtes in Israel herrschenden Vorstellungen von Geologie, Geographie und Astronomie den Ausdruck bedingen, welcher der religiösen Ahnung gegeben wurde. Wie sehr national bedingt dieser Ausdruck ist, erhellt aber schon daraus, daß das der israelitischen Woche entsprechende Sechstagewerk in der Einsetzung der Sabbatfeier gipfelt, wie denn derartige Zurückführung heiliger Institutionen auf unmittelbar göttlichen Ursprung im Alterthum etwas Gewöhnliches ist. „Ist im Christenthum das jüd. Sabbatsstatut abgestreift, weil das ganze Leben, somit alle Tage sabbatlich zur Ehre Gottes gelebt werden sollen, wovon jenes Statut nur ein Schattenbild war: so kann auch die es begründen sollende Erzählung uns hierin nicht mehr Autorität sein, eine Begründung, welche augenscheinlich das Sabbatstatut, und zwar als Feier gerade des siebenten Wochentags durchaus für immer allen frommen Menschen zumuthen müßte" (Schweizer, a. a. O., I, 242). Fällt aber mit der sabbatlichen Spitze auch das Sechstagewerk dahin, so bedürfen wir auch nicht mehr der schon von der alexandrinischen Religionsphilosophie eingeführten Illusion, als seien die Tage nicht wirkliche Tage mit Abend und Morgen (gegen den ausdrücklichen Wortlaut), sondern größere Schöpfungsperioden, und noch weniger brauchen wir uns mit der Vertheilung und Aufeinanderfolge der Schöpfungswerke abzuquälen, wie doch Licht habe schon am ersten Tage, Sonne, Mond und Sterne erst am vierten Tage werden, gleichwol aber von Abend und Morgen schon vorher die Rede sein können u. s. w. Uebrigens wird im N. T. die mosaische Schöpfungsgeschichte nur Apg. 17, 26 hinsichtlich der Einheit des menschlichen Geschlechts, Matth. 19, 4—6 hinsichtlich des Verhältnisses der Geschlechter, Hebr. 4, 4 hinsichtlich der, übrigens Joh. 5, 17 geleugneten Sabbatsruhe, endlich Apg. 17, 24 zusammenfassend hinsichtlich der schlechthinigen Causalität, welche das Universum in Gott hat, berührt.

Gehen wir nun auf diesen religiösen Gehalt des biblischen Schöpfungsberichtes näher ein, so erhellt zunächst die vorausgesetzte Verschiedenheit Gottes von der Welt aus der doppelten Vermittelung, welche zwischen göttlichem und außergöttlichem Sein nöthig fällt. Als erste Vermittelung tritt der „Geist Gottes" 1 Mos. 1, 2 auf. „Das Gott eigenthümliche, in ihm selbst ruhende Leben, welches sinnlich als sein Odem dargestellt wird, geht von ihm aus und wird anhauchend der Quell geschaffenen Lebens. Ueber der lebens- und ordnungslosen Masse des Weltstoffs schwebt dieser Geist wie der Vogel über seinem Neste, und trägt damit die Keime des Lebens in sie über" (Schultz, a. a. O., I, 314). Ebenso erscheint der Odem Gottes Ps. 104, 30; Hiob 34, 14. 15 auch als Princip der beständigen Erneuerung der Natur, überhaupt in den poetischen Schriften des A. T. als Quelle des mannichfachsten seelischen und geistigen Lebens. Von 1 Mos. 1, 3 an tritt als zweite Vermittelung das Sprechen ein, der nächstliegende Ausdruck für die Selbstoffenbarung Gottes, wenngleich noch verhältnißmäßig unselbständiger gedacht als der Geist. Sofern im spätern Verlaufe der religionsgeschichtlichen Entwickelung, wie dieselbe bereits im A. T. anhebt, nicht blos der Geist, sondern auch das schöpferische Wort Gottes hypostasirt und mit dem Begriffe des Sohnes Gottes combinirt wurde, liegen allerdings in den drei ersten Kapiteln der Bibel die Keime oder, richtiger gebrückt, Gelegenheitsursachen der Dreieinigkeitslehre beschlossen (s. „Bibel-Lexikon" II, 18), weshalb die Orthodoxie die Schöpfung als gemeinsames Werk aller drei göttlichen Personen faßt. Zu Geist und Wort, welche beide freilich selbst wieder verfeinerte Producte der anthropomorphischen Vorstellung von der Schöpfung sind (vgl. Lotze, a. a. O., III, 5), kommt dann aber im spätern Hebraismus und im hellenistischen Judenthum noch die „Weisheit" Gottes, vermöge welcher Gott die Maße und Ordnungen des eigenen Lebens als Naturordnungen und sittliche Ordnungen in die Welt überträgt. Vermittels der Vorstellung der göttlichen Weisheit werden sich die Verfasser der Psalmen und Sprüchwörter, des Buches Hiob und die Propheten der von ihnen aus echt religiösen Motiven mit Vorliebe gepflegten Idee von der schöpferischen Allmacht Gottes bewußt (vgl. Schultz, a. a. O., II, 114 fg.). Der Grundgedanke der hebr. Schöpfungslehre aber, wie er schon in der Erzählung der Genesis angeschlagen wird, geht jedenfalls in gleichem Gegensatze zu der pantheistischen Auffassung der Inder, wie zu dem bloßen

Welt, Weltschöpfung, Weltregierung, Weltgericht

Weltbildner (Demiurgen) der griech. Philosophen und den Emanationen der Gnostiker immer aus der Tonart: „Er spricht, und es geschieht; er gebietet, und es steht da" (Ps. 33, 9). Dazu kommt noch als Gegensatz zu allem Dualismus, daß Gott das Erschaffene durchweg gut befindet (1 Mos. 1, 4. 12. 18. 25. 31), weshalb er an seiner Schöpfung sich freut und seine Geschöpfe segnet (1 Mos. 1, 22. 28). Es ist dies die Grundidee, alles sogenannten Optimismus, wie dieser überhaupt einer religiösen Auffassung des Lebens irgendwie unentrathsam ist. Diesem Urtheil auf Gutsein entspricht es, wenn demnach in den Psalmen der Zweck der Welt gern in die Verherrlichung des Namens Gottes gesetzt wird (Ps. 8, 2; 19, 2), und die Welt solchergestalt als abbildliche Offenbarung seines Wesens erscheint (vgl. Schenkel, „Christliche Dogmatik" [Wiesbaden 1858—59] II, 55, 64 fg., 71 fg.).

An diesem Punkte stellt sich nun freilich schon im alexandrinischen Judenthum ein speculatives Interesse ein, welches sich sofort auch in das Christenthum überträgt und zu einem dogmenbildenden Factor ersten Ranges anwächst. Zwar darin blieb die christliche Schöpfungslehre durchaus auf mosaischem Boden, daß sie dem Heidenthum gegenüber, welches mit dem Chaos anhebt und nur Umbildung, Ausgestaltung und Durchbruch neuer Erscheinungen aus dem Ringen der Elemente kennt, den Begriff der Schöpfung in aller Schärfe betont und namentlich die materielle Welt als directes Product Gottes, welcher Geist, also ihr Gegentheil ist, faßt: ein Gedanke, welcher für die gesammte griech. Philosophie, sofern diese in der Materie das düstere Widerspiel Gottes erblickte, im Grunde unvollziehbar gewesen war und daher auch allenthalben bei seinem ersten Auftreten dem heidnischen Bewußtsein nicht wenig imponirte. „Wir haben nur Einen Gott, den Vater, von welchem alle Dinge sind, und wir zu ihm" (1 Kor. 8, 6). Warum setzt aber der Apostel sofort hinzu: „und Einen Herrn, Jesus Christus, durch welchen alle Dinge sind, und wir durch ihn?" Sofern vom ewig Guten nur Gutes kommen kann, sah schon Philo im Weltall den eigentlichen Sohn Gottes (s. „Bibel-Lexikon", I, 94). Andererseits stand auch er unter dem Bann jener dualistischen Entgegensetzung Gottes und der Materie und bedurfte deshalb eines besondern Trägers für die schöpferische und offenbarende Thätigkeit Gottes, überhaupt einer Vermittelung für alle Berührungen Gottes mit der Sinnenwelt. Diese Rolle übernimmt bekanntlich in seinem System der Logos, das Mittelglied Gottes und der Welt, das Abbild des göttlichen Wesens und das Urbild des Universums. Als die Gott einwohnende Idealwelt heißt er der ältere Sohn Gottes im Gegensatz zu der außergöttlichen Sinnenwelt, dem jüngern Sohne Gottes (s. „Bibel-Lexikon", I, 95 fg.). Nun gipfelt aber die christologische Bewegung, soweit sie sich innerhalb des N. T. vollzieht, in der Combination der philonischen Logosidee mit dem historischen Christus (Joh. 1, 1 fg.). Damit war die Auffassung des letztern als Mittelursache der Welt gegeben, welche Joh. 1, 3. 10 in dieser Form ausgesprochen ist, aber auch schon, ehe die Logosidee selbst in das Christenthum hereinragt, von einem andern Ausgangspunkt aus bei Paulus und in der nachpaulinischen Briefliteratur (vgl. Kol. 1, 16), vor allem auch, und hier schon ganz alexandrinisch, Hebr. 1, 2 auftritt. Auf diese Weise modificirt sich die alttest. Schöpfungslehre sehr bald nach den Tagen Jesu, und tritt endlich dem mosaischen Schöpfungsbericht im johanneischen Prolog eine „Genesis im höhern Chor" gegenüber, welche, den Anfangsworten des A. T. nachgebildet, „im Anfang" den Logos sein läßt und ihn als ewig in Gott immanente, bei der Schöpfung aus ihm hervorgehende, endlich in Christo Fleisch gewordene Offenbarungsprincip feiert. So wird der speculative Zusammenhang von Schöpfung und Erlösung hergestellt, und erscheint die Versöhnung durch die Welt-Christus (2 Kor. 5, 19) zugleich als ihre Neuschaffung und Vollendung (Rothe, a. a. O., I, 134). Wir haben es hier nur mit den Beziehungen der Welt zu Gott, abgesehen von der Erlösung, zu thun, bemerken daher hier blos noch, daß die bei der Schöpfung wahrgenommene Vermittelung durch den Sohn ausdrücklich auch auf die Erhaltung (Kol. 1, 17; Hebr. 1, 3) und Regierung (Phil. 2, 9—11; Hebr. 1, 8. 9. 13; 2, 8; Offb. 5, 10) der Welt ausgedehnt wird (Rothe, a. a. O., I, 174, 176 fg.).

Wenn nun aber eine streng wissenschaftliche Betrachtung sich auf die Unterschiede einer entstehenden und einer gewordenen Welt überhaupt nicht einlassen kann, da sie nur eine stets werdende kennt (vgl. Schwarz, a. a. O., I, 195), so ist von vornherein zu erwarten, daß auch das religiöse Bewußtsein sich damit erst zum geringsten Theile

Welt, Weltschöpfung, Weltregierung, Weltgericht (659)

friedigt zeigen wird, daß es Gott als die Causalität der Welt in ihrem Entstandensein bezeichnet hat. Von größerm Interesse als der abstract theistische Schöpfungsbegriff der Genesis ist jedenfalls die Forderung, daß Gott schlechthin die Causalität der Welt sei auch für deren stetigen Lebensverlauf, daß in den gesetzmäßigen Bewegungen der Naturwelt seine Weltregierung, in den Ordnungen der sittlichen Welt seine Vorsehung erkannt werde (Schweizer, a. a. O., I, 221 fg.). Auch der biblische Schöpfungsbericht thut dieser volksthümlichen Unterscheidung Genüge, indem er die göttliche Arbeitswoche durch einen Ruhetag abschließt, an welchem Gott, wie dies augenscheinlich in kindlicher Weise vorgestellt ist, von der, für ihn zwar anstrengungslosen, Thätigkeit völlig geruht und sein Schöpfungswerk mit Genugthuung betrachtet habe. Während aber schon Joh. 5, 17 diese Vorstellung als eine mit einem durchgebildeten Gottesbegriff unvereinbare corrigirt wird, hat sich die Dogmatik damit begnügt, jenes Ruhen als Uebergang von der schöpferischen in die erhaltende Thätigkeit umzudeuten, um so willkürlicher, als derselben Dogmatik zufolge die rein schöpferische Thätigkeit eigentlich schon viel früher aufgehört hat, und, nachdem einmal der erste Stoff geschaffen war (creatio prima), schon die sechstägige Succession nur ein entwickelndes Leiten unter Benutzung der schon erreichten Bildungen (z. B. 1 Mos. 2, 4) bedeuten soll (creatio secunda).

Der Gedanke selbst, daß Gott bei der weiter fortschreitenden Differentirung und Organisation der Materie die bereits vorhandene Errungenschaft immer mit in Anspruch nimmt und zur Selbstthätigkeit sollicitirt, bildet zwar keineswegs die Stärke der hebr. Vorstellung von der Schöpfung, in welcher das kosmogonische Moment, die Idee der Natur (φύσις), überhaupt zu kurz kommt gegenüber dem einseitig ausgebildeten Begriffe der Creatur (κτίσις). Mit der höchsten Einförmigkeit wiederholt besonders der erste Schöpfungsbericht von jedem Geschöpf, daß Gott es gemacht habe (Lotze, a. a. O., III, 351). Spuren einer Annahme von Entwickelungsgrundlagen und Entwickelungsgesetzen begegnen höchstens in den Befehlsworten an Wasser (1 Mos. 1, 20) und Erde (1 Mos. 1, 24). Die Erde „läßt hervorgehen", und zwar, wie Mark. 4, 28 verdeutlicht und ergänzt wird, „von selbst". Hier kann man allerdings mit Lotze (a. a. O., III, 17) fragen: „Wird dies den Kräften der Erde übertragene Aufgehenlassen der Gewächse anders ausgesehen haben, als so, wie es sich die naturwissenschaftliche Ansicht denken muß, sodaß die einzelnen Elemente der Erdrinde sich zuerst zu Keimen, diese erst durch ihr Aufgehen zu Pflanzen gestalteten?" Noch deutlicher vollends treten die Mittelursachen im zweiten Schöpfungsberichte hervor, wo ein Nebel der Pflanzenwelt das Dasein gibt und der Mensch aus einem Erdenkloß, das Weib aus einer Rippe des Mannes bereitet wird. Insofern besteht allerdings „zwischen Naturordnung und lebendigem Gotteswillen kein Widerspruch" (Schultz, a. a. O., I, 318) und findet eine „fortwährende göttliche Lebensmittheilung, auf welcher allein eine Fortentwickelung und ein dauernder Lebensbestand des Geschaffenen ruhen kann" (Schultz, a. a. O., I, 319) — ein wesentlich auch modernerer Gedanke — im A. und N. T. seine Anknüpfung. Gott ist der Herr des Lebens, der Geister in allem Fleisch (4 Mos. 16, 22; 27, 16); wenn er seinen Lebenshauch zurückzieht, so sinkt das Einzelgeschöpf in sein Nichts zurück, löst sich in Staub auf (Ps. 104, 29). Hier ist nun auch die Stelle für den Lehrpunkt von der göttlichen Erhaltung der Welt, welche die Dogmatik, indem sie dieselbe richtig als fortgesetzte Schöpfung (continua creatio) faßt, neben und mit der göttlichen Weltregierung unter den Gesammtbegriff der Vorsehung befaßt hat. Sowol die andern Geschöpfe, und zwar leblose wie lebendige (Ps. 104, 27. 28; 136, 25; 147, 8. 9; Hiob 36, 31; Matth. 6, 26. 28. 30), als auch insonderheit die Menschen (Ps. 145, 15. 16; Apg. 14, 17; 1 Tim. 6, 17) empfangen mittels der Natur aus Gottes Hand selbst fortwährend alle Bedingungen ihrer Erhaltung, und ganz besonders fällt die erhaltende göttliche Causalität in dem Fortbestehen alles psychischen Lebens in die Augen (Hiob 10, 12; 12, 10; 27, 3; 32, 8; 33, 4; 34, 14. 15; Dan. 5, 23; Sach. 12, 1; Apg. 17, 27. 28). Von Gott geht endlich auch die Erhaltung des Geschlechts, der Kindersegen aus, zum deutlichen Beweise, „daß alles sich fortentwickelnde Leben der Geschöpfe aus seinem Willen wie aus dem Schoße der Natur stammt, daß alle Entfaltung der Geschöpfe der Welt in seinem Erhalterwillen ruht" (Schultz, a. a. O., I, 320).

Ueber diesen, auch einer philosophisch und naturwissenschaftlich fortgeschrittenen

42*

Welt, Weltschöpfung, Weltregierung, Weltgericht

Weltanschauung assimilirbaren, Elementen des altteft. Gedankenkreises darf aber der große Unterschied nicht übersehen werden, daß der Hebräer so wenig wie der Semit überhaupt eine Vorstellung von Welt- und Naturgesetzen besitzen kann. Nur Ahnungen davon tauchen auf, wenn von Tag und Nacht „beherrschenden" Gestirnen als von „Zeichen für Zeiten" (1 Mos. 1, 14—17; Pf. 104, 19), von regelmäßiger Folge der Jahreszeiten (1 Mof. 8, 22; vgl. Jer. 5, 24), von festem Bestand von Himmel und Erde (Pf. 119, 91), von „Satzungen des Himmels" (Hiob 38, 33; Jer. 31, 35. 36; 33, 25) und von unüberschreitbaren Ordnungen der Himmelskörper (Pf. 148, 6) die Rede ist. Aber gerade dem Menschen bleiben diese „Ordnungen" unbekannt; sie sind sein Gegenstand für sein Forschen und Wissen. Eine „Weltweisheit" gibt es also hier nur in der Form der Ethik, nicht aber der Physik und Metaphysik. Wo in solcher Weise eine Naturkunde von vornherein ausgeschlossen erscheint, ist es selbstverständlich, daß alle Naturereignisse in schon anderwärts besprochener Weise („Bibel-Lexikon", IV, 297) direct auf Gott als die letzte Ursache zurückgeführt werden, welcher daher alle Dinge und Wesen unmittelbar in seiner Hand hält, dessen momentan, unstetig und frei gewollte Handlungen selbst die entsetzlichsten Naturereignisse, dessen genau vorbedachte und kunstvoll ausgeführte Wunder alle Erscheinungen am Himmel, alle Vorgänge auf Erden, alle geologischen, astronomischen, atmosphärischen Veränderungen in der Welt sind. Hier bietet daher die Wahrnehmung des Mannichfaltigen in der Welt, der scheinbar zusammenhangslosen, voneinander unabhängigen, ja sich gegenseitig bekämpfenden Kräfte derselben keineswegs, wie in den polytheistischen Religionen des Alterthums der Fall ist, Veranlassung zur Ausbildung einer reichen Mythologie. Es entstehen keine Sonnen-, Mond-, Wasser-, Erd-, Luft-, Feuer-, Waldgötter u. s. w. Vielmehr ist es immer ein und derselbe Gott, welcher unmittelbar handelt, die ganze Welt dagegen ist an sich todt, „alles Fleisch ist wie Heu" (Jes. 40, 6), reiner Stoff für seine Hände. Wie sich unter diesen Voraussetzungen für die religiöse Vorstellung sein dauerndes Verhältniß zur Welt gestaltet, dafür liefert z. B. die meteorologische Rede Elihu's, Hiob 36, 27—37, 13 ein classisches Muster. Ueber den Wolken thront in nebliger Hülle ein einziges Wesen, welches aus der Erde die trübe Feuchtigkeit an sich zieht und sie in reines Regenwasser verwandelt (Hiob 36, 27); aber auch Schnee und Hagel bereitet dieses Wesen und speichert sie in Vorrathskammern über den Wolken auf, um sie zur rechten Zeit wieder auf die Erde fallen zu lassen (Hiob 37, 6; 38, 22. 23); ebenso sammelt er die Winde in der Wüste (Hiob 37, 9) und läßt, indem er die Gewässer kalt anhaucht, Eis entstehen (Hiob 37, 10). Seine mit Wasser belasteten Wolken aber schlägt er plötzlich wie ein Zelt auseinander, und die vorher eng zusammengedrängten Wolken verbreiten sich über den ganzen Himmel (Hiob 36, 28. 29; 37, 11); als ein Lichtwesen, das aber im Dunkel wohnt, findet Gott seine eigenthümlichste Wirkung und Selbstdarstellung im Gewitter, darin helle Blitze die Wolkennacht theilen (Hiob 36, 30), und daraus zugleich strafende wie segnende Folgen hervorgehen (Hiob 36, 31; 37, 12). Den Blitz schleudert er, nachdem er seine Hände in Licht getaucht (Hiob 36, 32; 37, 3), und mit der hinter dem Blitze herschallenden Stimme seines Donners (Hiob 37, 4) kündigt sich seine Nähe sogar im dumpfen Bewußtsein der Thierwelt an (Hiob 36, 33).

Man kann geradezu sagen, daß wir hier am Scheidewege des semitischen Supernaturalismus und des philosophischen Geistes des Abendlandes stehen. Der Semitismus schritt nämlich, sofern er sich unbeirrt von griech. Speculation entwickelte, dazu weiter, das Poetische, was in solchen Schilderungen liegt, immer gründlicher abzustreifen, die dichterischen Ausdrücke wörtlich zu nehmen und aus der buchstäblichsten Auffassung z. B. der obengenannten Vorrathskammern ein Weltgebäude zu construiren, wie es, meist im Anschlusse an die Genesis und an Hiob, die Apokalypse des Henoch versucht mit jener eigenthümlichen rabbinischen Verein einer philisterhaft pedantischen Verständigkeit mit absolut irrationaler, gänzlich bizarrer Phantasie. Wenn schon der mosaische Schöpfungsbericht sich innerhalb der menschlichen Vorstellung bewegt, welche den Werkmeister der zu bearbeitenden Stoffe gegenüberstellt, so wurde aus der hiermit gegebenen Wendung der Gottesidee ins Endliche allmählich geradezu eine Wendung ins Kleinliche. Gott wurde mit einem großen Haushalt umgeben, der so eingerichtet war, daß alles Nothwendige durch die Schöpfung ein für allemal vorhanden erschien, und nur darauf kam es jetzt noch an, daß er jeweils die richtigen Schubfächer aufzog, die entsprechenden

Instrumente fand und in rechtzeitige Action setzte. Wenn also Hiob 37, 1—5 der Donner noch als reines Wunder auftritt, so legt sich dies der apokalyptische Commentator dahin zurecht, daß die Donner als große Gegenstände erscheinen, welche über eine schiefe, in Stufen sich abdachende Ebene hinabrollen und dadurch ein ungeheueres Getöse verursachen; es ist also nicht blos von Magazinen, sondern auch von Fallorten und Stationen des Donners die Rede (Hen. 60). Die Stärke des Donners hängt ab von der Masse des losgelassenen Materials, die Dauer von der Zahl der Stufen, darüber es hinabrollt. Das schwierige Geschäft, diesen himmlischen Lärm hervorzubringen, liegt einem Engel ob, welcher völlig die Rolle eines Theatermaschinisten spielt. Denn er muß die Donnermaschinen je nach Bedürfniß in größerer oder geringerer Stärke losmachen, dann aber auch wieder stellen, was mit Hülfe von großen Stricken geschieht, an denen er die einzelnen Schläge hält. Auch dafür, daß diese stets in angemessener Uebereinstimmung mit den Blitzen erfolgen, hat er zu sorgen, wie denn auch alles Uebrige, was Henoch auf seiner Reise durch die Himmel gesehen hat, durchaus an jene wenig poetischen Räume erinnert, wo die Coulissen, Garderoben und Theaterapparate liegen. Reif, Schnee, Licht, alles hat seine eigenen „Behälter"; rechts liegt Leviathan, links Behemoth, bereit zum Auftreten auf der Bühne der Welt. Unmittelbar darauf ließt man weiter: „Und ich sah in selbigen Tagen, wie Engeln lange Schnüre gegeben wurden, und sie nahmen sich Flügel und flogen nach Norden" — die wahrhaftige Opernmaschinerie, nur leider ohne jeglichen musikalischen und poetischen Genuß.

Wenn nicht blos dieser letzte Auswuchs der hebr. Vorstellung von der Welt und ihrem Verhältniß zu Gott für uns schon um der Abgeschmacktheit der Vorstellung willen keiner Kritik mehr bedürftig erscheint, sondern auch die noch echt poetischen Anfänge dazu, wie sie die dichterischen und lehrhaften Schriften des A. T. liefern, zum Theil selbst unserer Phantasie eine unvollziehbare Arbeit auferlegen, so ist daran vor allem jener scharfgezogene Gegensatz von Gott und Welt schuld, welcher das Judenthum als die specifisch supernaturale Religion charakterisirt (vgl. Schwarz, a. a. O., I, 102, 165 fg.). Dem fortgebildeten Begriff eines die Welt durchbringenden, wahrhaft absoluten Gottes dagegen entspricht unsere heutige, durchaus veränderte Vorstellung von der Welt, deren Ursprünge viel eher auf die griech. Idee des Kosmos zurücklaufen. Die einzelnen Erscheinungen und Vorgänge der Welt können nicht mehr als Wirkungen vereinzelter Willensacte, als voneinander unabhängige Ausflüsse der Entschließungen eines die Naturmächte nach seinem souveränen Willen bald so, bald anders wendenden und verwendenden Individuums gelten, sobald der Gedanke einer dem Weltgange schlechthin immanenten Ordnung erreicht ist, welche der Menschengeist freilich nur annähernd und schrittweise begreifen kann. Daher denn auch erst auf letzterm Standpunkte die Frage nach dem Wunder (s. d.) möglich ist, während sie, wo der Begriff einer festen gesetzlichen Naturordnung mangelt, gar nicht zu stellen ist (Schultz, a. a. O., I, 320 fg.; II, 118 fg.). Dies aber ist im ganzen Alterthum mehr oder weniger der Fall gewesen, da auch den heidnischen Göttern gegenüber die Naturordnung der Selbständigkeit ermangelte (vgl. Lotze, a. a. O., III, 364).

Ein zweiter Differenzpunkt stellt sich erst im spätern Verlaufe des jüd. Weltbegriffs ein, als derselbe von alexandrinischen Einflüssen berührt wird. Während nämlich im hellenistischen Zeitalter ein Fortschritt im Begriffe der Weltregierung in der Beziehung erreicht wird, daß derselbe seiner frühern fast ausschließlichen Bezogenheit auf das Volk Israel entkleidet und z. B. bei Philo mehr oder weniger universalisirt auftritt, fand auf einer andern Seite ein Rückschritt statt. Zwar kann im Buche der Weisheit (s. d.) von einer selbständigen Ordnung der Welt die Rede noch nicht sein; wohl aber erscheint der „Kosmos" als Bundesgenosse Gottes im Kampfe wider die feindseligen Mächte (Weish. 5, 21; 16, 17). Mit dieser philosophischen Fortbildung, wonach die Welt an sich Abbild und Organ Gottes ist, streitet nun aber die Wahrnehmung des Uebels und des Bösen darin. So kommt es schon hier zu der Aussage, daß die Welt an sich zwar als von Gott geschaffen gut, aber in sie „hereingekommen" seien Tod (Weish. 2, 21) und Götzendienst (Weish. 14, 11). Und wie der Apostel Paulus auch sonst so vielfach und so auffällig sich gerade mit diesem Apokryphum berührt (s. „Bibel-Lexikon", IV, 410), so sagt er auch Röm. 5, 12, ohne einen Ausgleich mit der auf ganz andern Voraussetzungen ruhenden Lehre 1 Kor. 15, 45—49 zu suchen, daß „durch Einen Menschen die Sünde gekommen ist in die Welt und der Tod durch die Sünde", ja daß sogar die ganze "Creatur unterworfen ist der Eitelkeit, ohne ihren Willen" (Röm. 8, 20).

Ohne Frage ist hier der Bruch mit der Wirklichkeit stärker als in den Zeiten des noch unreflectirten und realistischen Glaubens im alten Hebraismus, wo Gott die Menschen sterben läßt und spricht "Kehret wieder, Menschenkinder" (Pf. 90, 3), ihre Tage in sein Buch eingeschrieben hat und die Lebensgrenze bestimmt (Pf. 69, 23; 139, 16), den Tod droht und die Drohung wieder zurücknimmt, endlich aber doch den Lebensfaden abschneidet (Jes. 38, 1 fg. 12; Hiob 27, 8). Sonach gehört der Tod (f. b.) zur Naturordnung, und ist schlechthin Abhängigsein von der Naturordnung und schlechthin Abhängigsein von Gott ein und dasselbe. Der Tod ist gegeben mit dem Zu- und Abnehmen, dem Wachsen und Altern der Geschöpfe, welche in der thatsächlich gegebenen Welt als unsterblich gar nicht gedacht werden könnten. So noch die echt hebräisch fühlende Weisheit des Jesus Sirach (Kap. 17, 1. 2). Selbst die Sündenfallssage der Genesis setzt nichts anderes voraus, sofern ja die eröffnete Möglichkeit, ewig zu leben, von dem Genusse des Baumes des Lebens abhängig, also nicht schon in der natürlichen Entwickelung des Menschen gelegen gedacht ist (1 Mos. 3, 22), während gerade der Tod in den Worten "Staub bist du, und zum Staub sollst du zurückkehren" (1 Mos. 3, 19) als etwas Natürliches und Selbstverständliches erscheint. Somit liegt Röm. 5, 12 eine dem ursprünglichen Sinn der Sage nicht entsprechende Dogmatisirung, und vollends Röm. 8, 20 ein "sympathetisch poetisirender Ausdruck" vor (Schweizer, a. a. O., I, 248).

So wenig Gott die Naturwelt lenkt außerhalb der Naturordnung, so wenig regiert er die sittliche Welt außerhalb der sittlichen Weltordnung. Weder in dieser noch in jener Beziehung darf er als ein Wesen vorgestellt werden, welches in eine, ohne ihn aus sich selbst verlaufende Welt uncalculirbare Eingriffe unternähme, da vielmehr Naturordnung und sittliche Weltordnung nur seine eigene Bethätigung ausdrücken (vgl. Schweizer, a. a. O., I, 301 fg.). Die Beziehung auf diese göttliche Führung der sittlichen Welt pflegen neuere Dogmatiker zuweilen durch den Begriff der Vorsehung auszudrücken und letztere auf diese Weise von der Weltregierung zu unterscheiden. Wir haben darüber früher gehandelt (f. Vorsehung), und bemerken hier nur, daß die Abhängigkeit der Menschen von der sittlichen Weltordnung zwar gerade so unbedingt gedacht werden muß wie diejenige von der Naturordnung, daß aber der Mensch sich seiner Abhängigkeit von jener in qualitativ verschiedener Weise bewußt wird, je nachdem er in Uebereinstimmung damit handelt oder im Gegensatze dazu (Schweizer, a. a. O., I, 271, 298 fg. 306 fg.). Gott wirkt auf dem sittlichen Gebiete als heiliger Gesetzgeber, und sein Gesetz segnet den, der es hält, und verflucht den, der es übertritt. Dies führt auf die Lehre von der göttlichen Vergeltung und vom göttlichen Gericht. Der weltlenkende Gotteswille schafft sich auf dem sittlichen Gebiete dadurch Geltung, daß jede freie Bestimmung in ihm Förderung und Lohn, jeder Versuch, sich der sittlichen Weltordnung zu entziehen, Hemmniß und Strafe bedeutet (f. Gerechtigkeit Gottes). Diese in der sittlichen Weltordnung nothwendig enthaltene Verknüpfung des Uebels mit der Sünde, die stetig sich vollziehende Zurückweisung des Bösen aus dem Bereiche des wahren, in sich befriedigten Seins, bildet den eigentlichen Inhalt des Begriffs des Weltgerichtes, wie denn schon im A. T. mit der Ideen Gottes und der Welt die Vorstellung, daß jene diese richtet, unzertrennlich verbunden ist (1 Mos. 18, 25; Joel 4, 12; Pf. 58, 12; 59, 10; 94, 2; 105, 7; 1 Sam. 2, 10). Ebenso bildet der Satz, daß Gott die Welt richtet, eine selbstverständliche und unverrückbare Grundlage für den ganzen theologischen Gedankengang des Römerbriefes (Kap. 3, 6; vgl. auch 1 Kor. 6, 2; 11, 32; Hebr. 11, 7. Wie aber der volksthümlichen Betrachtung die Gerechtigkeit Gottes sich in keiner Zeit völlig zu erweisen scheint, wie die menschliche Kurzsichtigkeit zu einer derartigen Vorstellung sogar mit einer gewissen Nothwendigkeit führt, so begegnet auch im A. und N. T. allerdings die Vorstellung, als ob Gott seine Gerechtigkeit in irgendeiner Zeit nicht bethätige, um sie später zu bethätigen, oder als sei es ganz auf das Weltende verschoben, und als gebe es demnach vorher unbestrafte Frevler und ungesegnete Fromme, 'a sogar gesegnete Frevler und bestrafte Fromme. Die Wahrheit dieser Vorstellung ruht lediglich darin, daß trotz der beschriebenen Folgen der menschlichen Kurzsichtigkeit der Glaube an die sittliche Weltordnung sich aufrecht erhalten muß, was er nur kann, wenn er sich ein einstiges Nachholen ihrer Versäumnisse vorstellt. In diesem Sinne haben die Propheten den „Tag des Herrn" als einen Tag, da endlich Rache genommen wird an den heidnischen Unterdrückern des Volks, mit der Zeit auch als einen Tag der Sichtung und des Gerichts für Israel selbst geweissagt, und kennt das Judenthum die daraus sich entwickelnde Idee des auf der Voraussetzung der Auferstehung ruhenden Endgerichtes (s. „Bibel-Lexikon", I, 300). Das N. T. bietet Matth. 25, 31—46 sogar die vollständigste Ausmalung der ganzen Vorstellung, während andererseits das vierte Evangelium das Phantasiebild wieder fast ganz auf seinen begrifflichen Inhalt zurückführt. Da aber von diesen Elementen der biblischen Theologie an andern Orten des „Bibel-Lexikons" gehandelt wurde und wird (s. Auferstehung der Todten, Gericht und Zukunft), so begnügen wir uns hier mit der Bemerkung, daß schließlich im jüngsten Gericht, wie die Bibel es verkündet, doch nur das volle Sichtundgeben der richtenden Gerechtigkeit für das Bewußtsein aller Welt, der Abschluß des sich ununterbrochen entwickelnden Strafproceßes zur vollen Anschauung gelangt, mithin damit am wenigsten die Vorstellung der Correctur eines vorhergegangenen Mangels an gerechter Weltregierung gesetzt sein kann (Schweizer, a. a. O., I, 309 sg.). Es bleibt also bei dem echt religiösen und nicht minder gut biblischen Worte: „Die Weltgeschichte ist das Weltgericht." *Holtzmann.*

Weltende, s. Erde, Himmel, Welt, Weltgericht, Zukunft.

Werke (gute), die Thatäußerungen der frommen Gesinnung im sittlichen Leben werden schon im A. T. von den Mitgliedern der Bundesgemeinde gefordert (2 Mos. 18, 20), als dem göttlichen Gesetze (s. d.) angemessene Werke der Gerechtigkeit (s. d.), deren Lohn auch der Gerechte ernten wird (Jos. 3, 10). Da nun aber im N. T. eine neue Gerechtigkeit (vgl. Matth. 5, 20; Röm. 1, 17) gelehrt wird, so erscheint auch der Begriff der guten Werke in denselben auf einer höhern Stufe sittlicher Entwickelung als im A. T. Jesus Christus fordert einen Wandel, welcher wahrer und lebendiger Ausdruck der innern sittlichen Gesinnung ist (Matth. 5, 21 sg.; 7, 16 sg.; Luc. 6, 43 sg.). Hiernach ist es freilich unmöglich, dem sittlichen Ideal (Matth. 5, 48) jemals völlig zu genügen, das Gesetz Gottes vollkommen zu halten, und die göttliche sündenvergebende Gnade muß daher das sittliche Deficit in dem bußfertig (s. Buße) und gläubig (s. Glaube) nach sittlicher Vollendung Strebenden und Ringenden decken. Diesen Gedanken hat insbesondere der Apostel Paulus in seinen Sendschreiben entwickelt (s. auch Versöhnung). Es wäre ein großer Irrthum anzunehmen, er habe deshalb die sittlichen Forderungen herabgesetzt. Im Gegentheil (vgl. Röm. 3, 31); er nimmt es damit so streng als möglich, wofür auch die eindringlichen sittlichen Ermahnungen, die seinen Sendschreiben eingeflochten sind, Zeugniß ablegen (Röm. 12 und 13; Gal. 5; Phil. 2, 1 sg.; Kol. 3, 1 sg.; Eph. 4, 1 sg.). Durch das Mißverständniß seiner Lehre vom rechtfertigenden Glauben (s. Glaube und Rechtfertigung) mochten jedoch manche Christen sich zur Geringschätzung der guten Werke bewegen lassen, und insofern ist die streng sittliche Haltung des Jakobusbriefs (s. d.) gerechtfertigt, wonach derselbe entschieden auf gute Werke dringt (Jac. 1, 22 sg.) und einen Glauben ohne Werke für todt erklärt (Gal. 2, 20). Uebrigens hat Paulus (Gal. 5, 6 ausdrücklich) nur den Glauben als den echten bezeichnet, der sich durch Liebe als wirksam erweist, und auch nach 1 Kor. 13, 1 sg. ist ein Werk nur insofern für ein gutes zu halten, als die Liebe der hervorbringende Factor desselben ist. Die ethische, d. h. gute Werke hervorbringende Kraft und Bedeutung der Liebe (s. d.) ist besonders in den Johanneischen Schriften hervorgehoben. Sie wird damit begründet, daß Gottes Wesen Liebe ist, wonach die Christen ihre Gottesgemeinschaft dadurch zu bewähren haben, daß sie ihre Nächsten lieben (1 Joh. 4, 7 sg.). Gott lieben heißt nichts anderes, als seine Gebote halten, d. h. gute Werke, Werke der Liebe üben (1 Joh. 5, 3). Das wahre Christenthum erprobt sich also durch die Ausübung von wahrhaft guten Werken, d. h. Werken der Liebe. *Schenkel.*

Wermuth, Iniana, ἀψίνθιος, nach Linné, Beifuß, artemisia absinthium, zur neunzehnten Klasse seines Systems, der Familie der Compositen gehörig, hat eine ästige Wurzel, einen halbstrauchigen, aufrechten, dünngrauwolligen, oben rispig-ästigen Stengel, seidenhaariggraue Blätter, deren untere gestielt, zwei- bis dreifach fiederteilig, die obern sitzend, einfach fiederteilig, die Zipfel lanzettlich, ganzrandig, die Rispenäste traubig, reichköpfig, fast kugelig, überhängend sind. Die äußern Schuppen der Hülle sind krautig, graufilzig, der Fruchtboden ist rauchhaarig. Die ganze Pflanze ist weißgrau, wird

2—5 Fuß hoch), reichköpfig mit kleinen schwefelgelben Blüten, wächst gern an Rainen, Hecken, auf steinigen Hügeln, an wüsten Plätzen, ist in Asien und Europa heimisch. Sie hat einen eigenthümlich aromatischen Geruch und einen äußerst bittern, brennend gewürzhaften Geschmack, woher sie in der Volkssprache Wermuth (Werm-uth, warm, brennen, brennen) heißt und zur Bezeichnung des Bittern dient. Die Blätter, als herba absynthii, sind officinell, der enthaltene Bitterstoff und das ätherische Oel gelten für heilkräftig. Im röm. Alterthum war der Wermuth durch die Feierlichkeiten berühmt, welche zu Jahresanfang auf dem albanischen Berge zum Andenken an die Vereinigung der Römer mit den Latinern gefeiert wurden, wobei dem Sieger im vierspännigen Wettrennen auf dem Capitol Wermuth zu trinken gereicht ward, weil, wie Plinius glaubt, die Vorfahren für ehrenhaft hielten, die Gesundheit als Belohnung zu geben. Derselbe rühmt auch die Heilkraft des Wermuths, schildert die Bereitung der Mittel gegen eine Reihe von innern Krankheiten und äußern Schäden, und versichert, daß Wermuth in die Schreibtinte gerührt die Schrift gegen Mäuse schütze. Die Heilkraft dieser, auch in Palästina wachsenden Pflanze scheint den Hebräern nicht bekannt gewesen zu sein, weil die Bibel nur ihre Bitterkeit hervorhebt (Spr. 5, 4), sie sogar häufig mit Gift in Verbindung bringt (5 Mos. 29, 18; Jer. 9, 14; 23, 15; Kl. 3, 19; Am. 6, 12) und tropisch für schwere Leiden und Verderben gebraucht (5 Mos. 29, 18; Kl. 3, 15; Am. 5, 7).

Rosloff.

Westwind, s. Winde.

Wetter, s. Witterung.

Widder (hebräisch: ajil). Im Viehstand der Hebräer waren die Schafe (s. b.) der Zahl nach am stärksten vertreten und sowol der Wolle wie des Fleisches wegen sehr geschätzt. Daß diese Werthschätzung ganz besonders auch dem Widder galt, ist selbstverständlich, und ebenso, daß der Widder unter den Opferthieren eine große Rolle spielte. Verwendet wurde er sowol als Brandopfer (3 Mos. 8, 18. 21; 9, 2; 16, 3; 4 Mos. 7, 15; Jes. 1, 11; Ps. 66, 15) wie als Dankopfer (3 Mos. 9, 4. 18; 4 Mos. 6, 14. 17; 7, 17), und für gewisse Opfer war er ausdrücklich vorgeschrieben, so namentlich für die meisten Schuldopfer (s. b.), für das Reinigungsopfer des Nasiräers (4 Mos. 6, 14) und für das Einweihungsopfer der Priester (2 Mos. 29, 15 fg. 22 fg.). Auch unter den Festopfern fehlte der Widder nicht, indem dieselben gewöhnlich aus zwei Farren, einem Widder und sieben Lämmern bestanden (4 Mos. 28, 11. 19. 27; 29, 2. 8. 13 fg. 17 fg.. Daß ein Widderopfer höher gewerthet wurde als das eines Schafes oder Lammes, zeigen die eben angeführten Stellen nebst 4 Mos. 15, 5. 6. Ueber die Altarstücke beim Dank- und Schuldopfer eines Widders vgl. 2 Mos. 29, 22; 3 Mos. 8, 25; 9, 19.

Steiner.

Widerchrist, s. Antichrist.

Wiedehopf (hebräisch: dukiphat), 3 Mos. 11, 19; 5 Mos. 14, 18 unter den unreinen Vögeln erwähnt, der bekannte an Größe der Drossel gleiche Vogel, ausgezeichnet durch einen sonderbaren hochaufstehenden Federbusch auf dem Kopf, ziemlich langen, leicht gekrümmten Schnabel, licht rothbraune Grundfarbe des Gefieders, deren Einförmigkeit die weißen und schwarzen Streifen der Schwingen und des Schwanzes unterbrechen. Sein Ruf ist dem des Kukuk ähnlich, nur klagender. In Palästina trifft man ihn zur Sommerzeit zahlreich in waldigen Gegenden und an feuchten Wasserläufen, während er bei Beginn des Winters nach südlichern Himmelsstrichen sich wendet. Sein Nest, das er durch den unausstehlichen Gestank einer Secretion aus seinen Schwanzdrüsen schützt, baut er am liebsten in Felsritzen. Da er den Insekten auf Dunghaufen fleißig nachgeht, gilt er als schmutziger Vogel. Zugleich aber versteht er durch seinen seltsamen Kopfschmuck und die eigenthümlichen Bewegungen von Kopf und Federbusch den Arabern, die ihn Doctorvogel heißen, abergläubische Furcht einzuflößen. Vgl. Wood, Tho Bible animals (London 1869), S. 392 fg.; Tristram, The natural history of the Bible (London 1867), S. 208 fg.

Furrer.

Wiedergeburt, ein bildlicher Ausdruck, von der leiblichen Geburt auf den Proceß religiös-sittlicher Erneuerung durch den christlichen (Heiligen) Geist übertragen, dessen Beginn mit der Geburt insofern verglichen werden kann, als ein neuer Lebenszustand dadurch gesetzt wird. Jesus selbst hat, nach den ursprünglichen Quellen, sich des Bildes niemals bedient, das von ihm geforderte neue religiös-sittliche Leben ist durch Sinnesänderung (Buße) und Glauben bedingt. Nach dem vierten Evangelisten (Joh. 3, 5) hätte Jesus den Ausspruch gethan, daß keiner, der nicht aus Wasser und Geist gezeugt (geboren) werde, ins Gottesreich eingehen könne. Folgerichtig kann ein solcher aus dem Geiste Gottes Geborener nicht mehr sündigen (1 Joh. 3, 9; 5, 4. 18), womit nicht ganz im Einklang steht, daß, wer an Jesus als den Messias glaube, für einen aus Gott Geborenen gelten müsse (1 Joh. 5, 1). Die Vorstellung gehört unverkennbar dem speculativ-mystischen Ideenkreise des vierten Evangelisten an. Bei dem Apostel Paulus findet sie sich in der Regel nicht vor; dagegen die dem alttest. Sprachgebrauch angemessenere einer „neuen Schöpfung" (aus Gott), die keineswegs mit derjenigen der Neugeburt identisch ist (vgl. 2 Kor. 5, 17; Röm. 14, 20; Eph. 2, 10). Damit steht auch die paulinische Vorstellung von einem „alten" (noch durch die Sünde bestimmten) und einem „neuen" (durch den Heiligen Geist geleiteten) „Menschen" im Zusammenhang (Röm. 6, 6; Eph. 3, 22 fg.; Kol. 3, 9 fg.). Näher steht dem Vorstellungskreise des vierten Evangeliums der Gedanke des Paulus 1 Kor. 4, 15, an welcher Stelle der Apostel erklärt, daß er die Korinther in Christo Jesu durch das Evangelium gezeugt (geboren) habe. Aus dieser Quelle scheint der Gedanke des Jakobusbriefs entsprungen, daß Gott die Christen durch das Wort der Wahrheit gezeugt (geboren) habe, damit sie Erstlinge seiner Geschöpfe wären (Jak. 1, 18), und noch entschiedener abhängig von der erwähnten paulinischen Stelle ist 1 Petr. 1, 23, wo der Ausdruck „wiedergezeugt" (wiedergeboren) durch das lebendige Wort Gottes sich findet. Gerade diese Aussprüche beweisen, daß als das Mittel der religiös-sittlichen Neugeburt die Verkündigung der Heilsbotschaft (Paulus), das Wort der Wahrheit (Jakobusbrief), das Wort Gottes (erster Petrusbrief) betrachtet wurde. Nur vom vierten Evangelisten wurde das Wasser (der Taufe) in Verbindung mit dem Geiste Gottes als Bedingung der Wiedergeburt angesehen, eine Vorstellung, die sich in den Pastoralbriefen (s. b.) bis zu dem Grade ausgebildet hat, daß die Taufe als „ein Bad der Wiedergeburt" und Geisteserneuerung beschrieben wird (Tit. 3, 5). Ueber das Nähere s. Taufe. Da die Vorstellung von der Wiedergeburt demzufolge theils eine bildlich unbestimmte, theils eine mystisch unklare ist, so ist es sehr schwer, sie auf einen bestimmten und klaren Begriff zu bringen. Sie ist der Natur der Sache nach von der Belehrung (s. b.) nicht verschieden, und bedeutet den Anfangspunkt derselben, vermöge dessen durch die Einwirkung des göttlichen Wortes wie Geistes ein centraler und totaler religiös-sittlicher Umschwung in dem Leben des sündigen Menschen hervorgebracht und den Bestimmungsgründen des christl. Geistes ein dauerndes Uebergewicht verschafft wird.

Schenkel.

Wiederkunft Christi, s. Zukunft.

Wiesel (hebräisch: hóléd), nach 3 Mos. 11, 29 ein unreines Thier, ist in Palästina in zwei Arten verbreitet: mustela vulgaris und mustela putorius. Vielleicht rechneten die Israeliten auch noch das kurzbeinige Ichneumon, das in einigen Punkten dem Wiesel gleicht und im ganzen Lande häufig sich findet, zum Wieselgeschlecht. Das blutgierige, Vögeln und Mäusen, ja selbst Hühnern gefährliche, nur 6—7 Zoll lange, äußerst lebhafte Thierchen ist auch in unsern Gegenden wohlbekannt. Vgl. Lewysohn, „Die Zoologie des Talmuds" (Frankfurt 1858), S. 91 fg.; Tristram, The natural history of the Bible (London 1867), S. 167; Wood, The Bible animals (London 1869), S. 68.

Furrer.

Wild, s. Thiere.

Wille, im Hebräischen durch Worte, deren Grundbedeutung sich Hinneigen zu etwas oder Gebundensein (im Innern) durch etwas ist, im Griechischen durch ein Wort mit der ursprünglichen Bedeutung Erfassen (im Geiste) ausgedrückt, bezeichnet theils die spontane, von innen nach außen wirkende Thätigkeit überhaupt, diese als inneres Vermögen betrachtet, theils die selbstbewußte zwecksetzende Function des Geistes, theils die ethische Thätigkeit insbesondere. In der erstern Beziehung wird auch der Natur ein Wille zugeschrieben (Joh. 3, 8; vgl. Koh. 11, 5), der aber dem Willen Gottes unterworfen ist (Ps. 104, 4; 135, 7), in den beiden andern Beziehungen aber wird Wille nur Gott und dem Menschen beigelegt. Dabei liegt es in der Natur der Sache, daß der sittliche Wille mehr im N. als im A. T. zur Sprache kommt.

Der göttliche Wille kommt zunächst rücksichtlich seiner Unbeschränktheit und Uebermacht über den menschlichen Willen in Betracht. Jahve thut alles, was er will, und der Mensch ist daher ganz von ihm abhängig und soll sich hüten vor vermessener Sicherheit (Pf. 115, 3; 135, 6; Hiob 23, 13; Jaf. 4, 14—16, vgl. 1 Kor. 4, 19; Apg. 18, 21). Auf diese Autonomie des göttlichen Willens geht dann Paulus zurück, um die Widersprüche in der göttlichen Erwählung zu erklären (Röm. 9, 14 fg.), wobei er freilich dem ethischen Wesen Gottes nicht gerecht wird, sondern den alttest. Standpunkt einnimmt (vgl. 2 Mos. 33, 19). Dem letztern gegenüber tritt sonst im N. T. hauptsächlich der sittliche, von der Idee der Vollkommenheit, Gerechtigkeit und Liebe beherrschte Wille Gottes hervor (Röm. 12, 2; Matth. 18, 14, vgl. Joh. 6, 39), der sich offenbart hat in Christo (1 Theff. 5, 17, vgl. 4, 2; Eph. 1, 9), der auf die Heiligung der Berufenen bedacht ist (1 Theff. 4, 3), sein Wesen auch im Leiden den Christen kundgibt (1 Petr. 4, 19, vgl. 12 fg.), und sich da, wo eine universelle Anschauung von der Wirksamkeit Christi plaßgreift, principiell auf alle Menschen erstreckt (1 Tim. 2, 4, vgl. 4, 10; Tit. 2, 11; 2 Petr. 3, 9).

Obwol dem göttlichen Willen untergeordnet tritt doch der menschliche Wille für die empirische Betrachtung in Gegensatz zu demselben, indem er ihm widerstreitet oder doch das Niedere ist im Unterschiede vom Höhern. So tritt der Erzeugung aus dem Fleisches- oder Mannesmillen die höhere Erzeugung aus Gott gegenüber (Joh. 1, 13), so gibt es einen heidnischen, der niedern Leidenschaft ergebenen Willen (1 Petr. 4, 3) und einen Willen des Fleisches und der (sündigen) Gedanken (Eph. 2, 3), welcher den sittlichen Willen, der auf einer gewissen Stufe der Entwickelung im Menschen erwacht, ohnmächtig macht (Matth. 26, 41; Röm. 7, 15 fg.). Selbst im Bewußtsein Jesu sind der göttliche und menschliche Wille nicht eins, sondern werden dies erst durch Selbstüberwindung (Mark. 14, 36).

Das Ziel der Menschheit ist die Einheit des menschlichen und göttlichen Willens. Wie schon die Propheten dies Ziel erkennen (vgl. besonders Jer. 31, 32), und die ältest. Gesetzgebung darauf gerichtet ist, den göttlichen Willen zur Herrschaft in Israel zu bringen, so ist es auch der Angelpunkt des Christenthums. Jesus vollzieht diese Einheit vorbildlich in sich (Mark. 14, 36; Joh. 5, 30; 6, 38), und die Christen sollen ihm darin nachfolgen (Matth. 7, 21; Mark. 3, 35; 1 Joh. 2, 17). Gleichwol waltet in dieser Beziehung zwischen Judenthum und Christenthum ein großer Unterschied ob. Nicht nur ist der göttliche Wille dort nach dem Gesichtspunkte der Heiligkeit gefaßt, welcher die cultische Reinheit in gleicher Weise wie die ethische fordert, sondern es wird auch da, wo das A. T. von der Idee eines Vertragsverhältnisses zwischen Israel und Jahve beherrscht wird — und dies ist vorwiegend der Fall — die Einigung auf dem Wege spontaner Thätigkeit des Menschen angestrebt, während sie nach christl. Anschauung dadurch zu erreichen ist, daß der Mensch auf Grund seiner religiös-sittlichen Anlage den göttlichen Willen in sein Selbstbewußtsein aufnimmt und seinem Leben durch Aufgabe der selbstischen Persönlichkeit aneignet. Dieser Proceß, den die Christen in Jesu vollendet anschauen (vgl. Hebr. 5, 7; 10, 7; Joh. 4, 34; 8, 29), der bald als (Neu-) Schöpfung durch das Wort der Wahrheit (Jak. 1, 18), bald als Zeugung aus Gott (1 Joh. 3, 9), bald als Heiligung (Hebr. 10, 10), bald als Wiedergeburt durch das Wort Gottes (1 Petr. 1, 23) bezeichnet wird, und der das Sittengesetz zum Gesetz der Freiheit macht (Jak. 1, 25, vgl. 18), ist zwar der Wurzel nach ein einmaliger Act, zusammenfallend mit dem Uebertritte zum Christenthum, aber er setzt sich fort in der Entwickelung des christl. Lebens, bestehend in der Prüfung dessen, was Gottes Wille ist (Röm. 12, 2), in der Unterwerfung der widerstrebenden Antriebe unter denselben (Jak. 3, 7), in dem Beharren im Gesetze der Freiheit und in thätiger Vollbringung des göttlichen Willens (Jak. 1, 22—25), deren Anstreben erst vollends die Erkenntniß des göttlichen Ursprungs der Grundsätze Jesu bringt (Joh. 7, 17), und ist auch insofern eine receptive und spontane Thätigkeit zugleich, als es ja im Grunde der im Glauben an Christum aufgenommene göttliche Geist ist, der dabei im Menschen fortwirkt (Hebr. 13, 21), daher sich der Christ bewußt ist, daß es Gott ist, der in ihm das Wollen und Vollbringen schafft (Phil. 2, 13).

Wittichen.

Winde haben die Israeliten nur nach den vier Haupthimmelsgegenden unterschieden (Jer. 49, 36; Dan. 7, 2; 8, 8; Sach. 2, 6. 10; Jes. 43, 5 fg.; Ez. 37, 9; Offb. 7, 1; Josephus, „Jüdischer Krieg", VI, 5, 3). Während mehr als 200 Tagen des Jahres ist die Atmosphäre von den über das Mittelmeer herziehenden Luftströmungen bewegt, und

Winde

zwar durchschnittlich 100 Tage aus Nordwesten, 60 Tage aus Westen und 40 Tage aus Südwesten. Sehr angenehm wird die Hitze der meisten Sommertage dadurch gemildert, daß sich am Morgen um 8 oder 9 Uhr ein nordwestlicher Luftzug erhebt, bis abends 10 Uhr anhauert und am meisten beiträgt zur erquickenden Abendkühle (1 Mos. 3, 8; Hl. 2, 17). Wenn es im Hohenliede heißt: „Hebe dich auf, o Nordwind, und komme Südwind, und durchwehe meinen Garten", so haben wir dabei, da directer Nord- und Südwind selten vorkommt, an Süd- und Nordwestwinde zu denken. Auch die neueren Beobachtungen zeigen in Uebereinstimmung mit 1 Kön. 18, 44; Luk. 12, 54, daß der Regen insgemein von West- oder Südwestwinden herbeigeführt wird, während die Winde aus dem nördlichen Horizont den Himmel aufheitern und im Winter auch manchmal empfindliche Kälte mitbringen (Sir. 43, 20). Während nach andern Richtungen noch dunkles Gewölk den Himmel verhängt, strahlt der nördliche Horizont in neuem Goldglanz auf (Hiob 37, 22), nachdem „der Nordwind den Regenguß durchspalten" (Spr. 25, 23).

Die Ost- und Südostwinde kommen aus wasserlosen, heißen Regionen und üben meist auf die Vegetation einen verderblichen Einfluß aus. Sie entziehen derselben die Feuchtigkeit, und weil es ihnen an Ozon mangelt, haben sie auch auf den Menschen eine erschlaffende, abspannende Wirkung, wie im prophetischen Gedicht schon Jona klagt (Jon. 4, 8). Der Ostwind stellt sich zu allen Jahreszeiten ein, besonders häufig aber in der zweiten Hälfte Mai und Ende October, sowie Anfang November vor Beginn des Frühregens. Als glühender Luftstrom, zeitweilig sanft, zeitweilig zu Sturmesgewalt sich steigernd, weht er dann oft mehrere Tage nacheinander über die Berge Palästinas, das Thermometer auch im Schatten bis zu 32° und 33° R. hinauftreibend. Bei rechtem Ostwind (Sirocco-)sturm hüllt sich der Himmel in ein gelblich düsteres Gewand von Sandwolken, durch welche die Sonne, strahlenlos, wie eine rauchende Feuerkugel anzusehen ist. Locale Wirbelwinde, welche den Sirocco begleiten, wirbeln Säulen von Sand und Staub in die Höhe, die wie Rauchsäulen aus der Ferne erscheinen. An die Phänomene eines solchen Sturmes lehnt sich das prophetische Bild Joel's (Joel 3, 3 fg.; vgl. Apg. 2, 19 fg.). Wie der glühende Ostwind die Quellen austrocknet, die Blumen dörrt und die zuderdürren Blätter und Stengel zerstäubt, daß sie spurlos verschwinden, wie er gleich einem Feuerstrom mit einem mal die Blüte der Natur zerstört, wie er die Hoffnung der Ernte vernichtet, wenn er in die Saaten fällt vor der Zeit der Reife, wie er das Rebenlaub versengt und die schwellende Frucht am Weinstocke ausdörrt, und wie nach Aufhören desselben bisweilen Thau und Nebel das lechzende Erdreich wieder erquicken, das alles berichten uns Israels Dichter und Propheten mit der Kraft eigener Anschauung (1 Mos. 41, 6. 23; Ps. 103, 16; Hiob 27, 21; Jes. 40, 7; 27, 8; Jer. 17, 18; Ez. 17, 10; 19, 12; Hos. 13, 15; Sir. 43, 21 fg.; vgl. Josephus, „Alterthümer", XIV, 2, 2). Aber im furchtbaren Sturmwind der Wüste verehrte Israel voll frommen Schauers ein Zeichen von der Allmacht seines Gottes, sodaß es den Ostwind mit Vorliebe „Hauch des Herrn" (Jahve's) nennt (Jes. 40, 7; Hos. 13, 15). Weil dieser Hauch rasch und spurlos Gras und Blumen wie Stoppeln fortstürmt (Jes. 40, 7; Ps. 103, 16; Hiob 21, 18; Jer. 13, 24), so pflegte man sprichwörtlich von einem Menschen, der plötzlich aus seiner gewohnten Umgebung verschwand, zu sagen: ihn hat der Hauch des Herrn weggeführt (1 Kön. 18, 12; Apg. 8, 39). Indem aber der Israelit im Ostwind die unwiderstehliche Kraft des Windes am lebhaftesten erfaßte, nannte er sodann überhaupt jeden starken stürmischen Wind Ostwind, unbekümmert um die Himmelsrichtung. Der Ostwind zerbricht die Tharsisschiffe (Ps. 48, 8; Ez. 27, 26). Auf dem Nilagolf, den einst phöniz. Tharsisschiffe belebten, kommen die wilthenden Stürme von Norden, während allerdings auf dem Mittelmeer der Siroccosturm (der Euroklydon) auch dem Schiff, mit dem Paulus nach Italien fahren sollte, verderblich war (Apg. 27, 14). Der Wind, welcher am Suezgolf die Ebbe begünstigt, ist wiederum Nord-, nicht Ostwind (2 Mos. 14, 21; s. Meer, Rothes); hingegen ist es eigentlicher Ostwind, der etwa Heuschreckenschwärme nach Aegypten treibt (vgl. Tristram, The natural history of the Bible (London 1867), S. 316; 2 Mos. 10, 13), wenngleich noch häufiger dieselben aus Südwesten herkommen (vgl. Knobel zu 2 Mos. 10, 13). Der Ostwind war dem Israeliten das Sinnbild leidenschaftlicher Heftigkeit (Hiob 15, 2), und wenn sie von rasend schnell vorüberghendem Sturme reden, den keine menschliche

Schnelligkeit einholen kann (Hof. 12, 2), der den Staubwirbel vor sich hertreibt (Jef. 17, 13), über die Wüste brauſt (Jef. 21, 1; Hiob 1, 19), als Wirbelwind gelegentlich Hütten an den vier Ecken faßt und zusammenwirft (Hiob 1, 19) und als Glutwind göttliches Strafgericht übt (Pſ. 11, 6), so haben ſie dabei die Phänomene des Oſtwindes im Sinne.

Mit den Wirkungen des Oſtwindſturmes in Paläſtina iſt der ägypt. Chamſinſturm verwandt. Bei dem Auftreten des letztern wird der Horizont von ſtaubigem Grau umzogen, welche Färbung ſich allmählich den obern Luftſchichten mittheilt. Die Sonne verliert ihren Glanz und ſie vermag dem Firmament nur noch einen fahlen, röthlichen, oft auch bläulichen Widerſchein zu geben. Mehr und mehr hüllt ſich der Luftkreis in Sand und Staub ein, und der Wind, anfänglich ſchwach, bläſt ſchließlich mit der Heftigkeit eines feuerſprühenden Blasbalges. So dicht werden die Staubwolken, daß die Dunkelheit die unſerer dichteſten Nebel weit übertrifft und um ihrer Urſache willen nicht mit Unrecht von der Bibel eine greifbare Finſterniß genannt wird (2 Moſ. 10, 21 fg.). Menſchen und Thiere verbergen ſich vor dem Sandſturm, aber derſelbe jagt den Staub durch die feinſten Ritzen hinein, und die Hitze ſteigt auch in den Häuſern auf 35° R. Gewöhnlich hält er drei Tage an und ſchließt nicht ſelten mit einem heftigen Regenſchauer und gewaltigen elektriſchen Entladungen ab (vgl. Knobel zu 2 Moſ. 10, 21—23).

Directer Südwind iſt in Paläſtina ſelten, indem ſich aus längerer Beobachtung nur 11 Tage Südwind im Durchſchnitt für ein Jahr ergeben haben. Der Wind, welcher einſt Wachtelſchwärme ins ſinaitiſche Lager der Iſraeliten brachte (4 Moſ. 11, 31; Pſ. 78, 26), war ein Südoſt- oder Südweſtwind. Ebenſo haben wir die Sturmwinde des Mittags Sach. 9, 14 als Siroccoſturm von Südoſt aufzufaſſen. Folgende Tabelle gibt die Durchſchnittsberechnung von Beobachtungen auf der meteorologiſchen Station in Jeruſalem vom 1. Nov. 1863 bis 28. Febr. 1867:

Winde:

Monate	N.	NO.	O.	SO.	S.	SW.	W.	NW.
Januar .	1	6	6	1	2	8	4	3
Februar .	1	3	5	1	2	4	6	6
März . .	2	4	7	2	2	3	4	7
April . .	3	1	3	4	2	6	4	7
Mai . .	3	3	3	4	1	3	6	8
Juni . .	3	1	2	2	—	4	8	10
Juli . .	1	1	—	1	—	2	8	18
Auguſt .	1	—	1	—	1	1	4	23
September	8	1	—	1	—	1	6	13
October .	5	3	7	3	—	3	1	9
November.	1	6	10	2	—	3	4	4
December.	1	4	5	2	1	8	4	6
Summa	30	33	49	23	11	46	59	114

Vgl. Quarterly statement of the Palestine exploration fund, Jahrg. 1869, S. 126 fg.; Jahrg. 1870, S. 260 fg.; Jahrg. 1871, S. 119; Jahrg. 1872, S. 19 fg., 73 fg., 92 fg.; Robinſon, „Phyſiſche Geographie des Heiligen Landes" (Leipzig 1865), S. 301 fg.; Thomſon, The Land and the Book (London 1868), S. 536 fg.

Begreiflich, daß die Windrichtung durch die Terrainconfiguration mancherlei Modificationen erhält. So iſt z. B. in Nazareth der Oſtwind in den Wintermonaten weit häufiger als in Jeruſalem, während er in Gaza nicht einmal ſo häufig auftritt wie der Südwind, und wiederum befolgt das Jordanthal, deſſen Längenachſe im Meridian liegt, ſein eigenes Windgeſetz. Doch fehlen hier noch zuſammenhängende wiſſenſchaftliche Beobachtungen.
                                      Furrer.

Windeln. Bei den Hebräern, wie bei andern Culturvölkern, war die Geburt eines Kindes ein hochwichtiges Ereigniß, das die regſte Theilnahme des Hauſes und die liebevolle Sorgfalt der Aeltern auf ſich zog. Nachdem das Kind geboren, ihm die

Nabelschnur beschnitten und unterbunden war, badete man es zur Reinigung in Wasser, wie bei den Griechen, die zur Stärkung bisweilen auch Oel, die Spartaner selbst Wein anwandten. Die Hebräer gebrauchten zu diesem Zweck Salz, mit dem sie das Neugeborene abrieben, wobei, im Hinblick auf die erhaltende, vor Fäulniß bewahrende Kraft des Salzes, wol auch symbolisch die Hoffnung und der Wunsch für die Lebenskräftigkeit des Kindes sich ausdrückte (s. Salz, Salzbund). Die Mutter oder Amme wickelte hierauf, zum Schutz des zarten Körpers, das Kind in kleine weiche Tücher, in Windeln (Luk. 2, 7. 12; Ez. 16, 4; Hiob. 38, 9). Diese stehen in beiden letztern Bibelstellen im uneigentlichen Sinne für liebevolle Fürsorge, aber unter verschiedener Beziehung.
Roskoff.

Windspiel, so wurde „Bibel-Lexikon", III, 149 das hebr. Zarzir (Spr. 30, 31) gedeutet; doch macht es Hitzig („Die Sprüche Salomo's" [Zürich 1858], S. 328) wahrscheinlich, daß Zarzir motnajim lendengegürtet zu übersetzen und auf das Schlachtroß zu beziehen ist (vgl. das Bild eines gegürteten assyr. Pferdes bei Rawlinson, The history of the five great monarchies of the ancient eastern world [London 1862 fg.], S. 232).
Furrer.

Winter, s. Zeit (Jahreszeit).

Wirken und Weben haben die Hervorbringung eines Zeuges zum Zweck, bei letzterm durch regelmäßige Verschlingung rechtwinkelig sich kreuzender Fäden, während diese bei ersterm durch Maschen verbunden werden. Auf manchen Gebieten der Manufactur greifen die verschiedenen Arten der Fadenverbindung ineinander, und der gewöhnliche Sprachgebrauch hält beide Manipulationsbenennungen nicht streng voneinander. In Luther's Bibelübersetzung steht „wirken" nicht nur für ḥasab (2 Mos. 39, 3) und 'arag (2 Kön. 23, 7), wo doch eine Verschiedenheit des Verfahrens zu vermuthen ist, sondern auch für tavā (2 Mos. 35, 25. 26), spinnen, und taphas (Spr. 30, 28), greifen, fassen. Daß die Hebräer die Weberei verstanden und ausübten, ist schon anderwärts erwähnt (s. Handwerke, Nadel), diese Kunst ist aber nicht nur sehr alt, sondern im Alterthum schon sehr ausgebildet und weit verbreitet. Die alten Mexicaner hatten schon ihren Webstuhl und fertigten kostbare Baumwollgewebe, die an Feinheit unserer feinsten Leinwand gleichkommen. Sie verstanden in die Zeuge Blumen und Thiergestalten von allerlei Farben einzuweben, die Baumwolle mit Federn zu durchweben. Manche Gegenden des Orients sind von alters her bis auf den heutigen Tag ihrer Manufacturen wegen berühmt, z. B. die Baumwollstoffe von Mosul. Am berühmtesten sind die Shawlfabrikate von Kaschmir, die im heutigen Persien, wo sie zu Gewändern beider Geschlechter, zu Turban und Leibgurt, zum Bedecken der Teppiche in den Prunkgemächern des Harems u. dgl. m. dienen, so hochgeschätzt sind, daß sie in Geschäftstransactionen fast wie Geld circuliren, und in jedem guten Hause ein Theil des beweglichen Vermögens in Shawls angelegt ist, die oft mehrere Generationen vererben. Der Ruhm altägypt. Woll- und Leinenmanufactur wird durch griechische und römische Schriftsteller verkündet und durch die neuen Untersuchungen aufgefundener antiker Ueberbleibsel bestätigt. Man verfertigte Leinwand, deren Feinheit an den Mumienbinden heutzutage bewundert wird, Wollstoffe, die nach ihrer verschiedenen Verwendung im Gewebe und in Farben verschieden waren. Man verstand Fäden verschiedener Stoffe zusammen- und mannichfache Muster einzuweben, mit der Nadel zu sticken, Tressen aus edelm Metalldraht zu bereiten. Es müßte befremden, wenn die Hebräer vom Nachbarlande, in dem sie einst lange gelebt, mit dem sie in steter Verbindung gestanden, im Manufacturfache nichts gelernt hätten. Die Annahme, daß sie verschiedene Arten desselben verstanden und ausübten, wird unterstützt durch die verschiedenen, darauf bezüglichen Ausdrücke der Bibel, die doch kaum einerlei Weise der Arbeit andeuten, obschon uns jene nicht belehrt, und der biblische Sprachgebrauch das Unterscheidende nicht immer festzuhalten scheint. Wenn 'arag, weben, überhaupt (auch) von Spinnfäden, Jes. 59, 5), daher 'oreg, Weber (2 Mos. 28, 32; 35, 35; Jes. 19, 9; weiblich: 2 Kön. 23, 7; menod 'orgim, Webebaum, 1 Sam. 17, 7; 2 Sam. 21, 19; 1 Chron. 20, 5) bedeutet; rakam für Sticken, Einnähen bunter Figuren (2 Mos. 35, 35; 38, 23; die Arbeit, 2 Mos. 26, 36; 38, 18; daher bunte Gewänder rikmot, Richt. 5, 30; Ez. 16, 26) genommen werden kann, wogegen kaum Erhebliches einzuwenden ist; ḥošob den Buntweber bezeichnet, der verschiedenfarbige Stoffe auch mit Figuren zu weben versteht, wie sie bei der Stiftshütte erforderlich waren

(2 Mof. 26, 31; 28, 6), so ist noch der Ausdruck שׂבַץ (2 Mof. 28, 39) übrig, worunter das Wirken, unterschieden vom gewöhnlichen Weben in dem oben angegebenen oder ähnlichem Sinne, unter misbeṣet Wirkerei (Pf. 45, 14) und taŝbeṣ (2 Mof. 28, 4) das „gewirkte" Priesterkleid zu verstehen sein dürfte. Zwar wird das Unterkleid des Priesters „Werk des Webers" (2 Mof. 39, 27) genannt, hiermit aber angedeutet, daß es nicht aus mehrern Theilen, sondern, wie Josephus und die Rabbinen bestätigen, aus Einem bestehen soll, was eben durch Wirken erzielt wird. Ein aus Einem gewirktes Kleid wird auch Joh. 19, 23 erwähnt. **Rooloff.**

Witterung. 1) Temperatur. Das Heimatland Israels gliedert sich nach fünf klimatischen Zonen. Im Tiefthal des Jordan vom Todten Meer bis zum See Genezareth hinauf gedeiht die Flora subtropischer Gegenden (f. Pflanzen). Nie fällt ein Schneeflocke in dieses tiefe Thal und die Milde des Frühlings waltet hier, wenn über Jerusalems Höhen rauhe Schneewinde stürmen, weshalb Herodes gern in Jericho den Winter verlebte (f. Jericho). Die Gerstenernte wird hier schon Mitte April beendet, während im Gebirge erst einige Wochen später, sodaß für das Passahfest eine Frühlingsgarbe (vgl. Knobel zu 3 Mof. 23, 10) nur aus dem Jordanthal beschafft werden konnte. Aber im Sommer steigt auch die Hitze namentlich im Felskessel des Todten Meeres dermaßen, daß sie z. B. bei Engedi selbst nach Sonnenuntergang im Juli noch auf 35° R. steht.

Die zweite Zone umfaßt die Ebenen an der Meeresküste von Gaza bis nach Sidon. Hier entwickeln sich unter dem milden Einfluß der Meerluft Orangen und Citronen in erstaunlicher Größe und reich lohnt sich die Aussaat von Melonen auf den bewässerten Strichen Sarons. Hinter den langgezogenen Dünenhügeln ragen die zierlichen Häupter vieler Palmen empor, im Frühling mit prächtigen Blütenbüscheln geschmückt, doch nie mit reifer Frucht im Herbste, da die jährliche Durchschnittstemperatur nur 17° R. beträgt.

Zur dritten Zone, die für uns besonderes Interesse bietet, gehört das Bergland, das eigentliche Boden Israels, aufsteigend von 500 bis zu 3000 Fuß über dem Meer. Hier gedeihen Oliven- und Feigenbäume sowie die Reben in voller Kraft. Die jährliche Durchschnittstemperatur beträgt für Jerusalem 14° R. Im Januar, dem kältesten Monat, aber auch im Februar findet daselbst das Thermometer zuweilen 2 — 3° R. unter Null, sodaß die dann zumal wassergefüllten Teiche am Morgen mit einer dünnen Eiskruste glänzen (vgl. Hiob 38, 29 fg.). Die Durchschnittswärme im Januar ist $6\frac{2}{3}°$ R., im Februar $\frac{1}{2}°$ höher und steigt von da im März um 5°, während die Differenz zwischen März und April kaum $\frac{1}{2}°$ beträgt ($10\frac{1}{2}°$ März, fast 11° April). Bisweilen sinkt nachts im März die Temperatur bis auf 2° R. und kann sich den Nachmittag darauf auf 24° stellen; aus dem April sind Schwankungen von 4° — 25° notirt, hat doch z. B. den 8. April 1870 Jerusalem einen mehr als zolltiefen Schneefall gehabt. Dieselbe Ursache, welche am Tage die Sonnenstrahlen in ihrer ganzen Kraft wirken läßt, nämlich die wunderbare Reinheit der Atmosphäre, befördert in der Nacht die Wärmeausstrahlung. Es gehört daher zur treuen Localfarbe der Passionsgeschichte, wenn Petrus in der Nacht am Feuer sich vor dem Frost schützen will, und tags darauf Jesus unsägliche Qual des Durstes leidet. Auf dem felsigen Terrain von Golgatha, wo zudem die Sonnenstrahlen von der nahen Stadtmauer zurückprallten, mochte die Hitze Nachmittags an der Sonne leicht auf 30° steigen (Marl. 14, 67; 15, 36; Joh. 19, 28).

Auch im Mai kommen noch große Temperaturschwankungen vor; denn, vom Siroc begünstigt, kann sich die Hitze bis auf 33° nachmittags im Schatten steigern; aber es gibt auch Nächte, wo das Thermometer bis auf 4° herabsinkt. Sogar im südlich gelegenen Edom ist es schon vorgekommen, daß gegen Ende dieses Monats einige Tage kalten regnerischen Wetters sich einstellten. Die Durchschnittswärme im Mai beträgt 16°, im Juni 18° und steigt von da ab fast unmerklich, bis sie mit $19\frac{1}{2}°$ R. im August das Maximum erreicht hat. Diese Temperatur mindert sich in den zwei folgenden Monaten nur um ein Geringes (September 18°, October $17\frac{1}{2}°$), theils weil der Boden stark durchhitzt ist und daher nachts das Thermometer wenig sinkt, theils weil im October häufig Winde aus dem Südosten wehen, welche dasselbe bis zu 30° R. hinauftreiben. Vom October bis zum November sinkt die Wärme in einzelnen Fällen plötzlich von 8 — 11° R., die Durchschnittstemperatur (November 13°) um $4\frac{1}{2}°$, da inzwischen der Frühregen eingetroffen, der Boden dadurch abgekühlt und die Ausstrahlung stärker geworden

Witterung

ist, andererseits Dauer und Kraft der Besonnung sich vermindert haben. Die gleichen Ursachen bewirken im December ein weiteres Sinken um etwas mehr als 5 Grad (December 8° R.).

Ein Steppenklima mit extremen Temperaturschwankungen zwischen Tag und Nacht, Sommer und Winter haben die Plateaux von Moab, Beerseba und Ostsyrien. Da geschieht es im März, daß am Morgen Reif an den Gräsern hängt, das Thermometer 3—4° unter Null steht und bis mittags auf 22° sich erhebt. Diese welligen Ebenen gewähren im Frühling einen reizenden Anblick. Duftiges üppiges Gras, mit Blumen untermischt, bedeckt den Boden und, soweit das Auge reicht, sieht man weidende Heerden von Kameelen, Rindern, Schafen und Ziegen, während auf edeln Rossen, schnellfüßigen Dromedaren oder muntern Eseln da und dort einzelne Söhne der Wüste vorüberjagen. Aber umsonst suchen wir nach einem Baum, mitleidlos brennt die Sonne auf den armen Hirten, der des Zeltes entbehrt, und Jakob durfte in Erinnerung an ein solches Hirtenleben mit Recht klagen: „Des Tages verzehrte mich die Hitze und des Nachts der Frost" (1 Mos. 31, 40). Uebrigens vermindern sich auch in diesen Ebenen gegen den Sommer hin die Temperaturschwankungen. Zugleich aber, wenn des Tages Hitze alle Feuchtigkeit aufgesogen und die Nächte thaulos geworden, verschwinden vor dem Todeshauch der Wüste die Bilder blühenden Lebens.

Ein alpines Klima treffen wir auf den obersten Regionen des Hermon und Libanon. Wachholder- und Astragalussträucher treiben zwischen dem Gestein hervor. Bis weit in den Sommer hinein bleiben die höchsten Kuppen mit Schnee bedeckt, und in Schrunden geschützt erhält er sich in jener Höhe durch das ganze Jahr. Gletscherschliffe und Moränen, neulich am Libanon entdeckt, mögen aus derselben Zeit herdatiren wie die Moränen in der Sinaihalbinsel. In der Alpenregion hört die Thaubildung nie auf, weshalb der Hermonsthau sprichwörtlich berühmt war (Pf. 133, 3).

2) Regen, Wolken, Gewitter. Das Jahr scheidet sich in Palästina in eine trockene und eine regnerische Hälfte. Nach den meteorologischen Tabellen sind wenigstens fünf Monate im Jahr, nämlich Mai bis September, regenlos; nicht selten aber beginnt die regenlose Zeit schon Mitte April und endet erst Anfang November. Um so mehr begreift sich bei dem warmen Klima, wie sehr alles Gedeihen des physischen Lebens von den atmosphärischen Niederschlägen der andern Jahreshälfte bedingt ist, da Kanaan keine Flußbewässerung kennt wie Aegypten (5 Mos. 11, 10), und das Aufschöpfen von Grundwasser durch ägypt. Schöpfeinrichtungen nur in der Küstenebene möglich ist (5 Mos. 11, 14; Jer. 5, 24; Hos. 6, 3; Joel 2, 23; Spr. 16, 15; Jer. 3, 3; Sach. 10, 1; Jak. 5, 7). Die Regenzeit zählt noch viele schöne Tage, indem z. B. zu Jerusalem auf den October nur 3, auf den November 6, auf den December 11, auf den Januar 10, auf den Februar 8, März, 6, April 4 Regentage im Durchschnitt fallen. Im ganzen hat Jerusalem etwa 50 Regentage und eine Regenmenge von 20 Zoll aufs Jahr. Gaza ist viel ärmer an Regen und Regentagen, noch ärmer das Jordanthal bei Jericho. Oft wenn es auf den Bergen in Strömen regnet, kann sich über dieser heißen Tiefe die Luft nicht bis zum Thaupunkt erniedrigen. Dagegen hat das vom Meer und hohen Berge umschlossene Beirut einen reichlichern Regenfall als Jerusalem. Zur Vergleichung bemerken wir noch, daß London eine jährliche Regenmenge von 25 Zoll hat, die Höhe des Gotthard eine solche von 73 Zoll. Auf der nördlichen Abdachung der Alpen haben wir 120 Regentage bei 33—35 Zoll jährlicher Regenmenge.

Oft beginnt die Regenzeit, der „Frühregen" (hebräisch: jore h), mit leichten von Stratus- und Cirruswolken angekündigten Regenschauern, welche, aufgesogen von der heißen durstigen Erde, keine Bäche (Winterströme, Pf. 126, 4) anlaufen lassen; denn die Erde wird „des Wassers nicht satt" (Spr. 30, 16). Oft aber wird diese Jahreszeit durch ein majestätisches Gewitter eingeleitet, dessen einzelne Phänomene Jer. 10, 13; 1 Kön. 18, 44 fg.; Pf. 18, 8 fg.; Pf. 29, 3 fg. so lebendig geschildert werden. Im allgemeinen sind die Regengüsse heftiger, massiger als bei uns, besonders nachts, kommen doch in Jerusalem 20 Zoll Regen auf 50 Tage, während bei uns 35 Zoll auf 120. Oft fallen binnen 24 Stunden mehr als fünf Zoll Regen; daher können im Laufe des Winters die Waldbäche plötzlich binnen wenigen Stunden gewaltig anschwellen, in engen Gründen dem Wanderer gefährlich werden (Pf. 18, 5; 35, 15; 88, 18) und Steine wie Erdreich sammt den darauf wurzelnden Bäumen mit fortreißen (vgl. Hiob 14, 19), freilich auch wieder ebenso rasch verschwinden (Hiob 6, 15 fg.; vgl. meine Schrift: "Wanderungen durch Palästina" [Zürich 1865], S. 202). Daß die Winterbäche verheerend über ihre Ufer treten, wilde Sturzwellen zuweilen die Dörfer am Bergabhang überfallen und die Häuser unterspülen, die nicht auf Fels gebaut sind, deutet auch Jesus an (Matth. 7, 27). Bom heftigen Regen erweicht beginnt das nur aus festgewalzter Erde bestehende Dach zu traufen, und mit gutem Humor hat Israels Volksweisheit das Zanken der Frau, dem nicht zu entrinnen ist, dem Traufen des Daches verglichen (Spr. 19, 13; 27, 15). Wasserdampf durchdringt das Innere aller Häuser und der Rost überzieht das eiserne Hausgeräth (Matth. 6, 19, 20). Ja, es kommt selbst vor, daß bei besonders regenreichen Wintern Wände und Dach solcher Hütten, die, wie in der philistäischen Ebene, nur aus Erdschlamm bestehen, ganz durchweicht zusammenstürzen (vgl. Ez. 13, 11 fg.). Auch der hartgetretene Boden der ungepflasterten Stadtgassen sowie der Landwege löst sich in Koth auf, weshalb vom "Koth der Gassen" so häufig die Rede ist wie von ihrem Staub (Pf. 113, 7; Sach. 10, 5; 1 Sam. 2, 8; 2 Sam. 22, 43; Pf. 18, 43 u. a.). Das Reisen im Winter bei durchbringend kaltem Regen, angeschwollenen Bergströmen, tieflothigen Pfaden ist höchst beschwerlich; daher Jesus sagt: "Bittet, daß euere Flucht nicht des Winters geschehe" (Matth. 24, 20). In strömendem bitterkaltem Regen hielten einst unter Esra die Juden eine Volksgemeinde auf freiem Platze (Esra 10, 9 fg.). Regentage, an denen nach kurzen Pausen immer neue Wolken sich ausschütten, galten als Bild des freudlosen Alters (Koh. 12, 2).

Ehe der erste Frühregen gefallen, kann der Landmann das Feld nicht bestellen. Da aber in günstigen Fällen die Regenzeit schon vor Mitte October beginnt, so erreicht dann zumal „der Traubenkelterer den Sämann" (Am. 9, 13; 3 Mos. 26, 5). Anhaltender Regen, wie er die Bäche im Mittagland (namentlich den Wady el-Arisch oder Bach Aegyptens) wiederbringt (Pf. 126, 14), macht auch den Brunnen Rogel bei Jerusalem überfließen, ein Ereigniß, das Jerusalems Bewohner nach Pf. 65, 10 schon im Alter thum freudig begrüßten. Gewitter, denen oft rasender Windsturm vorangeht und die mit vielen Blitzen, heftigen Donnerschlägen und gewaltigem Regenguß aber selten mit Hagel sich entladen, gibt es durchschnittlich in der Regenzeit etwa vier. Daß es auch auf Palästinas Bergen schneit, obschon nicht jedes Jahr, und daß selbst im April noch Schneefälle vorkommen, zeigt die Erfahrung alter und neuer Zeit (s. Schnee).

Kann das späte Eintreffen des Frühregens die Leiden des Durstes für Menschen und Thiere mächtig steigern (Pf. 42, 2) und den Landmann an der Feldarbeit aufhalten, so ist doch für den Jahresertrag der „Spätregen" (hebräisch: malkôs), welcher im März und April fällt, noch wichtiger. In diesen Monaten muß das Getreide, dessen Entwickelung während Januar und Februar fast stillgestanden, blühen und reifen. Bleibt nun der Spätregen aus, so verkümmert der Blütenstand oder wenigstens die befruchtete Aehre, weshalb Israel besonders ängstlich auf den Spätregen harrte (Hiob 29, 23; Spr. 16, 15; Jer. 3, 3; Sach. 10, 1). Begreiflich, daß es dann auch bei nicht möglich ist, Sommerfrucht, Linsen, Gurken, Melonen, anzupflanzen.

In den meisten Jahren schließt sich mit Ende April die Regenzeit gänzlich ab. Regen in der Ernte (Ende Mai) war für das Gemeingefühl Israels so außerordentlich wie Schnee im Sommer (Spr. 26, 1). Daher kann man auch die Garbenhaufen monatelang im Freien liegen lassen, bis sie vom Vieh klein zertreten, und die Aehren ausgedroschen sind, und leicht erfüllt sich in guten Jahren die Verheißung 3 Mos. 26, 5, daß die Dreschzeit reicht bis zur Weinernte. Wenn sich auch im Sommer Nebel und Wolken bilden ("lichte Wolken", Hiob 38, 37), sie können wegen der Hitze nicht zu Regen sich verdichten (Spr. 25, 14), und man genießt höchstens ihres Schattens; bisweilen umhüllen zarte Nebelwolken nach Sonnenaufgang die Bergkluppen, um bald zu ver schwinden (Hos. 6, 4) und mit um so größerer Kraft die Reinheit der Atmosphäre hervortreten zu lassen (Hiob 7, 9; Jes. 44, 22). Dieses Phänomen hat ein sinniger Geist im Bild der Verklärung Jesu verwerthet (Mark. 9, 7). Doch ist die Möglichkeit des Regnens für keinen Monat ausgeschlossen. Im Mai 1866 z. B. hat es vier Tage geregnet und Jrby und Mangles waren Ende Mai 1818 Zeugen eines furchtbaren Gewitters im Edomlande (Jrby und Mangles, Travels in Egypt, Syria and the Holy Land [London 1845], S. 119 fg.) Wir begreifen daher, daß in Samuel's Tagen einst die Kinder Israel ein Gewitter zur Zeit der Weizenernte erschreckte; aber in der Sache an sich liegt nichts Uebernatürliches (1 Sam. 12, 17).

Der Barometerstand ist in Palästina ein außerordentlich stabiler, namentlich in der trockenen Jahreszeit; eine bedeutende Schwankung gilt daher immer als Vorzeichen eines Gewittersturmes.

Seit Jahrtausenden ist auch in meteorologischer Beziehung Palästina sich gleich geblieben; denn das Land hat gegenwärtig nicht weniger atmosphärische Niederschläge als vordem. Die zahllosen in den Fels gehauenen Cisternen aus dem Alterthum, die vielen Spuren von Wasserleitungen und Dämmen beweisen, daß eben schon damals die Heimat Israels ein wasserarmes Land gewesen. Bezeichnend ist das Sprichwort: „Gestohlene Wasser sind süß" (Spr. 9, 17), und der Ausbruch Wasser überhaupt als Sinnbild des Lebens (Joh. 4, 14; Jes. 8, 6; Offb. 21, 6). Nur wurde für Aufbewahrung der Regenwasser durch Cisternen, Aufdämmung der Thalsohle, große Teiche einst weitaus mehr geleistet als heutzutage. Im Süden Judäas, dem jetzt unbestrittenen Gebiete der Beduinen, treffen wir zahlreiche Spuren von sorgfältigstem Feldbau, aber auch zugleich eine Menge Vorrichtungen, um den Segen der Winterregen möglichst auszunutzen. Der Menschen Fleiß und Kunst hatte in solcher Weise zur Zeit der Römerherrschaft reiche Producte der Hirtensteppe abgerungen. Obscure Hirtenstationen wie Nibsan, Elusa, Zephat, wurden blühende Städte mit soliden Häusern und schönen Kirchen. Vgl. Quarterly statement of tho Palestine exploration fund, Jahrg. 1869, S. 126 fg., 260 fg.; Jahrg. 1872, S. 19 fg.; 73 fg., 92 fg.; Jahrg. 1873, S. 39; Robinson, „Physische Geographie des Heiligen Landes" (Leipzig 1865), S. 286 fg. Furrer.

Witwe, s. Waisen.

Woche, s. Sabbat.

Wohlgefallen, derjenige Seelenzustand, in welchem das Subject sich im Einklange mit dem Objecte befindet und sich daher befriedigt fühlt. Als Subject aber erscheinen dabei entweder Gott oder Menschen, als Object bald das Subject selbst (reflexiv), bald Menschen, bald Thätigkeiten oder Dinge. Von Gott ausgesagt, ist das Wohlgefallen insofern zugleich das Motiv seiner Thätigkeit, als die letztere seinem Selbstbewußtsein als Zweck vorschwebt: „Es war Gott wohlgefällig, den Unmündigen die Unterthänigkeit der Dämonen zu offenbaren" (Luk. 10, 21); Gott hat die Christen nach dem Wohlgefallen seines Willens zur Kindschaft vorherbestimmt (Eph. 1, 5); es gefiel ihm wohl, daß in Christo die ganze Fülle wohne (Kol. 1, 19); er macht alle seine Werke, wie es ihm wohlgefällt (Sir. 33, 13); es ist des Vaters Wohlgefallen, den Jüngern Jesu das Reich (die Herrschaft) zu verleihen (Luk. 12, 32); er schafft in den Christen, was vor ihm wohlgefällig ist (Hebr. 13, 21). Daher sollen die Christen prüfen, was das Gott Wohlgefällige sei (Röm. 12, 2), ermahnt die göttliche Weisheit: „Laß deinen Augen meine Wege wohlgefallen" (Spr. 23, 26), und wird gebeten: „Laß dir wohlgefallen das Werk seiner (des Stammes Levi) Hände" (5 Mos. 33, 11). Dagegen geschieht es aus Selbstsucht, wenn der Mensch sich selbst wohlgefällt; wie vielmehr Christus nicht sich selbst zu Gefallen gelebt hat, so sollen es auch die Christen nicht, sondern thun, was andern frommt (Röm. 15, 1—3). Als äußere Objecte des Wohlgefallens erscheinen für Gott seine Werke in der Natur (Ps. 104, 31, vgl. 1 Mos. 1, 31), die ihn Fürchtenden (Ps. 147, 11), die unsträflich Wandelnden (Spr. 11, 20), Jesus (Mark. 1, 11) und die ihm Dienenden (Röm. 14, 18), ein (in Reue) zerbrochenes und zerschlagenes Herz (Ps. 51, 19), die Barmherzigkeit (Matth. 9, 13), der kindliche Gehorsam (Kol. 3, 20), das Opfer des Wohlthuns (Hebr. 13, 16) und die Heiligung des Leibes (Röm. 12, 1), wogegen ihm die physische Kraftleistung und die ceremoniellen Opfer gleichgültig (Ps. 51, 18; 147, 10), die Fleischlichen und Glaubenslosen mißfällig sind (Röm. 8, 8; Hebr. 11, 6) und des Freulers Weg ihm ein Greuel ist (Spr. 15, 9). Was ihm wohlgefällig ist, das fördert Gott (Koh. 9, 7; 2, 26); aber während für den Standpunkt des Mosaismus nur das Glück ein Zeichen göttlichen Wohlgefallens ist (Ps. 41, 11 fg.), kann eine höhere Weltanschauung auch im Leiden ein Zeichen göttlichen Wohlgefallens sehen (Sir. 2, 5; Weish. 3, 5 fg.; 1 Petr. 1, 6 fg.); anderseits hat er aber kein Gefallen am Tode des Gottlosen, sondern will, daß er sich bekehre und lebe (Ez. 18, 23). In besonderm Maße wird durch die Erscheinung Christi Friede (Heil) denen zutheil, welche Gott (durch ihren Glauben an ihn) wohlgefallen (Luk. 2, 14, wo nach besserer Lesart zu übersetzen ist: und auf Erden Heil unter Menschen des Wohlgefallens). Das Wohlgefallen des Menschen aber kann sich sowol auf das Böse als auf das Gute richten: „Der Gottlose hat Gefallen an seinen Greueln" (Jes. 66, 3), und Saul fand Wohlgefallen an dem Tode des Stephanus (Apg. 2, 10); dazu gelangt der Mensch dann, wenn er danach strebt, den Menschen statt Gott zu gefallen (Eph. 6, 6; 1 Thess. 2, 4; Gal. 1, 10). Wittichen.

Wohlgerüche. Nach den großen Fortschritten der Chemie ist heutzutage eine viel größere Anzahl wohlriechender Stoffe bekannt als vor alters, und die Parfumerie rühmt sich gegenwärtig viel höher zu stehen als bei den Culturvölkern des Alterthums; aber diese legten einen viel größern Werth auf den Genuß der Wohlgerüche, und das Bedürfniß derselben war allgemeiner. Nur der Mensch des „versteinerten Alterthums", der Orientale, theilt noch heute die leidenschaftliche Vorliebe seiner Ahnen. In manchen Städten Arabiens werden in vornehmern Häusern täglich des Morgens die Gemächer mit Parfums durchräuchert. Wohlgerüche gehören zum wesentlichen Schmuck beider Geschlechter, sie parfumiren die Gewänder, salben mit duftenden Substanzen das Haar, die Männer besprengen oder durchräuchern den Bart, beide tragen wohlriechende Mischungen in Säckchen bei sich, die Frauen auch Riechbüchschen. Wohlgerüche spielen in morgenländischen Dichtungen eine so große Rolle, wie im Hohenliebe; ihre Bereitung und der Handel damit beschäftigt eine Menge von Leuten. Im Alterthum war der Gebrauch wohlriechender Substanzen sowol beim Gottesdienst als auch im gewöhnlichen Leben allgemein verbreitet. Auf assyrischen, ägyptischen, griech. Bildwerken wird die Bereitung von Wohlgerüchen, die Besprengung mit aromatischen Flüssigkeiten öfter dargestellt. In Aegypten wurde bekanntlich bei der Einbalsamirung der Leichen eine große Masse wohlriechender Stoffe verbraucht. Bei den Griechen waren die Verschönerungskünste mit dem Gebrauch von mancherlei Wohlgerüchen verbunden. Sie salbten Haar und Nacken mit duftenden Salben vor dem Mahle, nach dem Bade; verschwenderische Personen, vornehmlich Frauen, thaten es mehreremal des Tags. Man parfumirte das Waschwasser, Betten, Gewänder, räucherte bei Mahlzeiten mit Wohlgerüchen, salbte die Leichen mit wohlriechenden Oelen, goß diese über Gräber aus, legte damit gefüllte Fläschchen hinein, besprengte selbst das Grabmal mit wohlriechenden Flüssigkeiten. Eine Vorstellung von dem vor alters mit Wohlgerüchen getriebenen Luxus geben die Gemahlinnen pers. Monarchen, die oft die Einkünfte großer, reicher Städte zum Aufwand ihres Salbenbedürfnisses verbrauchten. Nicht minder war der Aufwand von Wohlgerüchen bei den Römern, von deren Frauen Lucian sagt: „Sie verschwenden das ganze Vermögen ihrer Männer und lassen einem das ganze Glückliche Arabien aus ihren Haaren entgegendampfen." Von Nero heißt es, er habe beim Begräbniß seiner Poppäa mehr Räucherwerk verbrannt, als das einjährige Erträgniß Arabiens damals betrug. Die Verschwendung an kostbaren Spezereien war schon vorher in Rom so hoch gestiegen, daß die Censoren P. Licinius Crassus und L. Julius Cäsar im J. 189 v. Chr. den Verkauf ausländischer Salben verboten, aber vergebens, denn „beim Hercules!" bemerkt Plinius, „jetzt mischen sie manche sogar in die Getränke". Daß auch die Hebräer große Vorliebe für Wohlgerüche hatten, die „das Herz erfreuen" (Spr. 27, 9), ist schon anderwärts erwähnt (s. Geruch). Man verwendete ausländische, theuere, wohlriechende Stoffe zu Salben (1 Kön. 10, 10; Jes. 57, 9; Ez. 27, 27; Hiob 41, 22; Hl. 4, 11; 5, 5. 13; Spr. 7, 17; Ps. 45, 9; Esth. 2, 12; Mark. 14, 3), die Werke mit Kostbarkeiten zusammengestellt werden (Spr. 21, 20), und König Hiskia zeigt seinen Boten davon in der Schatzkammer seinen Gästen (2 Kön. 20, 13; Jes. 39, 2; f. Salbe). Und im Lager des Darius fand sich, nach dessen Besiegung durch Alexander den Großen unter den Kostbarkeiten ein unermeßlicher Reichthum an köstlichen Salben und Spezereien. Auch an duftenden Salben erfreute der Hebräer sich und andere, denen er Wohlwollen oder Ehre erweisen wollte, durch Räuchern mit wohlriechenden Stoffen, das, gleich dem Salben, allgemein verbreitet war (s. Räuchern). Man parfumirte Kleider (Ps. 45, 9), Bart (Spr. 7, 17), salbte insbesondere Haupt und Bart (Ps. 133, 2; Am. 6, 6; Koh. 9, 8), bei auszeichnender Verehrung selbst die Füße (Luk. 7, 38. 46; Joh. 12, 3), trug Fürsten und Feldherren Räucherwerk voran u. s. w.; Wohlgerüche gehörten zum Schmuck, namentlich der Frauen (Ruth 3, 3; Judith 10, 3; Esth. 2, 12); sie trugen wohlriechende Stoffe im Busen (Hl. 1, 13), oder Riechbüchschen am Gürtel oder um den Hals (Jes. 3, 20; f. Schmuck). Bei der Ausstattung der Leichen wurden wohlriechende Stoffe

Wohnungen   **Wort Gottes**   675

zereien verwendet (Joh. 12, 7; 19, 39) und beim Begräbniß in großer Menge verbrannt (2 Chr. 16, 14; 21, 19; Jer. 34, 5). Die gesetzlich vorgeschriebene Mischung der wohlriechenden Bestandtheile des heiligen Salböls (2 Mos. 30, 23. 24), womit das Heiligthum Jahve's, und was dazu gehörte, gesalbt wurde (2 Mos. 30, 26 fg.), sowie die des heiligen Räucherwerks (2 Mos. 30, 34), war als hochheilig zum profanen Gebrauch strengstens verboten (2 Mos. 30, 32. 37. 38); aber einzeln oder in anderer Verbindung finden wir dieselben Substanzen, nebst mehrern andern im gemeinen Leben gebräuchlich. Außer dem Olivenöl erwähnt die Bibel: Aloë, Balsam, Bdellion, Cyperblume, Galban, Kalmus, Labanum, Mastix, Myrrhe, Narde, Safran, Stacte, Weihrauch, Zimmt, worüber Näheres in den betreffenden Artikeln.   Rostoff.

Wohnungen, s. Häuser, Zelte.

Wolf (hebräisch: zǝéb), den Israeliten als reißendes blutdürstiges Thier bekannt, der gefürchtete Feind der Schafheerden (Sir. 13, 21; Luk. 10, 3; Matth. 10, 16; Joh. 10, 12; Apg. 20, 29), gewöhnlich abends in der Dämmerung auf Raub ausgehend; daher man von „Wölfen des Abends" nach gleichem Sprachgebrauch redete wie von „Vögeln des Himmels" (Zeph. 3, 3; Hab. 1, 8). Doch in der messianischen Zeit wird das Lamm neben dem Wolfe weiden (Jes. 11, 6; 65, 25), der in Wirklichkeit stets als Sinnbild erbarmungsloser Macht galt. So heißt im Segen Jakob's (1 Mos. 49, 27) Benjamin ein reißender Wolf und wurde zu Gideon's Zeit ein midjanitischer Fürst „Wolf" genannt (Richt. 7, 25). Ezechiel und Zephanja vergleichen Fürsten und Richter mit gierigen Wölfen (Ez. 22, 27; Zeph. 3, 3) und an grimme Wölfe erinnern den Habakuk (Hab. 1, 8) die zu wildem Kampfesmuth entbrannten Chaldäerrosse. Wölfe gibt es auch jetzt noch, wennschon nicht zahlreich, in allen Gegenden Palästinas. Sie schweifen nicht in Heerden, sondern gehen höchstens zu zwei oder drei auf Raub aus, meistens je nur einer allein; daher hat auch der einzelne Wolf im Geiste Israels eine fester umschriebene Individualität als die heerdenweise lebenden Schakale und wird öfters in der Einzahl genannt, während jene nie außer in zwei Eigennamen; vgl. Jer. 5, 6; 1 Mos. 49, 27; Joh. 10, 12. Im Unterschied zu den europ. Wölfen zeichnen sich die syrischen durch lichtbraune Färbung aus. Weil sie ihr Lager nicht in der Nähe menschlicher Wohnungen, wol aber einsamer Weideplätze haben, redet Jeremias (Kap. 5, 6) von „Wölfen der Heiden." Vgl. Tristram, The natural history of the Bible (London 1867), S. 152 fg., und The land of Israel a journal of travels in Palestine (London 1865), S. 267, 268, 367; Wood, Bible animals (London 1869), S. 50 fg.   Furrer.

Wolken, s. Witterung.

Wolken- und **Feuersäule,** s. Feuer.

Wollust, s. Lust, Unzuchtsvergehen.

Wort (Logos), s. Alexandrinische Religionsphilosophie und Wort Gottes.

Wort Gottes. Es gehört zu den anthropopathischen Vorstellungen der Bibel, daß Gott (s. d.) in Gemäßheit derselben auch spricht (1 Mos. 1, 3; Ps. 33, 6; 2 Mos. 20, 1). Worte Gottes oder Wort Gottes heißen vorzugsweise die Offenbarungsmittheilungen Gottes an die erwählten Träger des göttlichen heilsökonomischen Willens, zumal im A. T. an Mose und die Propheten (2 Mos. 20, 22 fg.; 24, 1 fg.; 31, 1 fg.; 35, 1 fg.; 5 Mos. 6, 6; 18, 18 fg.; Jes. 2, 3; 66, 1 fg.; Jer. 1, 4. 11. 13; 2, 1. 4; Ps. 147, 19). Zum Begriffe des Wortes Gottes gehörte keineswegs, daß es in Schrift gefaßt wurde, noch weniger kennt das A. und das N. eine Urkunde, welche die Geltung eines göttlichen Wortes beanspruchte. Da aber Gott nicht in sinnlich-mündlicher Weise seine Offenbarungen mittheilte, so ist anzunehmen, daß die mündlichen Aussprüche religiös begeisterter Männer (s. „Bibel-Lexikon", IV, 349) von diesen selbst dem Wesen nach als göttliche Eingebungen betrachtet und daher als „Worte" oder „Wort Gottes" verkündigt wurden (Jes. 55, 11; Ps. 119, 11). In spätern Zeiten wurde der Ausdruck auf die schriftliche Ueberlieferung der göttlichen Offenbarungsmittheilung, insbesondere den Dekalog und das theokratische Gesetz, übertragen (Ps. 119, 33. 57. 71 u. s. w.), wie denn auch im N. T. alttest. Verheißungen oder Gebote Gottes als „Gottesworte" gelten (λόγια τοῦ θεοῦ, Röm. 3, 2; Hebr. 5, 12; 1 Petr. 4, 11), und ebenso das mündlich verkündigte Evangelium von Christus als „Gotteswort" (ῥῆμα τοῦ θεοῦ, Röm. 10, 17; Eph. 6, 17; λόγος τοῦ θεοῦ, Apg. 4, 31; 6, 7; 12, 24; Hebr. 13, 7; 1 Thess. 2, 13) betrachtet wurde. In den letztern neutest.

43*

Stellen ist der Begriff bereits in einem erweiterten Sinne gefaßt, was schon daraus hervorgeht, daß das Evangelium von Christus auch „Gotteskraft" (δύναμις θεοῦ, Röm. 1, 16) genannt wird. Es wird seinem wesentlichen Inhalte nach von Gott hergeleitet und besitzt insofern göttliche Autorität für die Menschen, ohne daß damit die Meinung verbunden worden wäre, die apostolischen Sendschreiben, in welchen das Evangelium schriftlich verfaßt ist, seien als „Gottes Wort", als unmittelbare Erzeugnisse des göttlichen Geistes zu betrachten, wie denn z. B. der Apostel Paulus zwischen denjenigen seiner Mittheilungen, die auf Christi Autorität beruhen, und denjenigen, die nur seine eigene für sich haben, ganz genau unterscheidet (1 Theff. 4, 15; 1 Kor. 11, 23 fg.; 7, 10. 21). Gleichwol läßt sich nicht bestreiten, daß die Bezeichnung „Wort Gottes" im A. wie im N. T. mit einer gewissen Unklarheit behaftet und deshalb nicht wohl geeignet ist, dogmatisch verwerthet zu werden (f. Eingebung der H. Schrift, Offenbarung, und vgl. Rothe, „Zur Dogmatik" [2. Aufl., Gotha 1869], S. 166 fg.).

In einem ganz eigenthümlichen Sprachgebrauch erscheint der Ausdruck „Wort" (λόγος) an solchen Stellen der Bibel, wo es eine göttliche oder gottähnliche Person zu bedeuten scheint, wie namentlich im Prolog des vierten Evangeliums (Joh. 1, 1 fg.). Erwiesenermaßen ist dieser Sprachgebrauch aus der griech. Philosophie auf die Bibel übertragen worden, wobei es im A. T. insofern nicht an Anknüpfungspunkten fehlte, als das Wort Gottes bald als schöpferisches Weltprincip vorgestellt wurde (Pf. 33, 6; in den LXX: τῷ λόγῳ τοῦ κυρίου οἱ οὐρανοὶ ἐστερεώθησαν), bald mit Prädicaten ausgestattet erscheint, die sonst nur persönlich vorgestellten Wesen zugeschrieben werden (vgl. die LXX: Pf. 107, 20; Jer. 23, 28 fg.; Hof. 6, 5; Jef. 55, 11). Im Buch der Weisheit (Kap. 9, 1; 16, 12; 18, 15 fg.) tritt die Neigung, das Wort Gottes zu personificiren, bereits stärker hervor, und im zweiten Buch der Makkabäer (Kap. 3, 39) wird Gott selbst von seiner im Tempel zu Jerusalem waltenden Kraft in einer Weise unterschieden, welche uns an dem durch die griech. Philosophie hervorgerufenen Triebe, göttliche Kräfte oder Thätigkeiten persönlich vorzustellen, nicht mehr zweifeln läßt. Den schon von Lipsius („Bibel-Lexikon", I, 96 fg.) bemerkte Zusammenhang der philonischen Logoslehre mit der Stoa ist eingehend von Heinze („Die Lehre vom Logos in der griechischen Philosophie" [Leipzig 1872], S. 81 fg.) nachgewiesen worden, auch Heinze (a. a. O., S. 291 fg.), läßt die Frage, ob Philo seinem Logos Persönlichkeit zugeschrieben habe, im ganzen unentschieden, obwol er sie an einer Stelle (De somniis, I, 649) bejaht. Jedenfalls ward es den neutest. Schriftstellern in dem Zeitpunkt, in welchem die geschichtliche Erinnerung an die Person Jesu immer mehr schwand, und das Christusbild mit den Prädicaten des jüd. Messias geschmückt ward, sehr nahe gelegt, auch den Logosidee in Christus verwirklicht zu finden. Eine erste deutliche Spur findet sich bei den Apokalyptiker, von welchem dem himmlischen Christus der Name „das Wort Gottes" (Offb. 19, 13: ὁ λόγος τοῦ θεοῦ) beigelegt wird. Im vierten Evangelium wird die Logosidee von ihrer seitherigen Unbestimmtheit, als Idee eines zwischen Sein und Nichtsein schwebenden Mittelwesens zwischen Gott und der Welt (Heinze, a. a. O., S. 297), befreit, in der Geburt Christi ist der Logos eine geschichtliche Persönlichkeit geworden. Die apologetischen Motiven entsprungene Behauptung, daß der vierte Evangelist diese Idee lediglich aus dem A. T. geschöpft habe (Weiß, „Lehrbuch der biblischen Theologie des Neuen Testaments" [2. Aufl., Berlin 1873], S. 618 fg.), wird schon durch den entschieden antijüd. Charakter des vierten Evangeliums widerlegt (vgl. meine Schrift: „Das Charakterbild Jesu" [4. Aufl., Wiesbaden 1873], S. 24 fg.), der auch durch Luthardt's neueste Schrift („Der johanneische Ursprung des vierten Evangeliums" [Leipzig 1874], S. 131 fg., vgl. mein „Charakterbild Jesu", S. 373 fg.) keineswegs entkräftet ist. Es galt aber zur Zeit der Entstehung dieses Evangeliums, den Anhängern der alexandrinischen Religionsphilosophie unter den Juden und der falschen Gnosis unter den Christen selbst mit dem Nachweise der Erfüllung der Logosidee in der Person Christi die stärkste Waffe zu entwinden.   Schenkel.

Wucher. Wo die Höhe der Zinsnahme für Darlehen gesetzlich bestimmt ist, erscheint der Wucher als Ueberschreitung der gesetzlich fixirten Zinsen, als Gesetzwidrigkeit: er entzieht sich aber der juristischen Fassung und der Jurisdiction, wo die Zinsenhöhe dem freien Uebereinkommen überlassen ist. Trotzdem wird auch da, wo, wie in unsern

Tagen, Darlehen und Zinsnahme von den Ethikern für berechtigt und vom volkswirthschaftlichen Gesichtspunkte als nothwendige Bedingung geschäftlichen Verkehrs gilt, über verdammlichen Wucher geklagt, wogegen die Volkswirthschaftslehre in der Regel nur da Wucher anerkennt, wo absichtlich oder betrügerisch Nothpreise herbeigeführt oder gesteigert werden. Dem sittlichen Gefühl widerstrebt der Wucher als Ausbeutung der Nothlage des andern, und der Wucherer, weil er seinen Erwerb nicht durch eigene Arbeit gewinnt, sondern aus der Bedrängniß seines Nebenmenschen einen Vortheil zieht, der ihm unter gewöhnlichen Umständen nicht geworden wäre. In ähnlichem Sinn faßt auch die Bibel den Wucher. Sie empfiehlt dem Berarmten aus Nächstenliebe darzuleihen (Pf. 37, 26; 112, 5; Ez. 18, 17); auch das Gesetz ermahnt eindringlich dazu (5 Mos. 15, 7 fg.; vgl. Matth. 5, 42), es verbietet aber strengstens als Wucher, eine Vergütung für Dargeliehenes von einem Stammesgenossen anzunehmen (2 Mos. 22, 24 [25]; 3 Mos. 25, 35 fg.; 5 Mos. 23, 20; Pf. 15, 5; Spr. 28, 8; Ez. 18, 8. 13; 22, 12), erlaubt hingegen das Zinsennehmen vom Fremden (Nichtisraeliten) 5 Mos. 23, 20 (21). Die Motivirung dieses Gesetzes erklärt man gewöhnlich aus den wirthschaftlichen Verhältnissen des damaligen Volkslebens, das, auf Ackerbau gestellt, durch die Unveräußerlichkeit des Bodens vor eintretendem Pauperismus geschützt war, indem die etwa entstandene Kluft zwischen Armuth und Reichthum im Jobeljahr ausgefüllt wurde. Ohne Zweifel ist die Agrarverfassung eins der wichtigsten Grundelemente eines Volks- und Staatswesens. Die hebräische zielt vornehmlich auf Erhaltung und Erstarkung des Familienthums, des Stammes, und mittelbar auf Concentrirung und Steigerung des Volksbewußtseins, auf ein Zusammenfassen nach innen, wovon ein Sichabschließen nach außen unzertrennlich ist. Dies liegt auch der Unterscheidung zwischen Stammesgenossen und Fremden im angeführten Gesetze zu Grunde. Der Israelit steht dem Israeliten näher als der Fremde, sein Volksgenosse ist sein Nächster, „sein Bruder", von dem er weder Zinsen noch Aufschlag für ein Darlehen nehmen darf, wenn dieser nothgedrungen seinen Grundbesitz verkaufen (auf eine gewisse Reihe von Jahren) und „als Fremdling und Beisaße" durch Lohnarbeit sich erhalten mußte (3 Mos. 25, 35—37). Diese Ausschließlichkeit, die übrigens das ganze Alterthum theilt und im Hebräerthum in der Unterscheidung zwischen Stammesgenossen und Fremden auch sonst klar vorliegt (3 Mos. 25, 45), ist bei der Motivirung des Gesetzes (5 Mos. 23, 20 [21]) nebst den damaligen Umständen, die keine Zinsnahme bedurften, nicht außer Acht zu lassen. Der hebr. Ausdruck nešak (2 Mos. 22, 24; 3 Mos. 25, 37; 5 Mos. 23, 20; Ez. 18, 17; Spr. 28, 8), gewöhnlich für Zins eines Gelddarlehns genommen, entspricht dem berüchtigt gewordenen Worte „Wucher", mit der Nebenbedeutung des Drückenden, Schädigenden, laut seiner Ableitung von našak, das vom Beißen der Schlange (1 Mos. 49, 17; Koh. 10, 11), vom Leidzufügen (Mich. 3, 5) wie auch vom Wucher gebraucht wird (5 Mos. 23, 20). Marbit (3 Mos. 25, 37) und Tarbit (3 Mos. 25, 36; Spr. 28, 8; Ez. 18, 8) für Aufschlag auf dargeliehene Naturalien, der auch verboten war, erklärt, entspricht der ursprünglichen Bedeutung von Wucher, Mehrung, Zuwachs. Der biblische Sprachgebrauch bezeichnet aber auch mit letztern Ausdrücken den verpönten Wucher, und versteht darunter eine erhöhte Naturalwiedererstattung. Ungeachtet des Verbots ist Neh. 5, 7. 10 fg. von einprocentigem Zins die Rede, wobei nicht ersichtlich, ob ein monatlicher oder ein Jahreszins gemeint sei. Im N. T. wird zwar unverzinsliches Darlehen aus Menschenliebe empfohlen (Luk. 6, 34. 35), die Zinsnahme jedoch nicht verboten, vielmehr als allgemein üblich vorausgesetzt (Matth. 25, 27; Luk. 19, 23). Wie im ganzen Alterthum, war der Wucher auch bei den Israeliten verachtet (Spr. 28, 8; Ez. 18, 8. 13. 17; 22, 12; Jer. 15, 10; Pf. 15, 5; 109, 11; f. Wechsler). Die Talmudisten stellen den Wucherer dem Leugner Gottes und seiner Wunderwerke an Israel gleich. „Wer sich dem Verbote der Zinsnahme unterwirft, hat das Joch des Himmelreichs auf sich genommen, wer es aber verleugnet, hat sich vom Joch des Himmelreichs losgerissen." Der Wucherer wird dem Mörder verglichen, indem keiner sein Verbrechen mehr gut machen kann u. dgl. Die israelitische Gesetzgebung dictirt aber keine bürgerliche Strafe auf Wucher. Rosloff.

Wunder. Die Bibel, als das Buch der Religion und der Offenbarungsgeschichte, geht nirgends auf die naturgeschichtliche Betrachtung ein, ihr Standpunkt ist ein übernatürlicher, ohne daß ihm eine supranaturalistische Theorie zu Grunde läge. Das Wirken und Walten Gottes erscheint überhaupt an bestimmte, von der Vernunft erkennbare Gesetze darin nicht gebunden, und ebenso wenig die Wirksamkeit der erwählten Träger seiner Offenbarungsmittheilungen, des Bundesmittlers Mose, der theokratischen Helden, wie z. B. eines Josua, der Richter (f. b.), der Propheten: die Offenbarungsgeschichte hat einen wunderbaren Charakter. Dabei ist aber das biblische Wunder, d. h. die Erzählung eines übernatürlichen, auf Gott selbst oder seine Ursächlichkeit (sein Wort, seinen Geist u. s. w.) zurückzuführenden Vorganges in der Bibel, nicht als schlechthin unbegreiflich vorzustellen, sondern lediglich als etwas Ungewöhnliches, Außerordentliches, Erstaunliches (niphla'ot, Ps. 26, 7; 'ot, Jes. 8, 18; mophet, 2 Mos. 4, 21). Außerordentliche Naturerscheinungen (Ps. 139, 14; Hiob 37, 5), wie weltgeschichtliche Gottesgerichte und Führungen (2 Mos. 34, 10; Mich. 7, 15), werden als Wunder aufgefaßt, insbesondere die heilsgeschichtliche Leitung Israels durch Jahve ist eine wunderbare (Ps. 119, 27; Sir. 33, 6). Jedoch gibt es auch heidnische, durch die Macht der Götter gewirkte Wunder, z. B. der ägypt. Hierogrammaten, die Stäbe in Schlangen verwandeln können (2 Mos. 7, 11; vgl. Eusebius, Praep. evang., V, 10, wonach die ägypt. Zauberer sogar im Rufe standen, die Gestirne zu beeinflussen). Daher ber auch in den neutest. Schriften vorkommende Glaube an dämonische wunderbare Einwirkungen (f. Besessene und vgl. 2 Thess. 2, 9; Eph. 2, 2; Marl. 3, 22; Matth. 12, 24; Luk. 11, 15).

Diese religiös-supranaturalistische Weltbetrachtung der Bibel hat ihre principielle Berechtigung in den Grenzen der menschlichen Erkenntniß. Die Forschung gelangt nothwendig auf ihrem Wege zuletzt an einem Punkte an, wo das Mysterium, und darum das Wunder, für sie beginnt. Das Wunder läßt sich darum nicht, wie manche meinen, aus der Religion schaffen. Dagegen hat auch die Kritik ein unbegrenztes Recht, jeden biblischen Wunderbericht in Beziehung auf seine Glaubwürdigkeit der strengsten Prüfung zu unterwerfen, und dies um so mehr, als die biblischen Erzähler in der Regel wunder-gläubig sind, ihre Quellen ungeprüft und ungenau benutzt haben und nicht selten ganz Unglaubliches erzählen. Die Geschichte der Glaubenshelden des Alten Bundes, eines Abraham, Mose, Josua, der hervorragenden Richter, eines Elia und Elisa u. s. w. (f. die betreffenden Artikel), ist mit einem Kranze von Wundern umgeben, die theils nachweislich mythischen Ursprungs sind, d. h. der dichtenden Volksphantasie ihre Entstehung verdanken, theils aber auch dem Gebiet der historischen Sage angehören, wobei es sehr schwer hält, aus der wunderverzierten Schale den ursprünglichen geschichtlichen Kern herauszuschälen. Besonders sind auch die apokryphischen Bücher reich an Wundererzählungen. Auch solche biblische Schriften, deren Verfasser nicht wundersüchtig sind, wie Jesus Sirach, betrachten jedoch die Wunder für die religiöse Betrachtung als etwas Selbstverständliches, die ganze Welt ist mit Wundern (τὰ θαυμάσια) so angefüllt, daß es unmöglich ist, sie alle aufzuzählen (Sir. 42, 17). Weil sämmtliche Naturerscheinungen als Wunder erscheinen (vgl. Sir. 43, 1—30; Weish. 16, 15 fg.), so hat die Einbildungskraft unbeschränkten Spielraum, die Region des Wunderbaren auszudehnen, die wunderbaren Vorgänge ins Unendliche zu vervielfältigen. Auf dem biblischen Standpunkte ist überhaupt eine Grenze zwischen dem Natürlichen und dem Wunderbaren nirgends zu ziehen. In die trockensten Geschichtserzählungen sind bisweilen die unglaublichsten Wunderberichte eingeflochten. Im zweiten Buch der Makkabäer (Kap. 11, 6 fg.; 15, 21) entscheiden Engel die Schlachten zu Gunsten der Juden; die religiöse Phantasie ist hier die Schöpferin des Wunders. Ganz unhaltbar ist die aus dogmatischem Vorurtheil entsprungene Ansicht, daß die in den apokryphischen Schriften enthaltenen Wunder auf Mythenbildung oder tendenziöser Erfindung beruhen, die Wunder der kanonischen Bücher dagegen geschichtlich authentisch seien.

Jesus selbst hat mit größter Entschiedenheit jede Berufung auf Wunder und Zeichen abgelehnt (Mark. 8, 12; vgl. meine Schrift: „Das Charakterbild Jesu" [4. Aufl. Wiesbaden 1873], S. 141 fg., und f. Jesus Christus, „Bibel-Lexikon", III, 216 fg. Wie man aber auch über die evangelischen Wunderberichte denken mag, so hat das Christenthum seinen Sieg über das Judenthum und Heidenthum nicht „Wundern", sondern der Macht des Wortes und Geistes, die sich in Jesus kundgaben, insbesondere der Hingabe und Aufopferung, die sich in seinen Bekennern manifestirte, zu verdanken. Die Apostelgeschichte berichtet zwar von den Aposteln, insbesondere von Petrus, mehrfache Wunderthaten; allein diese Berichte erweisen sich vor dem Richterstuhl einer gewissenhaften Kritik nicht als beglaubigt (f. „Bibel-Lexikon", I, 213 fg.). Der Apostel

Paulus bezeichnet das Evangelium als „eine Kraft Gottes, selig zu machen", und zwar nicht vermittels der Wundergabe der Evangelisten, sondern vermöge des Glaubens. Unter den Geistesgaben nennt er allerdings auch die Wundergaben (χαρίσματα ἰαμάτων, ἐνεργήματα δυνάμεων, 1 Kor. 12, 9 fg.), aber ohne ein besonderes Gewicht darauf zu legen und sie für übernatürlicher zu halten als die Gabe des Glaubens, der Predigt, des Zungenredens (s. b.), der Auslegung. Wenn 2 Kor. 12, 12 von Merkmalen des Apostolats, die sich in „Zeichen, Wundern und Kräften" (σημείοις καὶ τέρασιν καὶ δυνάμεσιν) kundgaben, die Rede ist, so ist diesen „Wundern" die Geduld (ὑπομονή) als ebenbürtig nicht nur zur Seite, sondern vorangestellt. Auch der Verfasser des Hebräerbriefes, der die Wunderbeglaubigung überhaupt nur beiläufig erwähnt, scheint die Wunder auf Wirkungen des Heiligen Geistes zu beschränken (Hebr. 2, 4). Der Jakobusbrief (Kap. 5, 15) kennt eine Wunderwirkung des gläubigen Gebets. Nach diesen Zeugnissen waren die neutest. Schriftsteller zwar überzeugt, mit Hülfe göttlicher Kräfte, insbesondere des Heiligen Geistes, übernatürliche Wirkungen (namentlich Krankenheilungen) hervorbringen zu können, allein diese der Naturseite zugewandten Wirkungen des Evangeliums treten in ihren Augen wesentlich zurück vor den der Geistesseite zugewandten Wirkungen, vor der Bekehrung und Wiedergeburt, der religiös-sittlichen Erneuerung, die den alten Menschen in einen neuen, den Menschen der Sünde in einen Menschen Gottes, den der Verdammniß verfallenen in einen Erben des Himmelreichs verwandelt. Wir werden daher nicht irren, wenn wir dem Wunder in der biblischen Begriffswelt, soweit es in der Form einer übernatürlichen Einwirkung auf die Natur auftritt, eine nur untergeordnete Stelle einräumen. Schenkel.

Wunderbaum, s. Kürbis.

Würmer, unter dem allgemeinen Namen שֶׁרֶץ mitbegriffen, der alle wirbellosen Thiere umfaßt (1 Mos. 1, 20; 3 Mos. 5, 2; 22, 5). Maden und madenähnliche Würmer, wie sie sich in faulendem organischen Stoff entwickeln, nannte man zimmâh oder toláʿ, toleʿáh, toláʿat. Maden verdarben das Manna (2 Mos. 16, 20), zeigten sich in den Geschwüren des Aussätzigen (Hiob 7, 5), legten den Todeskeim in Weintrauben (5 Mos. 28, 39) und Kürbisstauden (Jon. 4, 7), überdeckten den verwesenden Leichnam im Grabe von oben und unten (Jes. 14, 11; Hiob 24, 20; Jes. 66, 24). Auf irgendwelche genauere zoologische Unterscheidung der niedern parasitischen Thierformen hat der Israelit keinen Bezug genommen, und selbst die durch ihren Farbstoff so ausgezeichnete Kermeslaus nur mit dem allgemeinen Namen toláʿat bezeichnet (s. Karmesin). In schwermüthiger Stimmung nannte sich der Unglückliche, um den äußersten Grad seines elenden verächtlichen Zustandes zu bezeichnen, „Made" oder „Wurm" (Ps. 22, 7; Jes. 41, 14). Maden und Würmern sind nach dem Dichter Hiob's (Hiob 17, 14; 25, 6) überhaupt die Menschen gleich.

Betreffend die Wurmkrankheiten, auf welche 2 Makk. 9, 5 fg. und Apg. 12, 23 hingedeutet wird, s. Krankheiten. Furrer.

Würze. Bei allen Völkern herrscht der Brauch, gewöhnliche Nahrungsmittel durch die Zuthat eines nervenreizenden Stoffs wohlschmeckender oder verdaulicher zu machen, d. h. zu würzen. Das Salz, neuerer Zeit als Nahrungsmittel erkannt, indem es, im menschlichen Organismus vorhanden, demselben auch zugeführt werden muß, ist ursprünglich als Würze gebraucht, als solche unter allen Culturvölkern am weitesten verbreitet und von jeher für unentbehrlich erachtet (Sir. 39, 26 [31]; Hiob 6, 6). Esra 4, 14 ist „Salz essen" in der Bedeutung: im Brote, Dienste, Solde stehen, ernährt werden, gebraucht, und erinnert das Salz an das römische „Salarium", worunter zunächst das Salzdeputat der Soldaten, dann die Entschädigung dafür in Geld, endlich die Besoldung überhaupt, auch die der kaiserlichen Statthalter verstanden wurde. Das Salz ist somit als zur Existenz nöthig anerkannt, ja für diese selbst genommen.

Auch bei den Hebräern finden wir den Essig als Würze des Brotes (Ruth 2, 14). Ob sie ihn, wie wir, auch in der Küche gebrauchten, sagt die Bibel nicht, sie erwähnt ihn aber als Getränk (4 Mos. 6, 3; Matth. 27, 34. 48; Joh. 19, 29 fg.), und zwar im Sinne eines unzulänglichen Ersatzes für Wein (Ps. 69, 22). Der Honig, auch bei uns einst als Würze allgemein gebräuchlich, seit dem 15. Jahrh. aber durch den Zucker verdrängt, war bei den Hebräern eine beliebte Zuthat zu Backwerk (2 Mos. 16, 31; s. Kuchen), und sie aßen nicht nur Bienenhonig, sondern auch eingekochten Weinmost oder Traubenhonig (2 Mos. 43, 11; Ez. 27, 17 fg.; s. Honig). Die Bibel erwähnt außerdem Namen von Gewächsen, die im Alterthum als Würze dienten: Minze (Matth. 23, 23; Luk. 11, 42), vor alters als Gartengewächs gehegt, gehörte wol auch bei den Hebräern zu den Küchenkräutern, die als Würze üblich waren; Kümmel, Schwarzkümmel (Jes. 28, 25. 27); Dill, wird Matth. 23, 23 mit beiden vorhergenannten als unbedeutendes Product aufgeführt, worauf die Pharisäer die Zehntvorschriften (3 Mos. 27, 30; 4 Mos. 18, 21; 5 Mos. 12, 6 fg.; 14, 22—27) ausdehnten, also unter die Gartengewächse zählten; Koriander (2 Mos. 16, 31; 4 Mos. 11, 7), von dessen heilsamen Wirkungen Plinius spricht, wurde nach Prosper Alpinus in Aegypten bei Bereitung der Speisen stark benutzt; Raute (Luk. 11, 42) gehörte auch bei den Römern zu den Gartengewächsen, die zu Speisen dienten; Senf (Matth. 13, 31; 17, 20; Mark. 4, 31; Luk. 13, 19; 17, 6); nach einigen auch sirphad, Jes. 55, 13), nach den Talmudisten im Garten gezogen, bei den Römern eine beliebte Würze (s. die betreffenden Artikel). Die Hebräer kannten auch den Würzwein, Mischwein (Jes. 5, 12; Ps. 75, 9; Spr. 9, 2. 5; 23, 30; Hl. 7, 3; 8, 2; Myrrhenwein, Mark. 15, 23), der von den Griechen und Römern gern getrunken wurde. Man mischte vornehmlich Myrrhe, aber auch Thymian, Kalmus und andere Gewürze in den Wein, um ihn wohlschmeckender und auch stärker zu machen. Denn daß es unter den Hebräern tüchtige Zecher gab, erhellt aus 1 Sam. 25, 36; Jes. 19, 14. 22; Jer. 23, 9; Hos. 7, 5; Spr. 20, 1. Rosloff.

Wüste. Wie mannichfaltig sich der israelitische Geist mit dem Begriff der Wüste beschäftigt, erweist sich schon daraus, daß er für denselben funfzehn verschiedene Ausdrücke geschaffen. Israel lebte eben in einem Lande, wo üppige Fluren und dürre, pflanzenlose Strecken, quellengesegnete Thäler und wasserlose Hochebenen, wo überhaupt Leben und Tod der Natur in scharf abgegrenzten Contrasten einander gegenübertreten. Der geläufigste Name für Wüste midbár bezeichnet genauer eine Gegend, welche wol dem Kleinvieh noch Weide bietet, aber zum Anbau sich nicht eignet (vgl. Jer. 9, 9; 23, 10; Ps. 65, 13; 78, 52; Richt. 8, 7; Hiob 38, 26; Joel 2, 22). Weitaus der größte Theil wüsten Terrains, das in den Gesichtskreis Israels kam, gehört in diese Kategorie. Ein Strich pflanzenarmen Berglandes zieht sich südwärts von Gilboa in ungleicher Breite bis über die Grenze Palästinas am Westsaum des Jordanthales hin, von vielen Schluchten zerrissen und meist schroff gegen die Thalsohle abfallend. Die größte Ausdehnung hat dieses dürftige Weideland im Stammgebiete Judas, indem es hier vom Westufer des Todten Meeres bis nahe zur Wasserscheide des jüd. Gebirges reicht, mit einer durchschnittlichen Breite von fünf Stunden, und von der Oase Jerichos im Norden bis zum Wadi Fikreh, der Grenze gegen Edom, im Süden 20 Stunden in die Länge mißt. Die Wüste Juda wird denn auch im A. T. am meisten erwähnt, sei es, daß die Erzähler das Ganze ins Auge fassen (Ps. 63, 11) oder einzelne Theile, wie die Wüste Thekoa (2 Chron. 20, 20; 1 Makk. 9, 33), Engedi (1 Sam. 24, 2), Siph (1 Sam. 23, 14 fg.; 26, 2), Maon (1 Sam. 23, 24; 25, 2; vgl. noch Richt. 1, 16; Jos. 15, 61). Betrachten wir dieses Wüstenland von irgendeiner der dominirenden Höhen aus, von Thekoa, Fereidis, Beni Naim, so sehen wir ein Plateau vor uns, aus dessen unregelmäßiger Fläche viele kleine kegelförmige Hügel und niedrige Felsenwälle aufsteigen, das hier in ungebrochener Linie, dort stufenweise gegen das Todte Meer sich absenkt, und daselbst als grandioses Tafelland in einer Höhe von 1500—2000 Fuß über dem Wasserspiegel abschließt. Der Boden des Plateau ist von tiefen Schluchten zerrissen, welche die Regenwasser, unterstützt von plutonischen Bewegungen, geschaffen haben. Kein Streifen Grün erquickt auf der weiten Fläche das Auge, kein Bach rauscht, die Regenzeit ausgenommen, durch die Felsgründe. Von dem baumlosen Boden heben sich nur die schwarzen Hirtenzelte ab, und aus der Tiefe glänzt das Todte Meer empor. Wenn abends über letzterm die scheidende Sonne den bunten Molassefelsen von Moab beleuchtet, vom fernen Hirtenlager ein leichter Rauch aufsteigt, um im reinen Aether zu verschweben, am Rande eines Abgrundes die scheuen Thiere der Wildniß, ein Klippschiefer oder ein Steinbock, sich hervorwagen, kein Windesflüstern, kein menschlicher Laut die grenzenlose Stille unterbricht, fühlt sich der Wanderer vom ganzen Zauber südländischer Einsamkeit umfangen. In dieser Wüste hütete David in jungen Jahren die Schafe seines Vaters (1 Sam. 16, 11; 17, 15. 24 fg.), und hier weckte die erhabene Einsamkeit in seinem zartbesaiteten Gemüth das große Naturgefühl (vgl. besonders Ps. 8. 18. 19).

Wüste

Diese Wüste mit ihren Schluchten, Höhlen und Hügelkuppen bot ihm eine Zuflucht in den Jahren der Bedrängniß vor Saul (1 Sam. 22, 5; 23, 14 u. s. w.), wie Jahrhunderte später dem Maccabäer Jonathan vor dem syr. Feldherrn Bacchides (1 Macc. 9, 33). Durch den Paß von Engedi brangen zur Zeit des Königs Josaphat die vereinigten Ammoniter, Moabiter und Edomiter in diese Wüste hinauf, um sich in der Nähe Thekoas selbst aufzureiben (2 Chron. 20, 20). Usia ließ in der Wüste Wachtthürme und Cisternen anlegen für seine zahlreichen Heerden (2 Chron. 26, 10). Angesehene Grenzorte der Wüste waren im Osten Engedi und Thamar, im Süden Arad, Maon, Siph, im Westen Thekoa und Bethlehem.

Was im N. T. Wüste Juda heißt und durch die Erinnerung an Johannes den Täufer geweiht ist (Matth. 3, 1; Mark. 1, 4), umfaßt die öde traurige Gegend des Jordanthales, die zwischen der Oase von Jericho und dem Nordufer des Todten Meeres liegt, im Westen an kahle Berge grenzt, im Osten an den schilf- und waldumsäumten Jordan. Hier konnte sich Johannes von Heuschrecken nähren, die sich das ganze Jahr über im Jordangehölz finden, und von wildem Honig (Matth. 3, 4), den zahlreiche Bienenschwärme auch jetzt noch in den nahen Felsklüften bereiten. Vgl. Robinson, „Physische Geographie des Heiligen Landes" (Leipzig 1865), S. 46 fg., 89 fg.; Bibliotheca sacra (Neuyork und London 1845), S. 61 fg.; Ritter, „Die Sinai-Halbinsel, Palästina und Syrien" (Berlin 1848—55), II, 1, 462 fg.; Quarterly statement of the Palestine exploration fund, Jahrg. 1869, S. 143 fg.

Als Wüste aber im eminenten Sinn, daher oft auch geradezu einfach „die Wüste" genannt (2 Mos. 3, 18; 14, 11; 16, 32; 4 Mos. 32, 13; 5 Mos. 1, 31; 8, 4; Am. 2, 10 u. s. w.), galt den Israeliten der große Landstrich, der im Süden vom granitischen Sinai, im Westen von der Landenge Suez, im Osten von den Gebirgszügen Tschebal und esch-Schera, sowie dem Ailagolf, im Norden vom Stammgebiet Judas und Simeons begrenzt wird, und den einst die Väter, von Mose geführt, unter vielen Entbehrungen und Nöthen zu durchziehen hatten (vgl. 5 Mos. 8, 15; Jer. 2, 6). Einzelne Abtheilungen dieser großen Wüste erscheinen unter dem Namen Schur, Pharan, Zin, über deren genauere Bestimmung die betreffenden Artikel zu vergleichen sind.

Wenige Stunden nördlich vom Centralstock des Sinaigebirges beginnt die Sandsteinregion (s. Sinai). Zu ihr gehören weite Ebenen, die erst am Tafelgebirge et-Tih sich abgrenzen und enge, meist nur von mäßig hohen, aber vielgestalteten Bergen eingerahmte Thäler. Die Thalwände bestehen oft bis über die Mitte hinauf aus krystallinischem Fels (Granit, Syenit, Porphyr) und nur die obere Schicht aus Sandstein, welche an einzelnen Stellen sogar gänzlich fehlt, während andererseits da und dort, gleichsam als Vorboten des Tihgebirges, Kalkstein sich eingedrängt hat. Wie das Urgebirge im Herzen der Halbinsel, stehen auch die Sandsteinformationen in geologischer Nacktheit da, indem nur sporadisch frischgrüne Kappersträuche aus den Ritzen der steilen Felswände herunterhängen. Die Vegetation ist auf den Thalboden beschränkt. Dort wuchern Coloquinten, in feuchtem Sande gedeihen Dattel- und Dompalmen. Der Ginsterstrauch wächst an einzelnen Stellen zu baumartiger Höhe und Akazien wie Mannatamarisken stehen in einsamen Gruppen. Ueppiges Schilf umsäumt das Bassin der wenigen Quellen. Der nackte Sandstein erfreut das Auge durch seine bunten Farben, sobald namentlich zur Abendzeit bei der herrlichen Reinheit der Atmosphäre diese tiefstillen Landschaften einen wundersamen Reiz empfangen. Steinböcke schweifen auch in dieser Region. Geier kreisen in den Lüften, müde Wachtelschwärme ruhen aus vom weiten Meeresflug, und wilde Enten schaukeln sich im Quellteich von Ain el-Hudhra oder Ain el-Alya. Sehr zahlreich bergen sich Hornschlangen (Cerastes) im Sande, und auch die Brillenschlange sowie die große schönfarbige Taboja kommen vereinzelt vor.

Unter den Ebenen der Sandsteinregion heben wir hervor: Debbet er-Ramle vom Centralgebirge aus nordwestlich liegend, hart am Fuß des Tihrandgebirges, südöstlich derselben, durch niedriges Hügelland von ihr getrennt die Ebene von Ain el-Achdar, deren höchstes Niveau „Zeranik" heißt. Während Debbet er-Ramle von Sand bedeckt ist, besteht der Boden der andern Ebene meist aus hartem Geröll. An letztere ostwärts grenzt eine wiederum sandige Ebene, ausgezeichnet dadurch, daß sich mitten in ihr inselartig ein Berglegel erhebt, Hudheibat el-Haggag. Das Land im Nordost dieser Ebene von Ain Hudhra an bis zur Spitze des Ailagolfes besteht aus einem Gewirr von Bergen und engen Thälern. Einzelne Bergstöcke darin, wie der Dschebel Arabeh, erheben sich zu majestätischer Höhe, und andere, an sich nicht erhaben, erscheinen imposant wegen der gewaltigen Klüfte, von denen sie durchspalten sind. Am Meere hat sich vor den Steilabfall eine kleine, nur auf kurze Strecken unterbrochene Strandebene von ungleicher Breite gelagert.

Wie ein riesengroßer stumpfer Keil ragt das Randgebirge et-Tih über der Sandregion auf. Seine untern Schichten bestehen noch aus Sandstein, während die höhern dem secundären und tertiären Kalk angehören. Stehen wir oben auf der Paßhöhe, sei es des Kalb Rakineh oder Mareikeh, so thut sich uns nach Süden das Panorama der Sinaihalbinsel in seiner ganzen Großartigkeit auf. Jenseit der breiten Ebenen und vielgewundenen Thäler des Sandsteingebietes das majestätisch aufragende Urgebirge mit seinen zahllosen Zacken und Gipfeln, zerrissenen Felsrücken gleichsam ein im wilden Sturm plötzlich zu Stein erstarrtes Meer. Nach Norden schweift der Blick über ein unabsehbares Plateau, das langsam sich gegen das Meer abdacht, sowie auch nach Osten zum Steilrande des Wadi Arabah, während es mit seiner höchsten Terrasse, Dschebel 'Obschme genannt, im Südosten bis 4500 Fuß aufsteigt. Die Terraingestaltung ist so einförmig, daß die Hügel Jchrim, Helal, Jelek, obgleich nur einige hundert Fuß über dem Plateau aufragend, doch aus großer Ferne sichtbar sind, und auch die flachen Rinnsale weithin mit dem Auge sich verfolgen lassen. Letztere, soweit sie ihre Wasser dem Mittelmeer zusenden, vereinigen sich alle im Wadi el-Arisch, dem „Bache Aegyptens". Nur in den Rinnsalen findet sich stellenweise etwas Vegetation, ärmliches Futter für die Kamele. Wir begegnen hier der sandgelben Jerichorose und einzelnen Ginstersträuchern. Froh ist der Wanderer, wenn er beim Graben in Sand und Geröll der Rinnsale etwas, ob noch so trübes und geschmackloses, Wasser findet. Die Hochfläche zeigt harten, von Feuersteinen reich besäeten Bodek, pflanzen- und wasserlos, eine überaus düstere, trostlose Wüste. Um so mehr überrascht das Vorhandensein von thierischem Leben. Schnecken, in dichte Gehäuse eingehüllt, warten unter glutheißer Sonne, an Steine angeleimt, auf den spärlichen Regen, der nicht alle Jahre eintrifft. Hornschlangen lauern zwischen den Feuersteinen auf die behenden Springmäuse, und Skorpionen gefährden oft die Lagerplätze. Die Wüste Tih schwebte dem Deuteronomiker wie dem Propheten vor, wenn sie beide von dem Schrecken der Wüste reden (5 Mos. 8, 15; Jer. 2, 6). Einst sah auch dieses öde Land bessere Zeiten, wofür eine Menge steingebauter Hütten am Saum der Winterbäche zeugt. Diese Hütten, keine Eremitenwohnungen, stammen ohne Zweifel aus vorhistorischer Zeit, als die klimatischen Verhältnisse noch andere waren und jene Gegenden sich eines viel reichern Regenniederschlags erfreuten (vgl. Palmer, The deserts of the Exodus [Cambridge 1872], S. 316 fg.). Im Wadi el-Arisch findet sich stellenweise viel fossiles Holz.

Nördlich vom 30. Grad und östlich vom 34. Grad ändert sich der Charakter der Wüste. Wir treten in ein Gebiet ein von weiten, mannichfach gewundenen Thälern und schärfer gegliederten Bergrücken, von wo aus der Boden nach dem Gebirge Juda hin wieder in breiten Plateauterrassen sich erhebt. Im südlichsten dieser Thäler, dem Wadi Garaijeh, der tiefsten Depression des Tihgebietes im Osten, liegt ein isolirter Hügel, der die Ruinen einer kleinen, aus ungebrannten Ziegeln und Baumstämmen gebauten Festung trägt. Die Verwendung von Bauholz läßt auf einen nun gänzlich verschwundenen Holzreichthum schließen. Nördlich über dem Anfang dieses Wadi erheben sich die Gipfel des Dschebel Araif, etwa 2000 Fuß über dem Meer, in weitem Umkreis alles Land beherrschend, das wie eine Landkarte zu den Füßen des Berges liegt. Nördlich streicht am Araif der Wadi Maijin vorbei, ausgezeichnet durch einige Quellen guten Wassers nahe seinem Anfang und durch reichliche Spuren sorgsamer Terrassencultur. Nördlich und nordöstlich dem Araif gegenüber zieht sich der Dschebel Magrah hin, der südliche Steilabfall des Edomplateau, das in der Breite von Kades zu einer zweiten Stufe aufsteigt, und im allgemeinen längere Thaleinschnitte — wir erinnern an die Wadi el-Dscherafeh, Raman, Gateiseh, Abu Taraimeh, Jbn Mar, Guleib, Umm Tarfa, Hambschurat — und sanftere Abdachung gegen den Wadi Arabah als nach Westen aufweist. Im Norden ist dieses doppelterrassige Plateau durch den mehrere hundert Fuß tiefen Wadi Mareh, der als Wadi Maderah und el-Fikreh nach dem Wadi Arabah sich fortsetzt, vom Mittagsland Judäas getrennt. Am Nordsaum bilden der ruinengekrönte Hügel von Eboda und der isolirte Kegel Maderah stattliche Eckpfeiler des sonst einförmigen armseligen Hochlandes.

Am Westabfall (nicht so nahe der Wasserscheide des Plateau wie die östlichen Schluchten) nehmen viele einst wohlbebaute und auch jetzt noch mit einiger Vegetation gesegnete Thäler ihren Ursprung, deren berühmtestes, der Wadi Kadis (Kades, s. b.), drei Quellen an seinem Anfang besitzt, von denen während einiger Monate des Jahres ein Bach durch das Thal hinabströmt. Nördlich von diesem Thal folgt das von Ain, dem ebenfalls eine ansehnliche Quelle eignet. Bis nach Kades dehnte Israel in der Folge die Grenzen seiner Heimat aus (Jos. 15, 3). Von dort hatte es zu Mose's Zeit versucht ins Land einzudringen (4 Mos. 13, 27 vgl. mit 14, 40 fg.), war aber bei Zephat oder Horma, dem heutigen in breitem Thale gelegenen Sebaita, zurückgeschlagen worden, sodaß es sich entschloß, von Kades nach dem Wadi Arabah aufzubrechen.

Wadi Arabah (gewöhnlich einfach die Arabah genannt) heißt das durchschnittlich zwei Stunden breite Thal, das als Fortsetzung des Jordanthales vom Todten Meere zum Ailagolf sich erstreckt, im Westen von Kalkbergen, im Osten von Porphyr-, Granit- und Sandsteinbergen eingeschlossen. Erreichen die westlichen Thalwände eine ungefähre Höhe von 1000—1400 Fuß, so steigen dagegen die östlichen bis über 4000 Fuß empor. Der Thalboden selbst ist von der Wasserscheide an nordwärts von vielen diagonal- oder parallellaufenden Rinnsalen, gleichsam Thälchen im Thale, durchschnitten. Eine Kreidebarrière fast 23 Stunden südlich vom Todten Meere und 2073 Fuß über denselben, 781 Fuß über dem Ailagolf bildet die Wasserscheide. Während die Thäler des östlichen Hochlandes zum Theil einer wahrhaft üppigen Vegetation sich erfreuen und in grandiose Felsrahmen manche idyllische Scenerie einschließen, deckt dagegen meist ober Sand oder Kies den Boden der Arabah. Auf Kiesgrund trifft man vereinzelte Akazien, auf sandigem Mannatamarisken. Auffallend ist an diesen Bäumen die nach Süden gewandte Richtung ihrer Aeste, eine Folge des vorherrschenden starken Nordwindes (vgl. Bisconti, Diario di un viaggio in Arabia Petrea [Turin 1872], S. 323). Es fehlte der Arabah auch nicht an Stellen mit reichlicherm Grün, wir erinnern an den Sumpfboden bei der Quelle Ghadjan, an die mit Schilf, Tamarisken und Zwergpalmen bestandene Umgebung der brakischen Quelle Dabah, an die einige Stunden weiter nördlich liegende, kräuterreiche Oase el-Ta'a und an die Aue der brakischen Quelle Ain el-Weibeh östlich vom Paß Sufa. Wie ein zweifarbiges Band erscheint auf weiten Strecken die Thalsohle, indem die westlichen Kalkberge hellgelben, die östlichen Berge, die in ihrer südlichen Hälfte fast ausschließlich aus Urgestein bestehen, in ihrer nördlichen vorherrschend aus Sandsteinschichten, graubraunen Sand ihr zuführen. An den Ausgängen der zahlreichen in die Arabah ausmündenden Bergschluchten breiten sich von Osten her schirmförmige Schutthügel aus. Da und dort begleiten lange Striche von Sanddünen die Ränder der Thalsohle.

Anderthalb Stunden südlich vom Saum des Todten Meeres fällt die letztere in steiler Terrasse ab, um eine von vielen Bächen durchzogene Strandebene zu bilden, die auf der westlichen Hälfte ein wüster Salzsumpf (Sabcha) ist, auf der östlichen in Gebüsch und Schilf eine tropische Vegetation besitzt. Wol mit Recht hat man jene Steilterrasse auf die Steige Akrabbim bezogen, die eine natürliche Grenzlinie für Israels Heimat bildete (Jos. 15, 3; 4 Mos. 34, 4).

Welchen Weg die Israeliten vom Sinai aus genommen, kann nicht mehr mit der wünschbaren Sicherheit entschieden werden, da das Itinerar 4 Mos. 33 keinen zuverlässigen Anhalt bietet und den andern biblischen Stellen in Widerspruch sich befindet (vgl. 4 Mos. 10, 12; 11, 34 fg.; 13, 1. 27; 14, 25; 20, 1. 22; 21, 1—20; 33, 3—49; 5 Mos. 1, 1. 2. 19. 46; 2, 8 fg.; 10, 6—8). Immerhin geht aus den im Itinerar erwähnten und heute noch nachzuweisenden Orten hervor, daß sich die Israeliten längere Zeit im nordöstlichen Theil der Sinaihalbinsel, welcher zu der oben geschilderten Sandsteinregion gehört, umhergetrieben. Von dort zogen sie an das Nordende des Ailagolfes und schlugen dann ungefähr denselben Weg ein, der nach der Peutinger'schen Tafel zur Römerzeit eine Heerstraße bildete. Das Itinerar 4 Mos. 33 scheint aus Erinnerung geschrieben, der zwar die Ortsnamen der Lagerstätten noch deutlich waren, nicht aber ihre sachliche Reihenfolge. Da uns daher unmöglich ist, letztere im einzelnen festzustellen, so begnügen wir uns die Lage der angegebenen Lagerplätze mit mehr oder weniger Wahrscheinlichkeit nachzuweisen. Kibroth Hatta'avah oder Tabeera identificirt Palmer (a. a. O., S. 257, 312) mit Erweis Ebeirig, wo er auf einer weiten Fläche reichliche Spuren eines uralten Lagers getroffen. Dem Wadi Sa'al folgend, erreicht man diesen Ort vom Sinai aus in drei mäßigen Tagereisen.

Hazeroth ist das heutige Ain el-Hudhra, ein starker Quell in malerischer Felsschlucht gelegen, noch in byzantinischer Zeit mit einem Wachtposten versehen. Rithma mag mit den einige Stunden südwestlich von Hazeroth gelegenen, Erweis Ebeirig südöstlich benachbarten Dschebel er-Ramthy identisch sein, wo noch Anzeichen eines uralten Bergwerkes vorhanden sind (Ritter, a. a. O., I, 790). Rimmon Parez, „Granatapfel des Risses", so möchten die Israeliten den kegelförmigen Berg Hudheibat el-Haggag nennen, weil er sich in ihrer Erinnerung als Hintergrund der Felskluft von Ain Hudhra darstellte, von der er etwa zwei Stunden entfernt ist. Libna erinnert wegen der gleichen Wortbedeutung an den Wadi el-Abyad (Weißthal), mehrere Stunden nordöstlich von Ain el-Alya gelegen (Ritter, a. a. O., I, 903). Rissa hat man mit Rasa auf der Peutinger'schen Tafel verglichen, einer bereits auf dem Tihplateau gelegenen Station der röm. Straße von Elath nach Jerusalem, zwischen Diana und Gypsaria. Kehelat, „Zusammenkunft", unbestimmbar; Har Sepher der Bergrücken, an dem Wadi Safran westlich von Wadi Salala sich hinzieht (Ritter, a. a. O., I, 275). Haraba ist identisch mit dem Dschebel Arabeh, nordöstlich den Wadi el-Ain begrenzend, das vor dem malerischen Berge zur stattlichen Ebene sich ausbreitet (vgl. Ritter, a. a. O., I, 903; Palmer, a. a. O., S. 314 fg.). Makeheloth, „Versammlungsort", vielleicht bei Ain el-Alya zu suchen, einer der wenigen größern Quellen im nordöstlichen Theil der Sinaitischen Halbinsel, etwa vier Stunden nördlich von Hazeroth. Tahat stimmt mit Wadi el-Tahi überein, einem Thal, das in den Wadi Ain el-Hudhra von Nordost her einmündet. Tarah unbestimmbar, wenn man es nicht mit dem gleich Rasa an der Römerstraße liegenden Wadi Erta identificiren will. Mitka, „Süßbrunnen", vielleicht identisch mit Di-Sahab 5 Mos. 1, 1, dem heutigen Dahab, weil dort das süßeste Wasser an der ganzen Ostküste der Sinaihalbinsel sich findet (Ritter, a. a. O., I, 227. Bei Hasmonah haben viele an den Gebirgsstrich von Hismeh im Osten von Akaba gedacht. Maseroth ist Masry, ein Wadi und Vorgebirge nahe dem innersten Winkel des Ailagolfes. Beeroth („Brunnen") bene Jorakan erinnert an das mit vielen Brunnen gesegnete Thal Bijar, westlich von Wadi el-Ain. Har gibgad bezeichnet den Wadi Gibbadeh, der in den Wadi Masry ausmündet. Jothbatha vielleicht identisch mit dem Dabahquell in der Arabah oder, was noch näher liegt, mit dem tief eingeschnittenen Wadi Tabi südlich von Wadi Masry. Abrona ist das heutige Amrân, unweit nordöstlich von Alabe. Betreffend Eziongeber hat Palmer bemerkt, daß Ezion in arab. Form Ghabjan lautet und daher nicht am heutigen Meeresstrand, sondern beim Ain Ghabjan gesucht werden muß, dem röm. Diana, indem einst das Meer westlich von Alaka weiter nach Norden hinaufreichte (s. Kiepert's Karte). Kades ist das heutige Ain Kabis, zu dem die Israeliten über das Tihplateau, den Wadi Garaijeh, Maijin, Lussan hinaufgezogen sind, um dann am Fuße der obern Terrasse des Magrahplateau entlang nach dem Wadi Teraimeh (Atharim, 4 Mos. 21, 1) sich zu wenden. Nachdem sie dort einen Ueberfall vom Fürsten Arads bestanden, wanderten sie in die Arabah hinunter und von dort querüber zum Berge Hor. Von dieser Grabstätte Aaron's (4 Mos. 20, 22 fg.) nahmen sie den Weg der Arabah entlang (vgl. 5 Mos. 2, 8 mit 4 Mos. 33, 41 fg.) nach Salmona, dem heutigen Wadi Salaman, von Schlangen geplagt (4 Mos. 21, 6), die auch jetzt noch, namentlich die Cerasten, dort häufig vorkommen; dann nach Phunon, dem heutigen Phenân. Da die Pilgerroute jetzt noch von der Arabah nach der arab. Hochebene durch den Wadi Thallal geht, so suchen wir auch Phenân an demselben. Von diesem Ort aus, vielleicht den Wadi Gharandel umgehend, kamen sie nach Tafileh (5 Mos. 1, 1). Oboth mag wol am obern Wadi Karahy gelegen haben, während mit Ijje Abarim (4 Mos. 33, 44) deutlich jene in einer Curve an der Ostgrenze Moabs sich hinziehenden Hügelreihen Urukaraijeh, Tarfuijeh und Chuwerik bezeichnet sind. Die letztern zwei sind durch den Bach Saizbeh (den Bach Sered, 4 Mos. 21, 12) voneinander getrennt. Hier befanden sich die Israeliten in der Wüste der Moabiter (5 Mos. 2, 8). Dann gelangten sie auf amoritisches Gebiet, indem sie in Dibon, dem heutigen Dhibân, eine Lagerstätte fanden. Der Name der folgenden Station Almon-Diblataim ist verstümmelt in Belateh erhalten, dem Namen eines Orts an der Haggstraße östlich von Hesbon. Westlich von letzterer Amoriterstadt liegt das Gebirge Abarim, zu dem auch der Nebo gehört, der heutige Dschebel Nibbeh. Vom Abarimgebirge zogen die Israeliten hinunter in die Arboth Moab, einer zur Hälfte fruchtbaren Ebene, durchströmt von den Bächen Hesbon, Dscherifeh, Suweimeh, begrenzt im Westen vom Jordan.

im Süden vom Todten Meer, im Osten vom Gebirge Abarim und im Norden etwa vom Wadi Nimrin.

Zu den in Ritter's großem Werk gesammelten Forschungen über die von Mose mit Israel durchwanderten Gegenden geben Palmer und Bisconti sehr beachtungswerthe Nachträge. Baihinger's fleißige Abhandlung „Ueber das Verzeichniß der Reisezüge Israels durch die Wüste" (in den „Theologischen Studien und Kritiken", Jahrg. 1870, S. 445 fg.) erscheint uns in ihren Hauptresultaten als durchaus verfehlt. Furrer.

X.

Xanthicus, der sechste Monat des macedon. (Mond-)Kalenders, welcher seit dem 1. Jahrh. der christl. Zeitrechnung, zum Theil auch schon früher, in Kleinasien und Syrien in Aufnahme kam. Der sechste Monat der Seleuciden wird aber von Josephus („Alterthümer", I, 3, 3; III, 10, 5; „Jüdischer Krieg", V, 3, 1) sowie im Kalender der Syrer dem Nisan, d. i. dem ersten Monat der Juden, gleichgestellt und daher in 2 Makk. 11, 30. 33. 38 vom ſyr. Uebersetzer durch Nisan, von Luther nicht unpassend durch April wiedergegeben (s. Kalender und vgl. Ideler, „Handbuch der mathematischen und technischen Chronologie" [Berlin 1825—26], I, 392 fg., 401 fg., 430). Kneucker.

Xerxes, s. Ahasverus, Esther und Perser.

Y.

Ysop, Hyssopus officinalis, ein strauchartiges Kraut, aus dessen langer, holziger Wurzel ein Büschel von Stengeln bis zu 1½ Fuß Höhe aufwächst. Jeder Stengel ist von unten auf mit schwarzgrünen, länglichen, schmalen und steifen Blättern besetzt und läuft in eine wirtelartige Blütenähre aus, die meist blaue, doch auch etwa rosenrothe und weiße Blumen trägt. Aus den Blüten entwickeln sich kleine Schoten mit schwarzen Samenkörnern. Der officinelle Ysop riecht und schmeckt kampherartig, enthält viel ätherisches Oel und wird als gelind erregendes Mittel gebraucht (vgl. Strumpf, „Systematisches Handbuch der Arzneimittellehre" [Berlin 1845—53], I, 602 fg.; Oken, „Allgemeine Naturgeschichte" (Stuttgart 1833—41], II, 1057). Ob nun mit diesem Ysop das hebr. 'ezōb identisch sei, möchten wir bezweifeln, da sachkundige Reisende sein Vorkommen in Palästina nicht nachgewiesen haben. Belon (Les observations de plusieurs singularitez trouvées en Grèce, Asie, Judée etc. [Paris 1588], S. 313) fand zwar auf den Bergen Judäas eine Art wilden Ysops; aber er nennt ihn verschieden von dem unsern. Maimonides (vgl. Strumpf, a. a. O., I, 602) erklärt das hebr. 'ezōb mit dem arab. saẓatar, womit in Syrien und Palästina Satureja thymus bezeichnet wird (vgl. Rauwolf, „Aigentliche beschreibung der Raiß, so er vor diser Zeit gegen Auffgang inn die Morgenländer .. volbracht" [Laugingen 1583], S. 59, 286). Dieses vielästige, strauchartige Kraut, mit einer Menge kleiner, schmaler, wirtelständiger Blätter besetzt und ährenartigen, purpurrothen Blüten geschmückt, wächst in rauhem, magerm Erdreich in ganz Palästina. In Geruch, Geschmack und medicinischer Wirkung steht Satureja thymus dem officinellen Ysop sehr nahe (vgl. Rauwolf, a. a. O.; Tristram, The natural history of the Bible [London 1867], S. 455 fg.; Belon, a. a. O.; Kotschy, „Umrisse von Südpalästina im Kleid der Frühlingsflora" [Wien 1861], S. 15; Zwinger, Theatrum botanicum [Basel 1696], S. 685). Es unterscheidet sich diese Pflanze andererseits sehr wenig vom Thymian (Thymus serpyllum) und zeigt auch mit der Satureja thymbra große Aehnlichkeit. Alle diese drei Pflanzenarten, Labiaten, aber zusammen stehen zu unserm Ysop nach Aussehen und Geruch in naher Verwandtschaft, und es ist kaum wahrscheinlich, daß sie von den Israeliten unterschieden worden sind, zumal sie auch das nämliche Erdreich lieben. Auf manchen Ruinenstätten und Schutthalden sah ich den Boden vorherrschend von diesen Pflanzen eingenommen, sobaß die Luft auf weite Strecken von Thymiangeruch durchzogen war. Wenn Salomo redete von den „Cedern Libanons bis zum Ysop, der an der Wand wächst" (1 Kön. 5, 13), so umfaßte er damit den ganzen Bereich volksthümlicher Pflanzenkunde, an deren unterster Grenze die Thymiaceen stehen, weil niedrigen Wuchses, weit verbreitet und auf dürftigstem Boden noch gedeihend.

Die blätterreichen, stark duftenden Büschel dieser Pflanzen eigneten sich sehr gut zu Weihwedeln bei reinigenden Sprengungen. Mit einem solchen Büschel mußten die Israeliten am ersten Passahmahl Blut an die Oberschwellen und Pfosten ihrer Hausthüren sprengen (2 Mos. 12, 22). Ein von rothem Faden umwundener Büschel von Cedernholz und Ysop (wodurch gleichsam die Peripherie des pflanzlichen Lebens umschrieben und symbolisirt werden sollte) diente beim Reinigungsritual der vom Aussatz geheilten Menschen und Häuser (3 Mos. 14, 4 fg.), und ein ebensolcher Büschel wurde mit der rothen Kuh, deren Asche für Lustrationszwecke aufgehoben wurde, verbrannt (4 Mos. 19, 6). Mit einfachem Ysopbüschel sprengte man Weihwasser auf den, der einen Todten berührt hatte (4 Mos. 19, 18), und dasselbe soll Gott an dem reuigen Knechte thun, der durch die Sünde unrein geworden (Ps. 51, 9). Wenn der vierte Evangelist (Joh. 19, 29) im Gegensatz zu den Synoptikern, welche von einem Rohr reden, den mit Essig gefüllten Schwamm für Jesus an einen Ysopbüschel stecken läßt, so hängt dies ohne Zweifel mit seiner ganzen Tendenz zusammen, einzelne Züge des ersten Passahmahles hier beim Opfer des „Lammes Gottes" zu reproduciren.

Einzelne Forscher (Stanley, Tristram) haben 'ezób als Kapperstrauch gedeutet, weil derselbe in Aegypten, im Sinaigebirge, in Palästina und Syrien sehr häufig aus Fels- und Mauerritzen herauswächst und auch an der Haramsmauer gesehen werden kann; doch besitzt die Kapper im Hebräischen bereits einen andern Namen (f. Kapper), und der schöne Kapperstrauch mit langen Aesten, glänzend grünen Blättern würde als unterste Grenzmarke des Pflanzenreichs (s. oben) nicht gut passen. Vgl. Rauwolf, a. a. O., S. 74, 113; Tristram, a. a. O., S. 456. Man hat auch (Thenius zu 1 Kön. 5, 13) bei 'ezób auf das Goldmoos gerathen, ohne zu bedenken, daß die Moosflora auf dem sonnenverbrannten, dürren Kreidekalk Westpalästinas keinen Boden hat.
Furrer.

3.

Zaanan, eine Stadt Palästinas (Mich. 1, 11), ohne Zweifel einerlei mit Zenan in der Niederung Judas (Jos. 15, 37), wahrscheinlich die heutige Ruinenstelle Khirbet eṣ-Senat, eine kleine Strecke nördlich von Beit-Dschibrin (Tobler, „Dritte Wanderung nach Palästina" [Gotha 1859], S. 124).
Kneucker.

Zaanannim, ein Ort oder eine Gegend, welche als Nordgrenze des Stammgebietes Naphtali bezeichnet wird (Jos. 19, 33). „Die Eiche", d. i. der Eichwald, „in Zaanannim" (Luther übersetzt fälschlich: „Elon, durch Zaenannim") lag gemäß Richt. 4, 11, wo „Zaanaim" nur verderbte Lesart ist, in der Gegend von Kedesch (s. b.), nordwestlich vom Meromsee (s. b.). Die dortige Landschaft ist heute noch reich an Eichen, und z. B. südlich von Bint Dschebeil, wo die Wasserscheide zwischen dem See Hûle und dem Mittelmeer liegt, werden auf einem mit Eichen bewaldeten Bergrücken sehr reichliche Stacheleichen angetroffen (vgl. Robinson, „Neuere biblische Forschungen" [Berlin 1857], S. 479; „Palästina" [Halle 1841—42], III, 642 fg.).
Kneucker.

Zabdiel (d. i. Geschenk Gottes, vgl. Neh. 11, 14) hieß nach 1 Makk. 11, 17 ein Araber, der im J. 167 der seleucidischen Aera (im J. 145 v. Chr.), vgl. 1 Makk. 11, 13, den vor König Ptolemäus VI. Philometor von Aegypten nach Arabien geflohenen syr. König Alexander Balas köpfen ließ und den Kopf dem Ptolemäus sandte. Josephus

Zabedäer — Zabok

("Alterthümer", XIII, 4, 8) nennt ihn Ζάβηλος (aber es wird mit Grotius Ζάβδηλος zu schreiben sein) und einen Dynasten. Nach Diodor (Fragmenta historicorum graecorum, ed. Müller [Paris 1841—51], II, XVI) hieß der Araber Diocles und war Dynast von Abae, aber nicht er, sondern die Offiziere Heliades und Kasios, die bei Alexander waren, tödteten den Alexander verrätherisch. Fritzsche.

Zabedäer werden 1 Makk. 12, 31 erwähnt als ein arab. Volksstamm in der Nähe von Damaskus, den Jonathan schlug und beraubte. Der Name hat sich erhalten in Zebedani, Stadt und District nordöstlich von Damaskus auf dem Wege nach Baalbek gelegen. Vgl. Jacut („Geographisches Wörterbuch", herausgegeben von Wüstenfeld [Leipzig 1866 fg.], II, 913), der neben Zebedani auch noch die erweichte Form Zubban angibt. Steiner.

Zacharias, s. Sacharja.

Zachäus, röm. Oberzollbeamter an der Zollstätte von Jericho (Luk. 19, 1 fg.), der bei dem Einzug Jesu in diese Stadt auf dem letzten Fluchtwege aus Galiläa durch Samarien und Peräa nach Judäa, um ihn genau betrachten zu können, einen an der Heerstraße stehenden Maulbeerfeigenbaum bestiegen hatte. Jesus, der seinen Eifer wohlgefällig bemerkt hatte, besuchte ihn nachher in seinem Hause und fand dort gastliche Aufnahme. Gewöhnlich wird Zachäus für einen Juden gehalten (vgl. auch Keim, „Geschichte Jesu von Nazara" [Zürich 1867—72], III, 47), nach Esra 2, 9; Neh. 7, 14 (bne Zakai), wie denn auch bei Josephus („Leben", Kap. 46) ein jüd. Zachäus (Ζακχαῖος) vorkommt. Er wurde auch zu einem Rabbi gemacht, weil der Vater des Rabbi Jochanan diesen Namen getragen haben soll (Lightfoot, Horae hebr. et talm. in 4 evang., ed. Carpzov [Leipzig 1675], S. 870 fg.). Andere vermuthen in ihm einen jüdischen, röm. Ritter (publicanus, mit Beziehung auf Josephus, „Jüdischer Krieg", II, 14, 9). Allein die Beschwerde der Juden, daß Jesus bei einem „Sünder" (ἁμαρτωλῷ ἀνδρί, V. 7) eingekehrt sei, in Verbindung mit seiner Erklärung, daß „auch er (Zachäus) ein Sohn Abraham's sei" (V. 9), hat schon eine Anzahl der ältesten kirchl. Schriftsteller mit Recht auf die Annahme geführt, daß Zachäus ein Heide gewesen sei; nur unter dieser Voraussetzung erhält seine Bezeichnung als „auch ein Sohn Abraham's" die geistreiche Spitze. In ähnlicher Weise hat auch der Apostel Paulus die gläubigen Heiden für „Söhne Abraham's" erklärt (Röm. 4, 11: καὶ τὸ εἶναι αὐτὸν [Ἀβραάμ] πατέρα πάντων τῶν πιστευόντων δι' ἀκροβυστίας). Der Umstand, daß Zachäus den von ihm Uebervortheilten den vierfachen Ertrag zu erstatten verspricht (Luk. 19, 8), beweist nichts für seine jüd. Abstammung, zumal das alttest. Gesetz nicht vierfache, sondern doppelte oder fünffache Erstattung in ähnlichen Fällen vorschreibt (2 Mos. 22, 4; 4 Mos. 5, 7). Der jüd. Name Zachäus scheint von dem Betreffenden erst nach seiner Belehrung angenommen worden zu sein, was auch die eigenthümliche Ausdrucksweise bei Lukas: ein Mann mit Namen, benannt „Zachäus" (ὀνόματι καλούμενος Σακχαῖος), andeutet. Daß aus dem Heidenthum oder Judenthum Belehrte öfters ihre Namen änderten, ist bekannt (Simon = Petrus, Saul = Paulus u. s. w.). Zachäus heißt bedeutungsvoll der „Reine", von früherer Schuld Gereinigte. Die Sage versetzt ihn später nach Cäsarea, wo er Bischof gewesen sein soll („Clementinische Homilien", II, 1; „Recognitionen", III, 65; Const. Apost., VII, 46). Mönche und Pilger verehren noch heute ein in der Nähe des ehemaligen Jericho errichtetes Castell als „das Haus des Zachäus" (Robinson, „Palästina" [Halle 1841—42], II, 543). Schenkel.

Zadok, Oberpriester zur Zeit des Königs David in Jerusalem, von der ältern Linie des Hauses Aaron's, derjenigen Eleazar's (s. d.), abstammend (2 Sam. 8, 17; 1 Chron. 5, 29 fg.; 6, 35 fg.), ein Sohn Ahitub's aus dem Geschlecht der Kahathiter (s. Kahath). Bei der Flucht David's vor Absalom hielt er sich treu zum König, dem er mit der Bundeslade folgen wollte (2 Sam. 15, 24 fg.), was der König, aus politischen Rücksichten, nicht zuließ, da er es für vortheilhafter hielt, wenn die Oberpriester mit dem Heiligthum die Residenz bewachten und ihn von wichtigen Vorfällen benachrichtigten (2 Sam. 15, 35). Durch Zadok und Abjathar (s. d.) ward David von den verkehrten Entschließungen, zu denen sich Absalom durch Husai verleiten ließ, in Kenntniß gesetzt (2 Sam. 17, 15), sie wählte er auch als Unterhändler bei seiner Rückkehr, um seine widerstrebenden Stammesgenossen zu gewinnen (2 Sam. 19, 11). Noch kurz vor David's

Tode leistete Zabod seiner Dynastie bei der Verschwörung des Adonia einen wesentlichen Dienst durch die Salbung Salomo's (f. b.) zum Könige (1 Kön. 1, 32 fg. 38 fg.), wofür ihm Salomo das Oberpriesterthum (Hohepriesterthum) ausschließlich übertrug (1 Kön. 2, 35), welches von da an bei seinem Hause verblieb (Josephus, „Alterthümer", X, 8, c). Die hohenpriesterliche Würde ging damit wieder auf die ältere Linie des aaronitischen Hauses, diejenige Eleazar's, über, während seit dem Oberpriesterthum Eli's (f. b.) die jüngere Linie Jthamar's diese Würde mit der ältern getheilt hatte. **Schenkel.**

Zahlen bei den Hebräern. Zahlensymbolik in der H. Schrift. I. Daß die alten Hebräer den Begriff und Namen für Zahl und Zahlen hatten, ist gewiß (vgl. die hebr. Wörter: mispâr, sephôr von saphâr, sippôr, „zählen"; miksah von Kosâs, „zählen, schätzen, [ein]theilen"; das aramäische minjân von manâh, „zählen, rechnen"; rôs, „Summe", und die Zahlwörter). Mit der Zahl und den Zahlen, welche das Zählen (Numeriren) voraussetzen, ist aber zugleich das Rechnen gegeben (vgl. hissâb = „rechnen, berechnen", in Zahlen denken, mit Zahlen denkend operiren = συναίρειν [λόγον]; davon hesbôn, aramäisch: husbân, „Rechnung"). So sehen wir denn auch aus dem A. T., daß den Hebräern die für das alltägliche, bürgerliche und kirchl. Leben nothwendigen, einfachen Rechnungsarten geläufig waren. So das Addiren (Summiren = nasâ 'et-rôs oder nasa et-mispár; vgl. besonders auch 4 Mos. 1 und 26, wo die großen Summen beweisend sind); das Multipliciren (3 Mos. 25, 8; 4 Mos. 3, 46; Dan. 7, 10; 3 Mos. 27, 16 fg., ist nach der Formel 50 × (49 − x) zu rechnen); das Subtrahiren (ganz, 3 Mos. 27, 18; vgl. auch iodeph, „der Rest", 3 Mos. 25, 27; 4 Mos. 3, 39. 46 fg.); das Dividiren (3 Mos. 25, 27. 50), und auch zusammengesetztere Zahlenoperationen kommen vor, z. B. 3 Mos. 27, 19, wo eine Rechnung nach der Formel $\frac{50 \times (49 - x)}{5}$ vorausgesetzt wird. Daraus geht zugleich hervor, daß die Hebräer auch in der Handhabung der Brüche nicht ganz unerfahren waren, wie denn die Brüche $\frac{1}{2}$, $\frac{1}{3}$, $\frac{1}{4}$, $\frac{1}{5}$, $\frac{1}{10}$, zum Theil öfters, vorkommen und die drei ersten durch besondere Formwörter bezeichnet werden (z. B. 2 Kön. 11, 5 fg.; 4 Mos. 15, 4 fg.; Sach. 13, 8; 1 Mos. 47, 24; 3 Mos. 5, 16. 25 [6, 3]; Ez. 4, 11; 45, 13; Neh. 11, 1; größere Brüche f. „Bibel-Lexikon", IV, 131). Eine gewisse angewandte Mathematik mußte sich bei vielen Hantierungen, Künsten und Handwerken ganz von selbst geltend machen, z. B. bei der Feldmessung mit der Meßschnur, beim Hütten- und Häuserbau, bei der Anfertigung von Geräthen und Maßen, bei der Zeiteintheilung u. s. w. Weiter jedoch scheint die Rechenkunst bei den Hebräern, welche dieselbe im Handelsverkehr mit den Phöniziern (den angeblichen Erfindern derselben, Strabo, XVII, 787), wenn nicht überhaupt erst gelernt, so doch besser geübt haben mögen, sich nicht entwickelt zu haben. Wie weit dieselben — im Vergleich zu andern orientalischen Völkern, wie den Aegyptern, Babyloniern, Indern — in allen mathematischen Wissenschaften zurückgeblieben sind, geht schon aus ihrer fehlerhaften Jahresrechnung hervor (f. Jahr, Chronologie, Kalender).

Daß die Hebräer, wie alle Culturvölker des Morgen- und Abendlandes, das belabische Zahlensystem (Decimalsystem) besaßen, folgt schon daraus, daß sie außer den neun Einern nur für 10, 100, 1000, 10000 besondere Namen hatten, wie denn auch, abgesehen von den Namen für die Einheit und Zweiheit, nur für die Zehnzahl und deren Potenzen eine sichere Etymologie möglich ist (1 = 'ahad von jahád, „vereinsamen"; 2 = šenajim von šanáh, „zurückkehren, sich wiederholen"; 10 = 'asár, vom arab. 'ašara, „verbunden sein"; 100 = meah, vom arab. maaja, „erweitern"; 1000 = eleph = arabisch: 'ilph, „Verbindung"; 10000 = rebabáh, „die Vielheit", vgl. μύριοι). Das Decimalsystem liegt ohne Zweifel schon den „zehn Worten" der sinaitischen Gesetzgebung (dem Dekalog) und dann wieder den ursprünglich fünf Bitten des Herrngebetes (f. „Bibel-Lexikon", II, 347) zu Grunde, damit man dieselben an den fünf Fingern der beiden Hände abzählen könne, ähnlich wie Abraham (1 Mos. 18, 23 fg.) von 5 zu 5 und von 10 zu 10 zurückzählt, und wie Proteus bei Homer (Odyssee, IV, 412) die Seekälber, die er trieb, nach fünfen, an seinen Fingern aufzählt (vgl. das griech. πεμπάζειν, Aeschylus, Eumeniden, B. 718; Apollonius Rhodius, Argonautica, II, 975; Plutarch, De defectu oraculorum, Kap. 36; Goguet, „Untersuchungen von dem Ursprung der Gesetze, Künste und Wissenschaften", deutsch von Hamberger [Lemgo 1760], I, 220 fg., 224). Dem entsprechend nimmt auch der Buchstabe Jod, welcher „Hand" bedeutet, im hebr. Alphabet den zehnten Platz ein

Zahlen

und bezeichnet, die Zehnzahl, und so ist auch das lateinische Zeichen für Zehn (X) aus dem Rechnen und Zählen mittels der zehn Finger hervorgegangen.

Außer den zehn Fingern mag man ursprünglich zu einfachen Rechnungsoperationen sich auch kleiner Steine, Sand- und Getreidekörner bedient haben (vgl. ψῆφος und Herodot, II, 36). Bald jedoch mußten besondere Zahlzeichen Bedürfniß werden. Als Zahlzeichen wurden — dies ist durch die Inschriften der sogenannten samaritanischen Münzen bewiesen (vgl. Eckhel, Doctrina numorum veterum [Wien 1792—98], I, III, 468) — wenigstens in der nachexilischen Zeit, aber ohne Zweifel auch schon früher bei den Hebräern wie bei den Griechen, die ja ihr Alphabet von den Phöniziern und mittelbar von den Hebräern erhalten hatten (s. „Bibel-Lexikon", II, 433), die Buchstaben des Alphabets gebraucht; und zwar א—ט für 1—9, י—צ für 10—90, ק—ת für 100—400. Zur Bezeichnung von 500—900 ward ת = 400 mit andern Hunderten zusammengesetzt, oder es wurden, seitdem mit der Quadratschrift besondere Finalbuchstaben aufgekommen waren (s. Schreibkunst), diese dazu verwendet. Für die Tausende werden wieder die Zeichen für die Einer gesetzt und nur zuweilen mit zwei Punkten oberhalb oder einem Strichchen unterhalb ausgezeichnet. Vgl. die folgende Tabelle:

Einer:	Zehner:	Hunderter:	Tausender:
1 = א	10 = י	100 = ק	1000 = א oder א
2 = ב	20 = כ	200 = ר	2000 = ב oder ב
3 = ג	30 = ל	300 = ש	3000 = ג oder ג
4 = ד	40 = מ	400 = ת	4000 = ד oder ד
5 = ה	50 = נ	500 = ת״ק oder ך	5000 = ה oder ה
6 = ו	60 = ס	600 = ת״ר oder ם	6000 = ו oder ו
7 = ז	70 = ע	700 = ת״ש oder ן	7000 = ז oder ז
8 = ח	80 = פ	800 = ת״ת oder ף	8000 = ח oder ח
9 = ט	90 = צ	900 = תת״ק oder ץ	9000 = ט oder ט

Bei zusammengesetzten Zahlen gehen die größern Zahlen den kleinern voran, wie in der indisch-arab. Schrift, und dieselben erhalten in punktirten Texten immer das doppelte Häkchen als Abkürzungszeichen, z. B. א״י = 11, י״ב = 12, י״ד = 14, קכ״א = 121, א׳תרע״ד oder אתרע״ד = 1874. Nur 15 wird aus abergläubischer Scheu nicht durch י״ה (weil dies die Anfangsbuchstaben des heiligen Gottesnamens „Jahve" sind), sondern durch ט״ו = 9 + 6 ausgedrückt. In gleicher Weise verwenden auch die Syrer und Araber die Buchstaben als Zahlzeichen. Daß der Gebrauch der Buchstaben als Zahlzeichen bei den Hebräern lange vor dem babylonischen Exil gäng und gebe war, wird einerseits schon durch die Verwerthung der Gematria in Sach. 12, 10 (s. uuten), andererseits durch die vielfachen Irrthümer in den Zahlenangaben des hebr. Textes bewiesen: Fehler, die zum Theil aus Verwechselung ähnlicher Zahlbuchstaben, zum Theil aus der Sitte entstanden sind, statt der Zahlnamen nur ihre Anfangsbuchstaben zu schreiben (Beispiele vgl. bei Gesenius, „Geschichte der hebräischen Sprache und Schrift" [Leipzig 1815], S. 174, und besonders Movers, „Kritische Untersuchungen über die biblische Chronik" [Bonn 1834], S. 53 fg., 60 fg.). Doch sind die häufig vorkommenden außerordentlich hohen Zahlenangaben (z. B. 2 Mos. 12, 37; 30, 12; 2 Sam. 24, 9; 2 Chron. 17, 14 fg.) weniger auf solche Irrthümer als vielmehr in den meisten Fällen auf fromme, oft systematische Uebertreibungen in der historischen Ueberlieferung zurückzuführen (Movers, a. a. O., S. 268 fg.; Hitzig, „Geschichte des Volkes Israel" [Leipzig 1869], S. 78), wie denn solche überhaupt bei den orientalischen Völkern bis auf die Gegenwart an der Tagesordnung sind, aber auch z. B. in der ältesten röm. Geschichte nachgewiesen wurden (vgl. Burckhardt, „Reisen in Syrien", deutsch von Gesenius [Weimar 1823—24], II, 898; Niebuhr, „Römische Geschichte" [2. Aufl., Berlin 1827—42], II, 78 fg.). Wenn übrigens Movers a. a. O., S. 61 fg., den alten Hebräern neben den Zahlbuchstaben auch noch ein eigentliches Ziffernsystem zuschreiben möchte, wie es die phöniz. Münzen und die palmyrenischen Inschriften haben (vgl. Gesenius, Scripturae linguaeque phoeniciae monumenta [Leipzig 1837], S. 85 fg.; Merx, Grammatica syriaca [Halle 1867—70], I, 16 fg.), so ist von einem solchen bis heute noch keine sichere Spur nachgewiesen worden (vgl.

Zahlen

Gesenius, „Grammatisch-kritisches Lehrgebäude der hebräischen Sprache" [Leipzig 1817], I, 24). Wenn endlich Saalschütz („Archäologie der Hebräer" [Königsberg 1855—56], II, 90) in unsern bekabischen Zahlzeichen (die Null ausgenommen) unter Vergleichung orientalischer Cursivschriften die neun ersten Buchstaben des hebr. Alphabets zu erkennen glaubt, so ist es dagegen eine feststehende Thatsache, daß unsere Ziffern, die sich jedoch in Europa erst in Urkunden des 11. und 12. Jahrh. n. Chr. finden, uns von den Arabern zugekommen, welche sie von den Indern erhalten hatten (vgl. v. Bohlen, „Das alte Indien" [Königsberg 1830], II, 221 fg.), wie denn auch Ziffernsysteme in Indien, auf den achämenidischen und babylonischen Inschriften nachgewiesen sind.

II. Insofern in dem Zahlwort für 10000 (rebabâh) von vornherein nur der Begriff einer unbestimmt großen Menge liegt, so ist hier eine ursprünglich unbestimmte, runde Zahl zu einer bestimmten Zahl geworden. Umgekehrt werden nun aber auch im Hebräischen, wie in allen andern Sprachen, manche bestimmte Zahlen als unbestimmte, runde Zahlen gebraucht. Im allgemeinen gehört hierher schon der Sprachgebrauch, wonach eine Zahl durch Hinzufügung der nächstfolgenden weiter geführt, d. h. verallgemeinert wird, sei es um ein Minimum und babylonischen Maximum irgendeines Verhältnisses zu bezeichnen; z. B. 1 und 2: 2 Mos. 21, 21; 5 Mos. 32, 30; 2 und 3: 5 Mos. 19, 15; Matth. 18, 16; Jes. 17, 6; Am. 4, 8; Hiob 33, 29; Matth. 18, 20; 1 Kor. 14, 27; 2 Kön. 9, 32; 1 Makk. 6, 27 (vgl. auch Spr. 30, 15; Sir. 22, 21 [16]); 3 und 4: 2 Mos. 20, 5; Am. 1, 3 fg.; Jer. 36, 23; Spr. 30, 15 fg.; Sir. 26, 5. 26 [25]; 4 und 5: Jes. 17, 6; 5 und 6: 2 Kön. 13, 19; 6 und 7: Hiob 5, 19; vgl. Spr. 6, 16; 7 und 8: Mich. 5, 4; Koh. 11, 2; 9 und 10: Sir. 25, 7 [9]; vgl. auch Luk. 17, 12 fg.; 15, 4; Matth. 18, 12.

1) Daß ferner 10, 100, 1000, 10000 vielfach als runde Zahlen zum Ausdruck einer allgemeinen Vielheit und Vollständigkeit, eines Minimum oder Maximum, entsprechend dem lateinischen sexaginta und sexcenti (doch vgl. auch Hitzig zu Hpl. 6, 8) gebraucht werden, liegt in der Natur des Dekadensystems begründet (vgl. z. B. 1 Mos. 18, 32; 31, 7; 3 Mos. 26, 8. 26; 4 Mos. 11, 19. 32; 14, 22; 5 Mos. 23, 3; 1 Sam. 1, 8; 2 Sam. 18, 11; Hiob 19, 3; Am. 6, 9; Dan. 1, 20; Koh. 7, 19; — Spr. 17, 10; Koh. 8, 12; 1 Mos. 26, 12; vgl. Matth. 13, 8; — Hiob 9, 3; 33, 23; Pf. 50, 10 (vgl. auch Matth. 26, 53); Pf. 90, 4; 2 Petr. 3, 8; 1 Chron. 16, 15; 2 Mos. 20, 6 und öfter; Offb. 20, 2 fg.; — 1 Mos. 24, 60; Hpl. 5, 10; 1 Sam. 18, 8; Pf. 3, 7; 91, 7; 3 Mos. 26, 8; 2 Sam. 18, 3; Jrl. 30, 17; 5 Mos. 32, 30; 33, 2. 17; Dan. 7, 10; Pf. 68, 18; 3 Mos. 10, 36; Matth. 18, 20; 1 Kor. 14, 19; Hebr. 12, 22; Jud. 14; Offb. 5, 11; 9, 16.

Im übrigen tritt die Zehnzahl in der Bibel höchstens noch als religiös bedeutsam und somit als heilige Zahl hervor in einem zweiten Dekalog 2 Mos. 34 (vgl. Hitzig, „Ostern und Pfingsten im zweiten Dekalog" [Heidelberg 1838]; „Geschichte des Volkes Israel", S. 242), im Zehnten (s. b.), bei den Maßen der Stiftshütte, des Tempels und der heiligen Geräthe (s. b.) sowie in den Festordnungen, sofern am zehnten Tage des ersten Monats die Vorbereitung zum Passahfest (s. b.) beginnen (2 Mos. 12, 3; vgl. auch Jos. 4, 19), an demselben Tage des siebenten Monats das Versöhnungsfest (s. b.) gehalten (3 Mos. 16, 29; 23, 27; 4 Mos. 29, 7) und das Jobeljahr (s. b.) an gefangen werden sollte (3 Mos. 25, 9). Aehnliches findet sich bei den alten Arabern, indem z. B. am zehnten des Monats das Opfer der Mekkapilger geschah. Die alten Aegypter sollen zehntägige Wochen gehabt haben (vgl. Lepsius, „Die Chronologie der Aegypter" [Berlin 1849], I, 132 fg.), und die Griechen theilten den Monat in drei Dekaden ein (Knobel zu 2 Mos. 12, 3; Ewald, „Die Alterthümer des Volkes Israel" [1. Ausg., Göttingen 1848], S. 105, 364). Auch die spätern Juden fanden im A. T. die Zehnzahl bedeutsam und gaben ihr besondere eine praktisch-liturgische Wichtigkeit (vgl. Josephus, „Jüdischer Krieg", VI, 9, 3; und f. Synagoge), brachten aber dieselbe auch mit allerlei kabbalistischem Aberwitz in Verbindung (vgl. Pirke Aboth, V, 1—6). Wenn neuere Symboliker in einzelnen Zahlen ähnlicherweise Signaturen besonderer Verhältnisse, z. B. in der Zehnzahl die Signatur der Vollständigkeit, das Symbol der Ganzheit, Vollendung und Vollkommenheit, finden wollten, so ist eine derartige Bedeutung und Verwerthung der Zahlen auf das arithmetische (und geometrische) Verhältniß derselben zueinander einzuschränken, und von metaphysischen Zahlenspeculationen kann, wenigstens bei den alten Hebräern, keine Rede sein.

Im engern Sinne als runde, beziehungsweise heilige Zahlen gelten den Hebräern die Sieben-, die Fünf- und die Dreizahl, also unsere sogenannten Primzahlen, die sich nicht weiter ohne Rest theilen lassen, und zu diesen gesellt sich außer der Zehnzahl als gleichfalls symbolisch bedeutsam die Zwölfzahl nebst ihren Potenzen und einzelnen Summen, deren Factoren sie bilden.

Die Fünfzahl, bedeutsam schon durch die fünf Finger einer Hand, an denen man zählte (1 Mos. 18, 28 fg.; vgl. 1 Sam. 17, 40; 21, 4), und als die Hälfte von 10 (Matth. 25; Luk. 19, 16. 18), und daher runde Zahl (3 Mos. 26, 8; 4 Mos. 11, 19; Jes. 17, 6; 30, 17; Luk. 14, 19; 1 Kor. 14, 19; Offb. 9, 5), tritt besonders in den gerichtlichen Strafbestimmungen und bei religiösen Sühnungen, also bei Opfern und Abgaben auf, wobei der in gewissen Fällen geforderte Fünfte als ein doppelter Zehnte zu betrachten ist (1 Mos. 41, 34; 47, 24; 2 Mos. 21, 37 [22, 1]; 3 Mos. 5, 16. 24; 22, 14; 27, 13. 15. 19. 27. 31; 4 Mos. 5, 7; 7, 17 fg.; 18, 16). Auch bei den Maßen der heiligen Geräthe, der Stiftshütte und des Tempels (s. b.), macht sie sich geltend. Insofern dieselbe besonders den Aegyptern geläufig gewesen zu sein scheint (vgl. 1 Mos. 41, 34; 43, 34; 45, 22; 47, 2. 24), hängt sie vielleicht auch mit den fünf Planeten (-Göttern) zusammen, welche die Aegypter (ähnlich auch die Perser) annahmen, von welchen alles Bewegen und Leben abgeleitet wurde (vgl. 1 Mos. 1, 14 fg.; Pausanias, III, 20, 9) und denen die fünf Schalttage als Festtage geweiht waren, wie denn nach Horapollo (Hieroglyphica, I, 13) die Aegypter die Fünfzahl durch das Zeichen eines Sternes ausgedrückt haben sollen (vgl. Knobel zu 1 Mos. 43, 34). Auch bei den Indiern und Chinesen erscheint 5 als eine symbolische Zahl (vgl. Bähr, „Symbolik des mosaischen Cultus" [1. Bd., 2. Aufl., Heidelberg 1874], S. 232).

2) Insofern im N. T. die Fünf- und Zweizahl, welch letztere übrigens kaum bedeutsam erscheint (doch vgl. Sir. 42, 24. 25; Mark. 10, 8), als Summanden und Theile der Siebenzahl auftreten (Mark. 6, 38 [vgl. 8, 5]; Matth. 14, 17 und vgl. Luk. 12, 6), werden wir durch diese Stellen zur Siebenzahl weiter geführt, der im höchsten Grade heiligen Zahl, als welche sie nicht nur bei den Hebräern und Arabern (Herodot, III, 8), sondern auch bei den alten Indiern, Babyloniern, Persern (vgl. Esra 7, 14; Esth. 1, 14; Herodot, III, 31; Xenophon, Anab., I, 6, 4), Aegyptern (Lepsius, a. a. O., I, 132), Griechen (vgl. Homer, Odyssee, XII, 127 fg.), den alten Deutschen und andern Völkern galt (v. Bohlen, a. a. O., II, 247; Grimm, „Deutsche Rechtsalterthümer" [1. Ausg., Göttingen 1828], S. 213 fg.; Bähr, a. a. O., S. 244 fg.).

Die hebr. Woche von sieben Tagen mit Feier des letzten (s. Sabbat) wird schon im Dekalog, 2 Mos. 20, 8—11, vorausgesetzt und auf das Dogma von der Weltschöpfung (s. b.) in 6 Tagen (1 Mos. 1—2, 3) gegründet, welches seinerseits, echt mosaischen Ursprungs, unmittelbar auf den ägypt. Wochencyklus (Dio Cassius, XXXVII, 18, und vgl. Ideler, „Handbuch der mathematischen und technischen Chronologie" [Berlin 1825—26], I, 178; Schlegel, „Indische Bibliothek" [Bonn 1820—30], II, 177; Hitzig, a. a. O., I, 85), letztlich freilich nach Babylonien zurückweist (Lepsius, a. a. O., I, 131 fg.; v. Bohlen, a. a. O., II, 247; Schrader, „Ueber den babylonischen Ursprung der siebentägigen Woche" in den „Theologischen Studien und Kritiken", Jahrg. 1874, S. 343 fg., und in der „Zeitschrift der Deutschen Morgenländischen Gesellschaft", XXVII, 405). Und zwar steht diese Siebenzahl der Wochentage ohne allen Zweifel mit den sieben, im Alterthum bekannten Planeten in ursächlichem Zusammenhang (vgl. Bähr, a. a. O., S. 247), während die Beobachtung der siebentägigen Mondphasen, mit welcher die siebentägige Woche gewöhnlich in Verbindung gebracht wird (vgl. 1 Mos. 1, 14 fg.; Ps. 104, 19; Sir. 43, 6—8; Ideler, a. a. O., I, 60, 87 fg.), jüngern Datums sein dürfte (s. Woche).

Wie der siebente Tag der Woche heilig und dem Jahve geweiht war, so erscheint die Idee des Sabbats, beziehungsweise die Heiligkeit der Siebenzahl, bei den Hebräern weiter angewendet und ausgedehnt auf den siebenten Monat als den Sabbatmonat (3 Mos. 23, 24), in welchen das älteste große Fest der Israeliten, überhaupt die wichtigsten Tage, fallen (s. „Bibel-Lexikon", III, 472 fg.; IV, 321 fg. und s. Versöhnungsfest); auf das siebente Jahr als das Sabbatjahr (s. b.; vgl. auch die [Jahr-] Wochen, zu je sieben Jahren eine, bei Dan. 9, 24—27), und auf das funfzigste Jahr als das Jobeljahr (s. b.), insofern dieses als das Product von 7 × 7 Jahren aufgefaßt wurde (doch vgl. auch Schrader in der „Zeitschrift der Deutschen Morgenländischen Gesellschaft", XXVII, 405; und s. Feste). Sieben Tage war die gesetzliche Dauer für viele levitische Verunreinigungen (s. Reinigkeit); sieben Tage lang währte die Priesterweihe (s. Priester), die Todtenklage (s. Trauer) und gewöhnlich auch die Hochzeiten (s. b.). Siebenmal wurde bei wichtigen Sühnopfern (s. b.) das Blut gesprengt (3 Mos. 4, 6. 17). Eine besondere Rolle spielt die Siebenzahl bei Bündnissen (s. Bund; 1 Mos. 21, 28 fg.; 4 Mos. 23, 1); bei sieben Dingen wird geschworen (s. Eid und vgl. auch Herodot, III, 8; Ilias, IX, 120 fg.), wie denn „schwören" im Hebräischen mit dem Zahlwort „Sieben" etymologisch zusammenhängt (šeba‛ = 7; šābūa‛ = schwören, eigentlich: siebenen). Die jüngern Bücher des A. T. kennen sieben Erzengel (s. b.) entsprechend den sieben Amschaspands der zoroastrischen Religion (vgl. besonders auch Offb. 8—11), welche ihrerseits wieder auf die sieben Planeten zurückweisen, wie denn auch die spätern Juden auch in dem, auf der Südseite des Heiligen in der Stiftshütte stehenden, siebenarmigen Leuchter (s. b.) ein Symbol der im Süden sich bewegenden sieben Planeten erkannten.

Als runde Zahl tritt Sieben geradezu sprichwörtlich auf (z. B. 1 Mos. 4, 24; 3 Mos. 26, 21. 24. 28; 1 Sam. 2, 5; Jer. 15, 9; Ruth 4, 15; Jes. 4, 1; Ps. 12, 7; Spr. 26, 16. 25; Sir. 37, 14 [18]; Dan. 7, 13; Matth. 18, 21. 22), und kommt als zugleich religiös bedeutsam überaus häufig vor in der Sage und Geschichte des Alten und des Neuen Bundes (z. B. 1 Mos. 7, 2. 3; 8, 10. 12; 29, 18 fg.; 33, 3; 41, 2 fg.; 2 Mos. 7, 15; Jos. 6, 4 fg.; Richt. 16, 8 fg.; 1 Sam. 10, 8; 11, 3; 13, 8; 1 Kön. 8, 65; 18, 43; 2 Kön. 5, 10. 14; 1 Chron. 9, 25; Matth. 15, 34—37; Marc. 8, 5. 8; Apg. 6, 3; 21, 8; sowie in der prophetischen Symbolik (z. B. Ez. 39, 9 fg.; 40, 22. 26; 43, 25. 26; 44, 8; 45, 21 fg.; Dan. 4, 13. 21 fg.; Sach. 3, 9; 4, 2; vgl. Offb. 4, 5; 5, 6; 1, 4. [vgl. Job. 12, 13] 12. 13; 2; 5—8; 8—11; 12, 3; 13, 1; 15, 1. 6 fg.; 16, 1; 17, 1 fg.; 21, 9; über diese Heptaden s. insbesondere Apokalypse. Auch durch das ganze vierte Buch Esra zieht sich die Siebenzahl hindurch). Wie bedeutsam und geheimnißvoll dem spätern philosophirenden Juden überhaupt schon um die Zeit Jesu die Siebenzahl geworden war, erhellt aus den Schriften Philo's (vgl. auch Josephus, „Jüdischer Krieg", VII, 5, 5) und aus den kabbalistischen Sephiroth (vgl. Eichhorn's „Allgemeine Bibliothek der biblischen Literatur" [Leipzig 1787—1800], III, 191 fg.; auch noch Pirke Aboth, V, 9 fg.; Epiphanius, De numerorum myster., Kap. 5). Daraus jedoch nun auf die alten Hebräer zurückzuschließen, als ob auch diese bereits in der Siebenzahl, als welche aus 3 (der angeblichen Signatur des Göttlichen) und 4 (der vermeintlichen Signatur des Kosmischen) zusammengesetzt sei, eine Signatur der Verbindung Gottes und der Welt — wie Bähr (a. a. O., S. 235 fg., 541) und Kurtz (in den „Theologischen Studien und Kritiken", Jahrg. 1844, S. 346 fg.) meinten — oder eine Signatur des Heiligen Geistes, „des im Geiste sich geschichtlich und gerichtlich offenbarenden Dreieinigen Gottes", geschaut hätten — wie Zöckler (in Herzog's „Real-Encyklopädie", XIV, 365 fg. gethan —: beruht auf lauter Illusion (vgl. dagegen Baur in der „Tübinger Zeitschrift für Theologie", Jahrg. 1832, S. 125 fg.; Hengstenberg, „Die Geschichte Bileam's und seine Weissagungen" [Berlin 1842], S. 71 fg.). Im A. T. läßt sich keine Zahl nachweisen, die ihre Heiligkeit einer speculativen Betrachtungsweise verdankte.

Indem wir diejenigen andern Zahlen, denen 7 als runde oder heilige Zahl zu Grunde liegt — wie $14 = 2 \times 7$ (3 Mos. 12, 5; 4 Mos. 29, 13 fg.; Matth. 1, 17; $28 = 4 \times 7$ (2 Mos. 26, 2) — übergehen, lassen wir uns durch die Summe 7000 (Offb. 11, 13) und durch die 140 Gegenjahre (= 2 × 70; Hiob 42, 16) zu der Zahl 70 leiten, welche als Steigerung der runden Zahl 7 in gleicher Eigenschaft zuweilen an deren Stelle oder in Gegensatz zu derselben tritt (1 Mos. 4, 24; Matth. 18, 20), und überhaupt in besonderm Grade symbolisch bedeutsam erscheint. Nach chaldäischer Ansicht gab es im ganzen 70 Völker und Sprachen mit ebenso vielen Schutzgeistern (vgl. v. Bohlen, „Die Genesis historisch-kritisch erläutert" [Königsberg 1835], S. LXXVII). Bekannt sind die 70 Aeltesten (s. b.) der hebr. Volksgemeinde (2 Mos. 24, 1. 9; 4 Mos. 11, 16. 25) und die 70 Männer im Synedrium (s. b.), mit denen wieder die 70 Dolmetscher der griech. Uebersetzung des A. T. (die LXX) und der weitere Kreis von 70 Jüngern Jesu (Luc. 10, 1) zusammenhängen. Erwähnung verdienen auch die 70 Farren, die an den sieben Tagen des Laubhüttenfestes geopfert werden sollten (4 Mos. 29, 13 fg.). Ob die

Zahlen

70 Personen der Familie Jakob's, die nach Aegypten ziehen (1 Mos. 46, 27; 2 Mos. 1, 5; 5 Mos. 10, 22), sowie die 12 Quellen und 70 Palmbäume bei Elim (s. b.) wörtlich genommen werden wollen, mag dahingestellt bleiben. Sicher aber sollen die geweissagten 70 Jahre des babylonischen Exils (Jer. 29, 10; 25, 11. 12; vgl. Jes. 23, 15. 17; Ps. 90, 10), welche bei Daniel (Kap. 9, 24 fg.) auf 70 (Jahr-) Wochen (d. i. 7 × 70 Jahre) ausgedeutet werden, nur allgemein eine lange Zeit bedeuten (s. „Bibel-Lexikon", I, 576 fg.), wie denn auch die Hälfte der letzten Jahrwoche, die 3½ Zeiten (Jahre) bei Daniel (s. „Bibel-Lexikon", I, 565, 566), nachgerade ein Symbol für Unglückszeiten geworden sind (vgl. Luk. 4, 25; Jak. 5, 17; besonders aber Offb. 11, 2. 3. 9 fg.; 12, 14 und Mark. 13, 20; Matth. 24, 22).

Wie hier 3½ als die beiden Hälften, so kommen außerdem 3 und 4 als Theile der Siebenzahl, jedoch ohne alle speculative Bedeutung, vor. So z. B. erscheinen Spr. 6, 16—19 die 7 Greuel in 3 und 4 abgetheilt (vgl. ferner Hitzig, „Die 12 kleinen Propheten" [3. Aufl., Leipzig 1863], S. 94, und „Ueber Johannes Marcus und seine Schriften, oder welcher Johannes hat die Offenbarung verfaßt?" [Zürich 1843], S. 126 fg.); und wie in den Maßverhältnissen der Stiftshütte (Bähr, a. a. O., S. 192 fg.), so treten auch sonst beide Zahlen, besonders die Dreizahl, selbständig als bedeutsam auf. Abgesehen von dem Gebrauch der Dreizahl als einer runden (z. B. 1 Mos. 40, 10 fg. 16 fg.; Sir. 25, 1. 2. u. a.), macht sich diese geltend im Cultus und in der Liturgie: in den drei hohen Jahresfesten (2 Mos. 23, 14; 5 Mos. 16, 16), in dem dreifach gegliederten priesterlichen Segen (4 Mos. 6, 24—26), im Trisagion (Jes. 6, 3; Offb. 4, 8), womit vielleicht auch die Umschreibung des Gottesnamens Jahve: „Der da war, der da ist, der da sein wird" (Offb. 4, 8; 1, 4. 8 und öfter) zusammenhängt, jedoch keinerlei Andeutung einer göttlichen Dreieinigkeit (s. b.) gegeben ist. (Für die Dreizahl bei öffentlich feierlicher Verkündigung vgl. noch Ez. 21, 32; Jer. 7, 4; 22, 29; Offb. 8, 13). Ob sich übrigens daraus die drei Gebetsstunden des spätern Judenthums (s. Gebet) entwickelt haben, muß unentschieden bleiben. Wenn aber die Dreizahl in den Religionen des Alterthums auch zur Bezeichnung des Göttlichen diente, so darf gleichwol daraus ebenso wenig, als aus der Heiligkeit der Vierzahl bei den Pythagoräern oder aus den vier Buchstaben des Gottesnamens bei den Hebräern — IHVH [יהוה] — oder aus dem Viereck des israelitischen Heiligthums und den vier Winden oder Himmelsgegenden — mit Bähr (a. a. O., S. 205 fg., 213 fg.) u. a. auf symbolische Speculationen mit der Drei- und Vierzahl bei den alten Hebräern zurückgeschlossen werden (vgl. Hengstenberg, a. a. O., S. 71).

Auch die Zahl 6, die nur im Sechstagewerk der Schöpfung (1 Mos. 1—2, 3), und die Zahl 8, die in den Vorschriften über die Beschneidung (1 Mos. 17, 12; 3 Mos. 12, 3), über die Erstlinge (2 Mos. 22, 30; 3 Mos. 22, 27. 10 fg.), über die Priesterweihe (3 Mos. 9, 1; Ez. 43, 27), sowie in andern Reinigkeitsgesetzen (3 Mos. 14, 10 fg.; 15, 13. 29) vorkommt, haben eine gewisse Bedeutsamkeit erst durch die Siebenzahl erhalten. Und wie diese beiden Zahlen mit der Woche, so scheinen in ähnlicher Weise die 30 Tage Trauerzeit mit dem Monat zusammenzuhängen (4 Mos. 20, 29; 5 Mos. 34, 8; vgl. 21, 13; Esth. 4, 11; Dan. 6, 7), und die 30 Silberlinge (Sekel) als Preis für einen Sklaven oder für ein Weib (2 Mos. 21, 32; 3 Mos. 27, 4; Hos. 3, 2) haben erst durch Sach. 11, 12 und Matth. 26, 15; 27, 3 fg. eine symbolische Bedeutung gewonnen. Auch den 30 Lebensjahren der Leviten (s. b.; 4 Mos. 4, 3. 47) ist keinerlei Bedeutsamkeit zuzumessen.

Dagegen kommt, nächst 7, die Zahl 40 am häufigsten vor in der israelitischen Geschichte, und zwar nicht nur als bestimmt und historisch — wie z. B. Richt. 13, 1 (vgl. Kap. 15, 20; 16, 31; 1 Sam. 7, 2); 1 Sam. 4, 18; 2 Sam. 2, 10; 5, 4; 1 Kön. 2, 11 (2 Sam. 15, 7 ist „vier Jahre" zu lesen) — sondern viel öfter als runde Summe — z. B. 1 Mos. 7, 4. 12. 17; 8, 6; 25, 20 (vgl. B. 26); 26, 34; 32, 15; 50, 3; 4 Mos. 13, 26; 14, 33. 34; Jos. 14, 7; Richt. 3, 11; 5, 31; 8, 28; 1 Sam. 17, 16; 1 Kön. 11, 42; 2 Chron. 9, 30; Apg. 13, 21; besonders aber gehören hierher die vierzig Jahre des Wüstenzugs der Israeliten (vgl. v. Bohlen, „Die Genesis", S. LXIV fg.; Hitzig, „Urgeschichte und Mythologie der Philistäer" [Leipzig 1845], S. 170 fg.; „Geschichte des Volkes Israel" [Leipzig 1869], S. 67, 77 fg., s. „Bibel-Lexikon", II, 412), welche, wie auch die vierzig Tage und Nächte des Aufenthalts von Mose auf dem Berge Horeb (2 Mos. 24, 18; 5 Mos. 9, 9), nachgerade symbolische Bedeutung erlangt haben; vgl. Ez. 4, 6; 29, 11 fg.;

Jon. 3, 4 und 1 Kön. 19, 8; Matth. 4, 2; Apg. 1, 3. Ueber die vierzig Streiche (5 Mof. 25, 2) f. Strafen.

3) Was schließlich die Zwölfzahl anbetrifft, so erhielt diese ihre Bedeutung in der Bibel nicht aus der Zusammensetzung von 3 und 4, wie Bähr und Kurtz meinen, sondern zunächst von den zwölf Stämmen Israels, welche selbst wieder auf die zwölf Söhne des Patriarchen Jakob zurückgeführt werden (1 Mos. 35, 23 fg.; vgl. Jos. 4; 2 Mos. 28, 21; 24, 4; 1 Kön. 18, 31; Offb. 21, 12; Bähr, a. a. O., S. 247; f. Stämme, Jakob, Israel). Diese Zwölfzahl von Stämmen kehrt jedoch ebenso wieder bei Nahor's Geschlecht (1 Mos. 22, 20 fg.), bei den beduinischen Arabern (1 Mos. 17, 20; 25, 12 fg.; f. Araber, Ismael), in den (elf, mit dem Könige) zwölf Stammhäuptern der Edomiter (1 Mos. 36; f. „Bibel-Lexikon", II, 52, 412), sowie bei vielen nichtsemitischen Völkern. Jedem der arab. Stämme war bekanntlich ein Zeichen des Thierkreises heilig. Diese zwölf Zeichen waren aber auch den Hebräern nicht fremd (2 Kön. 23, 5; Hiob 38, 32), und eben auf diese werden wir, zur Erklärung der bedeutungsvollen Zwölfzahl auch bei den Hebräern, durch 1 Mos. 37, 9. 10 unmittelbar hingewiesen (vgl. näher Bähr, a. a. O., S. 251 fg.; Hengstenberg, a. a. O., S. 72 fg.; v. Bohlen, „Die Genesis", S. LXXVI, 257; Hitzig, „Geschichte des Volkes Israel", S. 49).

Seitdem nun aber einmal die Zwölfzahl der Stämme Israels feststand, wurde diese Zahl bald die Signatur des Bundesvolkes Gottes im A. und im N. T. So tritt sie, sowol einfach als verdoppelt (24) oder vervielfacht (48, 60, 96), als bedeutsam auf bei Opfern und Weihgeschenken (z. B. 4 Mos. 7, 87. 88; Esra 6, 17; 8, 35), in den Maßen der Stiftshütte und des Tempels (f. b.); besonders auch am Tempel Ezechiel's mit zwölf Thoren (Ez. 48, 30—35), der uns sogleich erinnert an das heilige Jerusalem der Apokalypse (Offb. 21) mit seinen zwölf Thoren und zwölf Engeln, gegründet auf zwölf Edelsteinen mit den Namen der zwölf Apostel (f. b.), und ein Viereck darstellend von 1200 Stadien in die Länge und Breite, mit Mauern von 144 (= 12 × 12) Ellen. Die zwölf Edelsteine mit den Namen der zwölf Stämme Israels kommen aber schon auf dem hohenpriesterlichen Brustschild vor (2 Mos. 28, 16—21), und andererseits wird das heilige Israel (Offb. 12, 1) wieder dargestellt als ein Weib mit einem Diadem von zwölf Sternen. In den zwölf Schaubroten (f. b.) erkannten die späteren Juden die zwölf Zeichen des Zodiakus oder auch die zwölf Monate wieder. Auch die zwölf Rinder des ehernen Meeres (f. b.) und die zwölf Thronlöwen Salomo's (1 Kön. 7, 23; 10, 20) scheinen nicht zufällig zu sein. Deutlicher tritt die Symbolik wieder in den 48 Levitenstädten (4 Mos. 35, 7; Jos. 21, 41), in den 24000 Leviten und 288 (= 24 × 12) Sängerchören (1 Chron. 23, 4; 24, 4; 25, 7), sowie besonders in den 24 Priesterklassen seit Josia's — angeblich David's — Cultusreform (1 Chron. 24, 7 fg.; Ez. 8, 16) und in den 24 Volksobersten (Ez. 11, 1; f. Aeltesten) zu Tage, wie denn die 24 Aeltesten auch wieder Offb. 4, 4 vor dem Throne Gottes erscheinen. Die Zahl des gesammten Volkes der Versiegelten und Erretteten ist Offb. 7, 4—8 144000 (= $12^2 \times 1000$), auf jedem der zwölf Geschlechter des Gottesvolkes je 12000, für welche die Lebensbäume an beiden Seiten des Krystallstromes alle zwölf Monate zwölferlei Früchte bringen (Offb. 22, 2).

4) Eine gewisse Bedeutsamkeit, welche auch der Zahl 22 von den späteren Juden beigelegt wurde, ruht lediglich auf den 22 Buchstaben des hebr. Alphabets, wie man denn seit Josephus (Contra Apion, I, 8) auch in der christl. Kirche es liebte, den Kanon des A. T. auf 22 Bücher zurückzuführen (f. „Bibel-Lexikon", III, 486).

Mit den 22 Buchstaben des hebr. Alphabets hängt insonderheit noch jenes kabbalistische Zahlenspiel zusammen, welches Gematria (Geometrie) genannt wird und darin besteht, den Zahlenwerth einzelner Wörter und Namen aus ihren einzelnen Consonanten zu berechnen, oder auch umgekehrt durch eine gegebene Zahl einen bestimmten, oft absichtlich geheim gehaltenen, Namen anzudeuten u. dgl. Diese Zahlenkabbalistik läßt sich bis ins A. T. zurückverfolgen. Das älteste Beispiel derselben hat Hitzig in Sach. 12, 10, in einem Schriftstück aus der ersten Hälfte des 7. Jahrh. v. Chr. gefunden (vgl. Hitzig, „Die 12 kleinen Propheten", S. 378 fg., und f. „Bibel-Lexikon", III, 247). Da das hebr. Wort 'Arjeh („Löwe") gleichen Zahlenwerthes mit dem Namen Habakuk ist:

$$\text{אריה} = 5 + 10 + 200 + 1 = 216$$
$$\text{und חבקוק} = 100 + 6 + 100 + 2 + 8 = 216$$

so glaubte die spätere jüd. Haggaba (Midrasch) im „Löwen" Jes. 21, 8 den Propheten „Habakuk" zu entdecken und ließ diesen darum auch (Bel zu Babel, V. 33 fg.) zu Daniel's Löwenzwinger kommen (vgl. Hitzig, „Geschichte des Volkes Israel", S. 471). Aehnlich erkannte die spätere jüd. Ueberlieferung in den 318 Knechten Abraham's 1 Mos. 14, 14 nur den Einen Knecht Elieser (אליעזר = 200 + 7 + 70 + 10 + 30 + 1 = 318; Hitzig, „Geschichte des Volkes Israel", S. 45), während hinwiederum der christl. Barnabas (Barnabasbrief, Kap. 9) die 318 beschnittenen Mannen nach dem griech. Alphabet auf den gekreuzigten Jesus deutet (I = 10, H = 8, IH = Ἰησοῦς und T = 300 ist zugleich das Kreuzeszeichen). Bekannt ist die kabbalistische Zahl 666 (Offb. 13, 18), welche auf Buchstaben zurückgeführt den Namen Kēsar Nerōn gibt (s. „Bibel-Lexikon", I, 155). Bemerkenswerth ferner ist der Umstand, daß Matth. 1, 17 gerade 14 Geschlechter gezählt werden von Abraham bis David, dessen Zahlenwerth selbst 4 + 6 + 4 = 14 beträgt. Ob die 153 Fische (Joh. 21, 11) gleichfalls auf Gematria beruhen, steht dahin (vgl. Keim, „Geschichte Jesu von Nazara" [Zürich 1867—72], III, 564). In dem System des Gnostikers Basilides trägt die Gesammtheit der 365 Himmel oder Geisterreiche den Geheimnamen Ἀβραξας, dessen Buchstaben im Griechischen den Zahlenwerth 1 + 2 + 100 + 1 + 60 + 1 + 200 = 365 geben. Ps. 22 galt von jeher, besonders seit Justin dem Märtyrer, als messianisch; um ihn als solchen zu retten, wurde V. 17 der Urtext wo nicht gefälscht, so doch falsch erklärt (כארו = כארי, „sie haben durchbohrt" meine Hände und Füße), indem man, echt rabbinisch, noch im 17. Jahrh. das Jod für ein verkleinertes Vav erklärte, um in dem betreffenden Worte zugleich die geheimnißvolle Zahl 1230 (כ = 20, א = 1000, ר = 200, ו = 10) zu finden, als welche die Zeit zwischen der Abfassung des Psalms (durch David!) und der Kreuzigung andeute (Diestel, „Geschichte des alten Testaments in der christlichen Kirche" [Jena 1869], S. 328; vgl. noch Reuß in Herzog's „Real-Encyklopädie", VII, 204 fg.). — Die Literatur über Zahlensymbolik bei semitischen und nicht-semitischen Völkern ist eine sehr reichhaltige. Außer den bereits citirten Werken findet sie sich in der Hauptsache in Bähr's „Symbolik des mosaischen Cultus" und in Herzog's „Real-Encyklopädie", XVIII, 360 fg. angegeben. Kneuder.

Zair, angeblich Name einer edomitischen Stadt (2 Kön. 8, 21). Die LXX haben dafür Sior; Movers („Kritische Untersuchungen über die biblische Chronik" [Bonn 1834], S. 218) und Ewald („Geschichte des Volkes Israel" [1. Ausg., Göttingen 1843—52], III, 1, 235 fg.) denken an Zoar; aber dieses lag auf moabitischem Gebiete (s. Zoar). Die Chronik bietet an Stelle des unbekannten Stadtnamens die leichten Worte: „mit seinen Obersten" (עם שריו), und aus dieser Lesart, zusammen mit der in 2 Kön. 8, 21, combinirt Thenius („Die Bücher der Könige" [Leipzig 1849], S. 305), unter Berufung auf die Vulgata und den arab. Uebersetzer, eine dritte: „nach Seir" (שעירה), das Gebirge, welches Hauptsitz der Edomiter war. Wir möchten uns jedoch für die Conjectur 'el-tiröh entscheiden, welche Hitzig („Die Sprüche Salomo's" [Zürich 1858], S. 329) dargeboten, durch Hinweis auf den Sprachgebrauch 1 Mos. 36, 32 fg. — wo gleichfalls über edomitische Städte und Könige die Rede geht — gerechtfertigt und („Geschichte des Volkes Israel" [Leipzig 1869], S. 200 fg.) erklärt hat, und also lesen: „Und Joram zog hinüber vor seine (des Edomiterkönigs) Stadt (Residenz), alle Wagen mit sich führend, um gegen ihn zu streiten; er aber (der Edomiterkönig) machte sich auf nachts, schlug das (judäische) Lager, so ringsum ihn war, die Obersten der Wagen tödtete er, und das (judäische Kriegs-) Volk floh zu seinen Zelten." Kneuder.

Zalmon wird Richt. 9, 48 als ein Berg auf dem Gebirge Ephraim nahe bei Sichem erwähnt, auf welchen auch in der Stelle Ps. 68, 15 angespielt wird. Es ist nämlich an letzterm Orte mit Hitzig („Die Psalmen" [Heidelberg 1835—36], II, 39, und „Die Psalmen" [Leipzig 1863—65], II, 81) zu übersetzen und zu erklären: „Da saß es (das Land) wie Schnee aus in (der Weise des) Zalmon", d. h. wie damals, bei dem Richt. 9, 48. 49 erzählten Vorgange, wo durch das Entlauben der Bäume Zalmons dieser Berg ein weißes, d. i. kahles, Aussehen hatte. Es ist dies der heutige Dschebel Sleiman, ein hoher Gipfel südwestlich von und verbunden mit dem Berge Garizim (s. d.). Von demselben kommt der Nahr Arsuf herunter, welcher an Betar (Barin) vorbei dem Meere zufließt, und einen von den Gipfeln hat die mohamme-

danische Legende mit einem Weli, genannt Sleiman el-Farsi, ausgestattet (vgl. van de Velde, Memoir to accompany the map of the Holy Land [Gotha 1858], S. 354).
Kneucker.

Zalmona, die nächste Lagerstation der Israeliten nach dem Berge Hor, zwischen diesem und Phunon (s. b.) gelegen (4 Mos. 33, 41. 42), und jedenfalls schon auf der Ostseite des Edomiterlandes, aber keinesfalls mit Raumer („Der Zug der Israeliten aus Aegypten nach Kanaan" [Leipzig 1837], S. 45) in dem heutigen Maân zu suchen, welches nach Seeßen auch Alâm Maân geheißen haben soll (s. Maon).
Kneucker.

Zange. Die Hebräer, als geschickte Schmiede bekannt (s. Handwerke), gebrauchten die Zange, deren Name melkakajim (Jes. 6, 6), seiner Dualform nach, auf eine der unserigen ähnliche Beschaffenheit schließen läßt. Unter derselben Bezeichnung werden Nebengeräthe des Leuchters im Heiligthum der Stiftshütte (2 Mos. 25, 38; 37, 23; 4 Mos. 4, 9) und des Salomonischen Tempels (1 Kön. 7, 49) erwähnt, welche zum Putzen der Lichter, als Lichtscheren dienten.
Roskoff.

Zank, d. h. Wortstreit, hervorgehend aus leidenschaftlichem Eifer, welcher leicht durch Trunk oder hartnäckige Meinungsverschiedenheit erregt wird (Spr. 23, 29 fg.; Joh. 7, 43; Tit. 3, 9), aus Streitsucht, Habgier, Spötterei, Hochmuth, Uebermuth, Ehrgeiz oder Collision der selbstsüchtigen Interessen (1 Mos. 13, 6 fg.; Spr. 15, 18; 22, 10; 28, 15; Pf. 80, 7; Sir. 27, 15; Luk. 22, 24; Phil. 2, 3; Jak. 3, 13 fg.), allgemein ausgedrückt, aus Mangel an Weisheit (im religiösen Sinne), welche vielmehr friedfertig und gelinde ist (Jak. 3, 17), daher der Thor zum Zank neigt (Spr. 18, 6; 20, 3), oder nach neutest. Ausdrucksweise aus der Herrschaft des Fleisches im Menschen (Gal. 5, 20). Der Zank äußert sich in bissiger und giftiger Rede (Spr. 23, 32; Gal. 5, 15) und führt leicht zu Mishandlung und Blutvergießen (Spr. 13, 6; Sir. 27, 15). Bei dem leidenschaftlichen Wesen der Israeliten konnte es sogar dahin kommen, daß die Judenchristen in Rom das Evangelium (im judenchristl. Geiste) verkündigten, um Hader mit Paulus und seinen Anhängern zu erregen (Phil. 1, 15. 16). Dreht sich der Zank um den Gegensatz der Parteien, so wird er zum Parteihader (Gal. 4, 20). Der Neigung zum Zanke entgegen wird ermahnt, Langmuth zu haben (Spr. 15, 18), dem Zornigen aus dem Wege zu gehen (Sir. 8, 19), gelinde zu sein und Sanftmuth zu beweisen (Tit. 3, 2. Es ist eine Ehre für den Mann, abzustehen vom Zanke (Spr. 20, 3); der Edelmüthige opfert das eigene Interesse, um den Zank zu meiden (1 Mos. 13, 8 fg.), und der Christ sucht die Leidenschaft durch Gleichmuth und Edelsinn zu überwinden (Matth. 5, 39 fg.) und erhält den Frieden durch Demuth, Werthschätzung des Nächsten und Uneigennützigkeit.
Wittichen.

Zaphon, d. h. „Warte". 1) Einerlei mit Mizpa in Gilead (vgl. Richt. 12, 1, wo Luther „zu Mitternachtwärts" übersetzt, mit Richt. 11, 34, und s. Mizpa).

2) Eine Stadt des Stammgebiets Gad in der Jordanaue, nördlich von Beth-Haram, Beth-Nimra und Succoth (s. b.; Jos. 13, 27), aber nicht am südlichen Ende des Sees Genezareth, und noch weniger an der Stelle des heutigen Saifin östlich von Gadara (Robinson, „Palästina" [Halle 1841—42], III, 917) gelegen. Dieselbe ist nach dem Zeugniß des Talmud (vgl. Reland, Palaestina [Utrecht 1714], S. 308, 559, mit Tuch (Quaestiones de Flavii Josephi libris historicis [Leipzig 1859], S. 8 fg.) an der Stelle des spätern Castells Amathus (Josephus, „Alterthümer", XIII, 13, 5; XIV, 5, 4; „Jüdischer Krieg", I, 4, 2, 3; 8, 5) anzusetzen, an dessen Ruinen, jetzt Amata geheißen, Burckhardt („Reisen in Syrien", deutsch von Gesenius [Weimar 1823—24], II, 596) sechs Stunden südwärts von der Jordanfurt bei Skythopolis (Beth-Schean) am Abhange eines Berges bei dem kleinen Wadi Râdschib (Abschlûn) vorüberkam, welcher hier, 1½ Stunden nördlich vom Zerka (s. Zabok) in die Jordanebene hinabfließt.
Kneucker.

Zarea, Zareia, s. Zora.
Zareda, s. Zarthan.
Zarpath, s. Sarepta.
Zarthan, der südliche Endpunkt von jenem „Dickicht des Landes", in welchem Salomo die Tempelgefäße gießen ließ (1 Kön. 7, 46; 2 Chron. 4, 17), lag dem ostjordanischen Succoth (s. b.) westlich gegenüber, und darf wegen Jos. 3, 16 nicht gar weit nördlich von Jericho gesucht werden. Dem entsprechend vermuthet Knobel nach dem

Vorgange van de Velde's („Reise durch Syrien und Palästina" [Leipzig 1855—56], II, 271), die alte Ortslage in dem heutigen Karn Sertabeh („Horn des Rhinoceros"), einem langen, hochragenden Felsrücken in der Nähe der Furt Damieh, von welchem ein niedriger Hügelrücken fast bis an den Jordan reicht und sich quer nach den östlichen Bergen durchzustrecken scheint. Auf demselben soll es noch Ruinen geben. Robinson („Palästina" [Halle 1841—42], II, 499, 554; „Neuere biblische Forschungen" [Berlin 1857], S. 384 fg.) will den Karn el-Sartabeh wirklich auch von Jericho aus erblickt haben in der Gestalt eines scharfen kegelförmigen Berges, welcher einer Bastei gleich aus den westlichen Gebirgen hervorstand (vgl. auch Ritter, „Die Sinai-Halbinsel, Palästina und Syrien" [Berlin 1848—55], II, 1, 453 fg.). Dieser ausgezeichnete Berg gab, wie es scheint, der nordwärts nach Beth-Schean hin liegenden Landschaft den Namen Zarthan, wofür auch Zerebatha vorkommt (2 Chron. 4, 17); und diese Landschaft wird erwähnt als neben (der von) Beth-Schean liegend (1 Kön. 4, 12) und als Gegend, wohin die in der Ebene Jisreel geschlagenen Midianiter flohen (Richt. 7, 22, wo mit Bertheau Zerebatha statt Zereratha zu lesen ist), um die Furt von Succoth zu gewinnen. Wahrscheinlich ist auch Zereda, des Ephraimiten Jerobeam I. Heimat (1 Kön. 11, 26), einerlei mit Zarthan (einer Wortform, welche aus dem Arabischen abgeleitet werden und eine erhabene Ortslage auf einem Gebirge bedeuten dürfte). Im Widerspruch gegen Knobel möchte freilich Thenius, kraft der Stelle 1 Kön. 4, 12, Zarthan „neben Beth-Schean" südwestlich von letzterer Stadt an den nordöstlichen Abhang des Gilboa-Gebirges verlegen, und will davon die Heimat Jerobeam's, Zereda, oder vielmehr Zerira, wie er mit den LXX zu 1 Kön. 11, 26. 42 (vgl. auch die LXX zu 1 Kön. 12, 2. 3. 24) lesen zu müssen glaubt, als einen Ort in einer gleichbenannten Landschaft auf dem Gebirge Ephraim unterschieben wissen. Und zwar soll diese Stadt auf dem Berge Garizim, wo bereits von früher her unter dem Namen Millo (s. b. und vgl. Bertheau zu Richt. 9, 6) ein Festungswerk vorhanden gewesen, durch Jerobeam (s. b.) auf Befehl Salomo's, um die wahrscheinlich vorzugsweise zum Aufstand geneigten Sichemiten im Zaume zu halten, zu einer gewaltigen Zwingburg — das bedeutet „Zerira" — ausgebaut worden sein, deren Ruinen Robinson („Palästina", III, 318 fg., 345 fg.) beschreibt als Ueberreste eines ungeheuern Bauwerks von gehauenen, an den Kanten geränderten Steinen mit Mauern von neun Fuß Dicke, el-Kulah (das Castell) genannt, in dessen Nähe sich auch ausgedehnte Grundmauern zeigen. *Kneucker.*

Zauberei. Wir haben unter Abgötterei auseinandergesetzt, daß die abgöttischen Culte Reste älterer religiösen Vorstellungen sind und einem Aberglauben, d. h. Ueberglauben, entspringen, der sich in ihnen seinen praktischen Ausdruck sucht. Das Gleiche gilt von der Zauberei, d. h. einer abergläubischen Praktik, die zur Abgötterei gehört und darum im mosaischen Gesetze verboten ist. Abgötterei wie Zauberei sind abergläubische Handlungen, die, auf den gleichen religiösen Voraussetzungen beruhend, sich durch ihre Zwecke unterscheiden, indem der Mensch durch abgöttischen Cultus sich das Wohlgefallen der vermeintlichen Götter zu erwerben strebt oder auf sie einwirken will, während der Zauber Einwirkung auf die irdische Umgebung des Menschen zu gewinnen sucht. Der tiefste Unterschied zwischen Heidenthum und Mosaismus liegt nun in dem Verhältniß, das jede der beiden Vorstellungsweisen zwischen der Materie und dem Göttlichen statuirt, sofern der Mosaismus Gott über die Materie als deren Beherrscher stellt, das Heidenthum aber naturalistisch die Götter aus dem Proceß der Materie hervorgehen läßt und deren Sein und Wesen der materiellen Entwickelung conform denkt (s. „Bibel-Lexikon", I, 323). So wird das Heidenthum zur Naturvergötterung, und die hebr. Abgötterei ist die Aufrechthaltung dieses Standpunktes gegenüber dem mosaischen, welche es mit sich bringt, daß das Verhältniß des Göttlichen und der Materie dauernd falsch aufgefaßt wird. Versucht man nun von diesem Standpunkt aus eine Einwirkung auf die irdische Umgebung mit göttlicher Hülfe zu gewinnen, so ist es natürlich, daß man als Behikel der göttlichen Einwirkung etwas Materielles gebraucht, oder daß man, was einem Gegenstand „angewünscht" wird, an einem homogenen Gegenstande symbolisch vollzieht. Dies ist auf dem Standpunkt des Heidenthums bei der unvollkommenen Naturerkenntniß des Alterthums eine rationelle Praxis, die in vielen Fällen sogar in die Heilkunde hinübergreift, auf dem Standpunkt des Mosaismus aber wird es zu einer Handlung, die verwerflich ist, weil sie aus Abgötterei hervorgeht.

Sonach begreift die Zauberei eine Summe von Handlungen, die aus heidnischen Religionen im Judenthum oder Christenthum bewahrt sind, und deren Wesen darin besteht, daß man vermittels materieller Gegenstände (auch Sprüche), denen man im Heidenthum unter vorausgesetzter göttlicher Assistenz eine besondere Wirkungskraft zuschrieb oder zuzuertheilen versuchte, Einwirkung auf seine Umgebung zu gewinnen unternimmt, nachdem man selbst das Heidenthum theoretisch verlassen hat. Jene im Heidenthum den materiellen Gegenständen beigelegte Kraft wird nach Aufgabe des Heidenthums Zauberkraft (witchcraft), die Verleihung dieser Kraft zur Weiterwirkung an die Gegenstände ist Zauber, der ihn Ausübende Zauberer. Wenn J. Grimm („Deutsche Mythologie" [2. Ausg., Göttingen 1843—44, II, 983) sagt, zaubern hieße übernatürliche Kräfte schädlich oder unbefugt wirken zu lassen, so ist das Unbefugte richtig, das Schädliche aber der deutschen Vorstellung entlehnt, in der das Zauberwesen mit dem Teufel verknüpft ist, den die Hebräer nicht kannten. Sonst aber ist dort richtig aufgestellt, daß der Ursprung aller Zauberei aus den heiligen Geschäften des Heidenthums, Gottesdienst und Dichtkunst abgeleitet werden muß. „Opfern und Singen tritt über in die Vorstellung von Zaubern; Priester und Dichter, Vertraute der Götter und göttlichen Eingebung theilhaft, grenzen an Weissager und Zauberer."

Die Etymologie des Wortes Zauber ist undeutlich, weil aber die Synonyma anderer Sprachen vielfach den Sinn des Thuns, Opferthuns, Anthuns haben, so dünkt es Grimm nicht ganz unmöglich, daß Zauber mit dem gothischen táujan ahd. zouwan, b. i. thun, vollbringen, zusammenhänge. Analog wäre mittellateinisch: factura, facturare, affacturatrix, italienisch: fattura, fattuchiero, fattuchiera, spanisch: hecho, hechizo, hechizar, hechicero, hechicera mit der Bedeutung Zauber, zaubern, Zauberer. griechisch: ἕζειν, altnordisch: blóta, opfern und verwünschen. Vgl.

Für das hebr. Bewußtsein insbesondere ergibt sich aus dem Bisherigen, daß nicht die Handlung als solche, oder weil sie schadet, verbotener Zauber war, sondern daß es darauf ankam, ob eine Handlung als mit Jahve's Hülfe vollzogen angesehen wurde: denn nur wenn dies nicht der Fall war, lag Heidenthum, wenn auch absterbend, zu Grunde und machte sie widergöttlich und strafbar. Den Beweis liefert Mose im Kampf mit den ägypt. „Zauberern", die dasselbe thun wie er, aber ohne Jahve; sie sind Zauberer, Mose nicht (2 Mos. 7, 9. 11. 20. 22), und Jahve's Kraft reicht in Mose und Aaron weiter als die jener Zauberer (2 Mos. 8, 18; 9, 11). Daher kommt es denn auch, daß den hebr. Schriftstellern Handlungen, welche für Hebräer Zauberei sein würden, bei heidnischen Völkern ganz selbstverständlich erscheinen, da diese nicht im Dienste Jahve's stehen, und so erwähnt Dan. 2, 2; Jes. 47, 9. 12; 2 Mos. 7, 11 babylonische und ägypt. Zauberer, ohne ihre Fähigkeit zu bezweifeln, die 2 Mos. 7, 11. 22 sogar bestätigt.

Ist nun die Formel richtig, in der wir das Wesen der Zauberei oben zu umfassen suchten, so ergibt sich unmittelbar, daß die Arten derselben höchst vielfältig sein müssen, da die Anwendung aller denkbaren Stoffe, an die man die außernatürliche, um nicht zu sagen übernatürliche, Wirkung anheftete, in voller Unbeschränktheit möglich war, sobald nur die Phantasie eine Brücke zwischen dem angewandten, mit Zauberkraft behafteten Stoffe und dem Zwecke zu schlagen vermochte. Leicht aber mochten sich Zauberriten auch von Volk zu Volk verbreiten und erhalten. Den Zauber am Wachsbild von Teig und Lehm, dem man das anthut, was den zu Bezaubernden treffen soll, kennen schon die Alten (Ovid, Amores, III, 7, 29; Horaz, Epodaos, 17, 76; Virgil, Eclogae, VIII, 71; Theokrit, Idyll., II, 28), und wenn in letzterer Stelle nicht ein Bild erwähnt wird, sondern nur das Wachsschmelzen, so ist sie doch darum um so beachtenswerther, weil sie in ihrem Wortlaut zeigt, daß die Handlung unter göttlicher Beihülfe geschehe. Sie lautet: „Wie ich dieses Wachs mit Hülfe des Gottes (σὺν δαίμονι) schmelze, so möge wieder von Liebe geschmolzen werden der myndysche Delphis." Bei Virgil wird gleichzeitig das Wachs geschmolzen und der Lehm an gleichem Feuer gehärtet. Ein Wendehals (ἴυγξ) auf eine Scheibe gebunden und gedreht galt als Mittel, untreue Geliebte zurückzubringen, Theokrit, Idyll., II, 28, auch arab. Weiber drehten Kugeln oder Kreise zu diesem Zweck (Freytag, Lexicon Arabico-Latinum [Halle 1830—37], IV, 21, u. b. W. karári. Der Zauber durch den bösen Blick (Virgil, Eclogae, III, 103) wird in Südeuropa und den mohammedanischen Ländern noch heute geglaubt, wie ehemals in Deutschland; Liebes-

Zauberei

tränfe als Zaubermittel fennt Horaz. Das Vergraben der geweihten Gegenstände unter der Schwelle (Grimm, a. a. O., II, 1043) fennt auch Virgil, Eclogae, VIII, 91:

> Has olim exuvias mihi perfidus ille relinquit
> Pignora cara sui, quae nunc ego limine in ipso
> Terra tibi mando.

Ganze Zauberscenen schildert Ovid (Fasti, II, 570), Horaz (Epodae 5 und 17), und Besprechungen (carmina, ἐπαοιδή) fennt Alterthum wie Gegenwart (Virgil, Eclogae, VIII, 67), der Spruch (mittelhochdeutsch: segen) ist mit Kraft begabt (s. Fluch) und das Französische charme kommt von carmen.

Wie nun hier einerseits die Phantasie ihre Vorstellungen über Zauberkraft an alle möglichen Dinge anhängen kann, so ist andererseits die Allmacht Jahve's über das Universum unbeschränkt, und er kann Handlungen geschehen lassen, die sonst als Zauber erscheinen würden, wie wenn Elisa die eiserne Art schwimmen läßt (2 Kön. 6, 7) oder Naeman's Aussatz durch Jordanwasser beseitigt und ihn dem Gehasi mittheilt (2 Kön. 5, 14. 27). Wir werden daher im Folgenden streng zu unterscheiden haben, wo außergewöhnliche Dinge durch Jahve geschehen, und wo sie durch Zauber hervorgerufen werden.

Der allgemeine Ausdruck für Zauberei ist kesaphim, im Verbum kisseph, der besprechen, incantare (althochdeutsch: bigalan), zu bedeuten scheint, nach dem syr. 'ethkaššaph, flehen, beten, Gottesdienst halten, mit der entsprechenden arab. Wurzel kašapha, enthüllen, aber nur entfernt zusammenhängt. Das zauberfräftige Wort, dem ein Gott seine Macht verleiht, ist also Grundlage der Zauberei, wer solche (heidnische) Worte spricht, muß getödtet werden, daher 2 Mos. 22, 17: „Die Zauberinnen sollst du nicht leben lassen", und 5 Mos. 18, 9 die Erklärung, das Volk solle den Kanaanitern diese Greuel nicht ablernen. Bei den heidnischen Arabern übten die Kahine (hebräisch: kohen, Priester) die geheime Kunst; eine besondere Kunst besaßen die ka'iph genannten Leute, die Zeichendeuter, Chiromanten im engern Sinne und Wetterpropheten waren (Sharastani's Book of religious and philosoph. Sects, ed. Cureton [London 1842—46], II, 437). Der allgemeine Name ist zarraph, Wissende (Silvestre de Sacy, Chrestomathie arabe [2. Aufl., Paris 1826], II, 298) und sâhir, der Zauberer. Von dem arab. kasapha, dunkel machen, von der Sonne sich verfinstern, das hebr. Wort abzuleiten, sodaß die mekassepha (Zauberei) eine Sonnenbeschwörerin wäre, ist nicht wohl thunlich.

Eine andere Art der Zauberei heißt náhaš, im Verbum nihheš, sie dient dazu, unbekannte Gegenstände zu erfahren, wie Joseph vorgibt, durch das nihheš über den Verbleib seines Bechers unterrichtet zu sein (1 Mos. 44, 5. 15), und Laban auf dieselbe Weise erkennt, daß er um Jakob's willen gesegnet sei (1 Mos. 30, 27; vgl. 1 Kön. 20, 33 hebräisch). Das Wort bedeutet allgemein, sich durch ein Wahrzeichen Kunde verschaffen, ob dies immer durch ein Trinkgefäß geschah, wie 1 Mos. 44, 5, steht nicht zu sagen, doch ist es unwahrscheinlich. Der syr. Sprachgebrauch legt dem Worte allgemein den Sinn Unbekanntes ergründen bei, es geschah auf offener Straße (Barhebraeus, Chronicon syriacum, ed. Bruns et Kirsch [Leipzig 1789], I, 174, 12); im Arabischen ist der Wortsinn zum Uebel gewandt, nahs heißt Unglück, doch ist im Verbum tanahhasa, wenigstens im Dialekt der Taqiten ein Sinn sich genau erkundigen verbanden (Hamasae carmina, ed. Freytag [Bonn 1828—51], I, 104 f. 2). Durch Prüfen, Versuchen, Vogelzeichen nehmen ('atiret, jetajjar Jonathan) drücken auch die Targumen das Wort allgemein aus, ohne ihm einen speciellen Sinn zu geben, und noch später sagt Kimchi, es bezeichne den Gebrauch von Vorzeichen, die ganz nach der Art unseres volksthümlichen Aberglaubens von ihm beschrieben werden, z. B. der Brocken ist aus dem Munde, der Stock aus der Hand gefallen; der Sohn hat ihn von hinten angerufen; der Rabe ihn angefrächt; die Ziege ist ihm über den Weg gelaufen; die Schlange ist ihm von rechts, der Fuchs von links angegangen u. a. m. Aberglauben derart hatten auch die Araber, z. B. ist sânih ein Wild, das von links kommt und dem Jäger die rechte Seite zeigt; bârih kommt umgekehrt von rechts und zeigt die linke Seite. Letzteres bringt Unglück. So schildert den Anfang das Scholion zu Hariri's „Makamen", herausgegeben von Silvestre de Sacy (2. Aufl., Paris 1849), II, 486).

Eine dritte Art ist das 'onen, im Nomen me'onen, das Luther durch Tagewähler übersetzt hat. Aus Jer. 27, 9 geht deutlich hervor, daß die me͡onenim die Zukunft enthüllten, aus welchen Zeichen sie schlossen, ist aber unbekannt. Die beliebte Deutung vom Fasciniren durch den bösen Blick, die auf Ableitung des Wortes von ͡ain, Auge, beruht, da diese Art des Zaubers im Orient allgemein geglaubt wird, ist mit dem Sinn des Vorherverkündigens, den Jer. 27, 9 beweist, nicht zu vereinigen, ebenso wenig mit der entsprechenden aram. Wortform ͡annen, die nicht von ͡ain abgeleitet werden kann. Die nächstliegende Erklärung ist von ͡anán, die Wolke, wonach ͡onen aus den Wolken Vorzeichen entnehmen hieße; allein Wolkenvorzeichen scheinen anderwärts nicht benutzt zu sein, sodaß sie auch für Juden zweifelhaft werden, zumal die Wolken zu gewöhnlich für diesen Zweck sind. Daher bleibt zu erwägen, daß ͡anna arabisch bedeutet: sich dem Blicke darbieten (Ḥamasae carmina, I, 598 l. 1), wovon die Welt als die sich präsentirende genannt ist, sodaß me͡onenim diejenigen bezeichnet, welche zufällige Ereignisse, denen man Bedeutung beilegte, interpretiren. So werden die me͡onenim den augures gleich, welche die Beobachtungen am Himmel nach ihrer herkömmlichen Geheimlehre (disciplina) und günstige oder ungünstige Tage erkennen. Die Beziehung auf das arab. ͡unnūn ad venerem impotens redditus est fascino, wonach die me͡onenīm Nestelknüpfer (Grimm, a. a. O., II, 1127) gewesen wären, wird man neben Jer. 27, 9 schwerlich aufrecht erhalten können. Das Wort wird zu speciell eingeengt.

Ein allgemeiner Ausdruck für das Wahrsagen ist ḳasam, dessen Grundbedeutung theilen ist. Es steht Ez. 12, 24 der Vision parallel und wird gegenwärtig meist vom Losen durch Pfeile oder Stäbe (Belomantie, Rhabdomantie) gedeutet, eine bei den Arabern oft erwähnte Orakelart, die auch die Germanen kannten (Tacitus, Germania, Kap. 10). Sie wird (Ez. 21, 26 (21)) erwähnt, und von Hieronymus so beschrieben, daß die irgendwie markirten Pfeile gemischt in den Köcher gesteckt wurden, der gezogene aber die Entscheidung gab. Sonst kennt das Pfeil-Loos Hof. 4, 12. Jahve's Orakel war ein anderes, die Urim und Thummim (s. b.). Ueber das Pfeil-Loos vgl. Herodot, IV, 67; Pocock, Specimen historiae Arabum S. 327 (S. 99 der zweiten Ausgabe); Azrali, „Die Chroniken der Stadt Mekka", arabisch und deutsch von Wüstenfeld (Leipzig 1857—61), I, 73; Du Halbe, „Beschreibung des chinesischen Reiches, III, §. 100). — Dennoch halte ich die Deutung durch Pfeilorakel für unrichtig; sie läßt sich mit 1 Sam. 28, 8 nicht vereinigen, wo nicht Pfeile, sondern ein 'ob (s. unten) das Mittel ist, wodurch das ḳasam geschieht, und genauer betrachtet paßt sie auch Ez. 21, 26 nicht; vor ist ḳasam der allgemeine Ausdruck, der das Pfeil-Loos, das Befragen der Theraphim und das Beschauen der Leber als Arten unter sich begreift (vgl. Aben Esra zu 5 Mos. 18, 11). Mir scheint, daß wie in ḳásama, arabisch: schwören, 'aḳsama, schwören lassen, der Ausdruck durch einen Ritus hervorgerufen ist, der in einem Zerstückeln bestand (vgl. 1 Mos. 15), oder von einem Opfer eingeleitet wurde. Denn auch die Opferthiere der heidnischen Araber wurden vertheilt (Ibn Hischam, „Das Leben Muhammed's", herausgegeben von Wüstenfeld [Göttingen 1857—60], I, 134), wie andererseits vor dem Pfeil-Losen ein Opfer, g'azūr, dem Hobal gebracht wurde (Azrali, a. a. O.).

Die Ausdrücke naḥaš, kešaphim, ͡onen und ḳasām erscheinen da vereinigt, wo alles abgöttische Wesen verboten wird (5 Mos. 18, 10); sie bezeichnen die verbreitetsten Arten der abergläubigen Praxis, neben denen noch andere specielle vorkommen, die 3 Mos. 19, 26. 31 zwei Gruppen gesondert werden.

1) Der hober ḥeber (Luther: Beschwörer), wörtlich der Knotenbinder oder Verbindung stiftende, der Ps. 58, 6 Schlangen zu bändigen versteht, was auch Raschi zu 5 Mos. 18, 11 dem hober zuschreibt, während das Targum mussitantes ausdrückt und Aben Esra an eine Versammlung der Feldgeister (Sedim) denkt. Ist hober wirklich ein Knotenbinder, so würde man auf die Zauberknoten der Sfabier (Chwolsohn, „Die Ssabier und der Ssabismus" [Petersburg 1856], II, 138), der Griechen (Homer, Odyssee, VIII, 448), der Römer (Birgil, Eclogae, VIII, 77), der Deutschen (Grimm, a. a. O., II, 113), sowie auf die Araber verweisen müssen, bei denen die, welche auf die Knoten hauchen, Zauberweiber sind (Koran, Sura, CVIII, 4 und Baidhawi zu der Stelle; Hariri, „Makamen" [1. Ausg.]; S. 199 [2. Ausg.], S. 230.

2) Der šo'el 'ob, der den Ob, d. h. den Geist, der den Revenant, den aus der Unterwelt heraufbeschworenen Schatten sieht, befragt. Die Todtenbeschwörung, Nekro-

Zauberei

: Alterthum verbreitet (Homer, Odyssee, XI, 24 fg.; Plinius, Orte sollten besonders gute Todtenorakel besitzen, der See klea an der Propontis, der Avernersee in Unteritalien. Das obtenbeschwörung (3 Mos. 20, 6); Jes. 8, 19 verspottet sie als h aber den Schatten Samuel's citiren. Diese Schatten sollten e haben (Jes. 8, 19; 29, 4), was auch Griechen und Römer n. Näher ergibt sich aus 1 Sam. 28, 3, daß Obhalter und
 rigen genannt werden, die einen Dämon in sich haben, welcher
 und hier die Unterredung zwischen Saul und Samuel ver-
 t den Samuel, nur das Weib, resp. der in ihr weilende Ob,
 igt sich B. 14 vor dem Unsichtbaren. Das folgende Gespräch
 des angeblichen Ob vor sich, indem das Weib entweder selbst
 st oder durch eine verborgene Person antworten läßt. Das
 ne Betrügerei gegen Saul, zeigt aber, daß im Volksglauben
 iglich galt, während der Erzähler mit seiner Ansicht über die
 iie sollte das Volk sich damals gegen eine Todtenbeschwörung
 da noch heute in Deutschland solche Dinge vorkommen? Ich
 er solcher Mystification in Heilbronn auf das inständigste er-
 berbuch] für seinen Gebrauch zu interpretiren; es ließ sich nicht
 en" solche Künste verständen. Der Mann trieb die „weiße
 Schlusse: die Todtenbeschwörung, heißt griechisch Nekromantie,
 :ht wurde; dies wurde nach niger als schwarze Magie gedeutet,
 und der sich wie von selbst eine „weiße Magie" entgegensetzt,
 sen.
 utet auch Schlauch; so soll nach Gesenius der Beschwörer ge-
 in Gefäß den Geist in sich barg, doch geht dies nicht an, da
 tes selbst ist, den die Rabbinen durch Python wiedergeben und
 : Obbesitzer (ba:al 'Ob) genannt wird, wofür die LXX Bauch-
 heißt Ob auch nicht der Zurückkehrende, Revonant, da er der
 icht der citirte, der wirklich zurückkehrt. Eine zuverlässige bie
 mologie des Wortes vermag ich nicht zu geben.
 :sen gleich ist der Jidŕoni, d. h. der Wisser, der kluge Mann, die
 et sowol den wissenden Geist (3 Mos. 20, 27; 5 Mos. 18, 11)
 Menschen (1 Sam. 28, 3). Im spätern Sprachgebrauch sagt
 r Ob und Jideoni machen (2 Chron. 33, 6; 2 Kön. 21, 6).
 künstler sind die gázerim (Dan. 2, 27), d. h. die Bestimmer,
 er Engel (b. h. die Planeten, Dan. 4, 14) erforschten, also die
 Eingeweidebeschauer, da das arab. gázara schlachten nicht zerlegen
 ita haruspices schreibt. Sie gehören nach Babylon, ägyptisch
 nim, obwol sie (Dan. 2, 27) ebendorthin versetzt werden. Das
 a Schreibern verstanden, nach dem hebr. kŕut, Stift, obwol dies
 , 8, 3. 14; 9, 11 nicht recht paßt, eine ägypt. Ableitung ist bis-
 Sicher sind Leute dadurch bezeichnet, die Verborgenes wissen
 infalls unbekannt ist das Wesen der 'aššaphim (Dan. 1, 20),
 s Epaoden und Magier deuten. Ueber die Magier Jer. 39, 3 f. b.
 noch die Traumdeutung (s. Träume), die, wie bei allen Völkern, so
 e große Bedeutung hatte (Homer, Ilias, I, 63; Odyssee, IV, 839;
 en, II, 2, 5; Horaz, Satir., I, 10, 31; Herodot III, 124; V,
 e galten die Morgenträume für beachtenswerth, was auch Talmud
 b, 57b, weiß, wonach diese eintreffen, und ein Bibelwort im Ge-
 s Prophezeiung gilt. Die Träume sind theils unmittelbar deutlich
 Matth. 1, 20; 2, 13, theils sind sie symbolisch (1 Mos. 37, 7; Richt.
 imer", XVII, 12, 3) und bedürfen eines Auslegers, potér (1 Mos.
 n Kunst bei den Hebräern als eine göttliche Auszeichnung erscheint.
 bie chaldäischen Traumdeuter (Dan. 2, 2; 4, 3; 5, 12; Diodor,
 ahve erleuchteten Männer, wie Joseph und Daniel, übertreffen
 Für die hebr. Propheten galten die Träume als Offenbarungen

(Jer. 23, 25; Sach. 10, 2; 5 Mof. 13, 1. 3. 5; Joel 3, 1; 4 Mof. 12, 6), in der apokalyptischen Literatur sind sie das gewöhnliche Mittel der göttlichen Mittheilung (Dan. 7, 1; 4 Esr. 18), und die Essäer gaben sich viel mit Traumdeutung ab (Josephus, „Alterthümer", XVII, 12, 3), die übrigens viel Geld einbrachte (Juvenal, Satir., VI, 547). Auch das heidnische Arabien übte sie, und Abu Bekr, der Khalif, soll sie gepflegt haben (Shahrastani, a. a. O., II, 437). Andererseits fehlt es aber auch nicht an solchen, welche die Träume verachten (Koh. 5, 6), und Sirach warnt (Kap. 34, 1) vor dem Glauben an Träume: „wo es nicht kommt durch Eingebung des Höchsten, so halte nichts davon", woran man aber den göttlichen Ursprung des Traumes erkennt, sagt er nicht. Talmud Babylon., Berachot, f. 55ᵇ, hilft hier nach, denn dort sollen Morgenträume, Träume eines andern über uns selbst und Träume, deren Deutung man mit träumt, oder die sich wiederholen, sicher eintreffen. Ablehnung der Traumoffenbarung zeigt sich Herodot, VII, 16; Cicero, De divinatione, II, 58—72, dennoch hatten Feldherren ihre Traumdeuter bei sich (Arrian, Anab., II, 18, 2; vgl. Curtius, IV, 2).

Vorstehende kurze Darstellung zeigt, daß das Zaubertreiben, Traumdeuten, Weissagen u. s. w. nicht an sich, sondern darum verwerflich ist, weil es nicht im Namen Jahve's geschieht und dem Heidenthum entstammt, denn mit Ausnahme der Todtenbeschwörung finden wir Gottesmänner und Propheten mit denselben Dingen beschäftigt. Statt des heidnischen Orakelwesens hat Jahve Urim und Thummim, wie der heidnische Kahin das versteckte Weizenkorn nachweist (Sprenger, „Das Leben und die Lehre des Mohamad" [2. Aufl., Berlin 1868—69], I, 257), so Samuel die Eselinnen Saul's 1 Sam. 9, 6. Mose und Aaron überwinden die ägypt. Zauberer; Daniel übertrifft die Chaldäer, und in späterer Zeit ziehen jüd. Wahrsager durch die Welt (Juvenal, Satir., VI, 547), die verbotene Zauberei gilt als Erfindung der gefallenen Engel (Hen. 7, 3). Ueber die spätern Zustände f. Magier, Amulete, Aberglauben. Literarische Nachweise liefert reichlich Winer.

Merx.

Zauberer, f. Zauberei.

Zebach, ein midianitischer Fürst, der mit einem andern, Namens Zalmuna, nach einem Einfall in der Ebene Jisreel über den Jordan zurückgedrängt, in Gideon's Gewalt kam (f. Gideon). Beide Fürsten wurden von Gideon wegen früherer an Gideon's Familie verübter Bluttaten mit eigener Hand getödtet (vgl. Richt. 8, 4—21).

Schenkel.

Zebaoth, ein hebr. Wort, welches von Luther in den Redensarten: „Herr Zebaoth" oder „Herr Gott Zebaoth" auf Grund des Urtextes in seiner Uebersetzung des A. T. beibehalten ist. Das Wort, genauer ṣĕbā'ôth zu transscribiren, ist ein Plural von dem Singular ṣābā, welches „Heer" bedeutet, also daß auch der Plural ṣĕbā'ôth im allgemeinen nur den Sinn von „Heere" haben kann. Es fragt sich nun aber, was für „Heere" gemeint sind und als welcher Heere „Herr" Gott (von dem allein die Redensart vorkommt) bezeichnet wird? Daß nämlich diese „Heere" zu Gott irgendwie in einem Angehörigkeits- oder Abhängigkeitsverhältnisse stehen, ist aus der wiederholt (2 Sam. 5, 10; Pf. 89, 9 u. ö.) vorkommenden Redensart: Jahve 'ĕlohê ṣĕbā'ôth, „Jahve, der Gott der Heere", unmittelbar klar, auch wenn man, daß aus dieser die andere, kürzere, aber häufigere: Jahve ṣĕbā'ôth, „Jahve der Heere" (1 Sam. 1, 3. 11; 4, 4; 1 Kön. 18, 15; Pf. 24, 10 u. f. w.) erst abgekürzt sei, mitnichten anzunehmen geneigt sein dürfte, da ohne eine derartige nähere Bestimmung auch eines Eigennamens (Jahve) durch ein Appellativ („Heere") im Hebräischen durchaus correct ist. (Das Vorkommen des status absolutus Elohim in dieser Redensart in etlichen Psalmen [Pf. 59, 6; 80, 5. 8. 15. 20; 84, 9] spricht nicht dagegen, da diese Incorrectheit mit der Redaction des Psalters und der Umwandlung des Gottesnamens Jahve in den andern Elohim im zweiten und dritten Psalmbuch zusammenhängt.) Um über die Bedeutung der Redensart und insbesondere des ṣĕbā'ôth ins Klare zu kommen, hat man sich zuvörderst deren Anwendung im A. T. etwas näher zu vergegenwärtigen. Der Name kommt nämlich in der ganzen Ur- und Vorgeschichte Israels, wie sie im Pentateuch niedergelegt ist, noch nicht vor; ebenso suchen wir die Redensart in den Büchern Josua und Richter vergeblich. Dagegen erscheint sie auf das engste verknüpft mit der glorreichen Königszeit Israels: sie tritt uns sofort in den Büchern Samuelis, dann in den Königsbüchern, nicht minder bei den Propheten der großen Glanzzeit Israels und Juda: Amos,

Hosea (Kap. 12, 6), Jesaja, Micha, Nahum, Habakuk, Zephanja, Jeremia; auch bei Haggai, Sacharja und Maleachi entgegen; wird aber sonst, abgesehen von den genannten jüngern Propheten, in der nachexilischen Zeit immer seltener gebraucht; erscheint in der Chronik nur dreimal und in den prophetischen Büchern Ezechiel's und Daniel's, sowie in den poetischen und didaktischen Schriften mit Ausnahme einiger Psalmen gar nicht. Daraus leitet sich von selbst der Schluß ab, daß die Redensart ihrerseits mit jener großen Glanzzeit Israels näher zusammenhängt, dieser selbst ihren Ursprung verdankt. Nicht als der Gebieter der „himmlischen" Heerschaaren, d. i. der Gestirne, soll Gott durch diesen Namen bezeichnet werden, diese Beziehung des ṣebâ'ôth, oder vielmehr — was wohl zu beachten — des Singulars ṣâbâ, begegnet uns lediglich in jüngern alttest. Schriften (Jer. 19, 13; 33, 22; 5 Mos. 4, 19; Jes. 34, 4; 40, 26; Psl. 33, 6; Neh. 9, 6; auch Hiob 38, 7) und ist den ältern Schriftstellern fremd (1 Mos. 2, 1 bezieht sich „all ihr Heer" auf Himmel und Erde gleicherweise und bezeichnet alle geschöpflichen Creaturen auf und über der Erde, mit Einschluß auch der Gestirne; Richt. 5, 20 aber ist eine hochpoetische Stelle mit mythologischem Anflug); auch, wenigstens zunächst nicht, als der Gebieter der Engelscharen: von dem Engelsheere ist immer nur im Singular als von der ṣâbâ Gottes die Rede (1 Kön. 22, 19; vgl. Jos. 5, 14; ebenso auch Ps. 103, 21; 148, 2, wo natürlich beibemal der Singular mit Suffix ṣebâ'ô, „sein Heer", auszusprechen ist; den Plural ṣebâ'îm hat nie existirt und ist hier lediglich von den Masorethen des vorhergehenden, von ihnen nicht begriffenen Plurals des Verbs wegen postulirt); vielmehr ist die Redensart zu verstehen, nach den authentischen Erläuterungen der Schrift selbst (2 Mos. 7, 4; 12, 41.51; vgl. 5 Mos. 20, 9; Ps. 68, 13), von dem zum Kampfe Jahve's ausziehenden, irdischen, insbesondere israelitischen Heerschaaren. Der Name ist der Reflex der mit Mose beginnenden, zu David's und Salomo's Zeit ihren Gipfel erreichenden großen kriegerischen Glanzzeit Israels, vgl. die Bezeichnung Gottes als des „Gottes der Schlachtreihen Israels" (1 Sam. 17, 45), sowie die Schilderung Jahve's als des Kriegsgottes in Ps. 24 (besonders B. 8), und dem jüngern Jesaja (Kap. 13, 4), wohin noch Redeweisen wie: „Du ziehest nicht aus mit unsern Heerschaaren" (Ps. 44, 10; 60, 12; vgl. Schulz, „Alttestamentliche Theologie" [Frankfurt a. M. 1869—70], II, 96) zu rechnen sind. Zu bemerken ist noch, daß die LXX in einigen Büchern, insbesondere im Buch Jesaja und im ersten Samuelisbuch, das hebr. Wort auch im griech. Texte als Σαβαώθ beibehalten, während sie es in andern Büchern durch παντοκράτωρ, d. i. „der Allmächtige", auch wol durch „Herr" und „allmächtiger Gott" wiedergeben. Der erstern Uebung hat sich auch Luther angeschlossen, indem er das hebr. Jahve ṣebâ'ôth durch „Herr Zebaoth" in seiner Uebersetzung ausdrückt. Schrader.

Zebedäus, hebräisch: Zabdai, s. v. a. „mein Geschenk", hieß der Vater der Apostel Jakobus und Johannes (Mark. 1, 19; Matth. 4, 21). Er betrieb das Gewerbe eines Fischers in größerm Umfange (Mark. 1, 20, mit Lohnarbeitern), was auf einen gewissen Wohlstand schließen läßt (gegen Chrysostomus, der zu Joh. 1, 37 fg. seine Armuth voraussetzt). Kapernaum war aller Wahrscheinlichkeit nach sein Wohnort (Mark. 1, 21; Luk. 5, 9 fg.). Sonst ist nichts Zuverlässiges von ihm bekannt. Ueber Salome, die gewöhnlich für seine Gattin gehalten wird, s. d. Schenkel.

Zeboim, eine von Benjaminiten bewohnte Stadt (Neh. 11, 34) in einem Thale (1 Sam. 13, 18). Dieses „Thal Zeboim" vermuthet Thenius in dem Wadi, durch welchen der Kidron (s. d.) ins Todte Meer fließt, indem dasselbe möglicherweise südwärts in frühern Zeiten nach der daselbst untergegangenen Stadt Zeboim hinabführen mochte, wie denn noch jetzt am Ausgange desselben das Kloster Saba liegt. Aber die ehemalige Königsstadt Zeboim lag im Thale Siddim (1 Mos. 14, 2. 8; 10, 19; 5 Mos. 29, 23; Hos. 11, 8), und diese Ebene ist viel zu weit südwärts zu suchen, als daß das Kidronthal je einmal mit derselben könnte in Verbindung gestanden haben (s. Thal Siddim, Todtes Meer und vgl. Tuch, „Commentar über die Genesis" [2. Aufl., Halle 1871], S. 279 fg.). Beide Städte, die gleichen auch nur scheinbar den gleichen Namen (Ṣebôîm und Ṣebo'îm) tragen, sind also nothwendig voneinander zu unterscheiden. Kneucker.

Zebul, Stadtoberster zu Sichem unter dem König Abimelech (s. d.), der diesem gegen den aufrührerischen Gaal (s. d.), über die verächtlichen Reden des letztern gegen ihn empört, wesentliche Dienste leistete (Richt. 9, 26 fg.). Er unterrichtete Abimelech vertraulich von der ihm drohenden Gefahr und trieb den von einem Hinterhalte aus durch Abimelech ge-

704 **Zebad** **Zedekia**

schlagenen Gaal, der in Sichem bei den ihm günstig gesinnten Bürgern der Stadt eine Zufluchtsstätte suchen wollte, von der Stadt hinweg. Schenkel.

Zebad, ein Ort an der idealen Nordgrenze des Gelobten Landes (4 Mos. 34, 8; Ez. 47, 15), noch erhalten in dem großen Dorfe Zabad (Szubub), welches südostwärts von Homs (b. i. Emesa), eine Tagereise von Nebt, ostwärts von der Straße zwischen Homs und Damaskus, vier Stunden südostwärts von Hasya (Hassia), am Westeingang der Wüste gelegen ist und von lauter syr. Christen (Jakobiten) bewohnt wird, die noch syrisch sprechen sollen (vgl. Seetzen, „Reisen durch Syrien, Palästina, Phönizien" [Berlin 1854—59], I, 32, 279; Robinson, „Palästina" [Halle 1841—42], III, 747, 926, 928; Ritter, „Die Sinai-Halbinsel, Palästina und Syrien" [Berlin 1848—55], III, 1443 fg.). Kneucker.

Zedekia, hebräisch: Sidkijahu, der dritte Sohn des Königs Josia (s. b.), hieß eigentlich Matthanja (2 Kön. 24, 17; vgl. auch 1 Chron. 3, 15), mußte aber seinen Namen auf Anordnung Nebukadnezar's, der ihn an Stelle seines Neffen Jojachin (Jechonja) auf den wankenden Thron des zum Untergang reifen Königreichs Juda setzte, in den Namen Zedekia umwandeln. Die Angabe 2 Chron. 36, 10, wonach Zedekia ein Bruder des Jojachin gewesen wäre, erklärt sich aus einer Verwechselung der Person, da nach 1 Chron. 3, 16 Jojachin angeblich einen Bruder Namens Zedekia hatte. Daß der Prophet Jeremia anfänglich die Einsetzung Zedekia's als eine glückliche Wendung für das bevorstehende Schicksal Judas ansah, entnehmen wir dem Abschnitt Jer. 23, 1—8 (vgl. namentlich V. 6: jahweh ẓidkenu). Jeremia hatte sich getäuscht. Schon Zedekia's Jugend (er zählte bei seiner Thronbesteigung nur 21 Jahre) hinderte ihn an einer kräftigen und umsichtigen Regierung in der schwierigsten Zeitlage. Anstatt die reine Jahvereligion und ihre Organe zu unterstützen, ließ er dem Götzendienst und der Entweihung des Heiligthums ungehemmt ihren Lauf (Ez. 8—11; 2 Chron. 36, 14). Selbst schwach und leichtsinnig, konnte er auch das Volk nicht zur Höhe des Ernstes seiner Lage erheben; die prophetische Strafpredigt ward mit Widerwillen gehört (Ez. 33, 32). Andererseits ward der junge König von solchen bestürmt, denen das Vasallenverhältniß zur chaldäischen Herrschaft lästig oder unwürdig erschien. Die Fürsten der umliegenden kleinen Länder, der Edomiter, Moabiter, vorab der Ammoniter, auch diejenigen von Tyrus und Sidon, reizten durch Abgesandte zum Abfall von den Chaldäern; ein Prophet Hananja (s. b.) weissagte glücklichen Erfolg von einem Unabhängigkeitskrieg; und nur die eindringliche Beredsamkeit des Jeremia und der von diesem ausgesagte schnelle Tod des Hananja hielten für einmal den König von einem verwegenen Kriegszug gegen die Chaldäer zurück (Jer. 27 und 28), den auch die Weggeführten, von falschen Propheten aufgestachelt, im Exil ersehnten (Jer. 29, 21 fg.). Zedekia ließ sich durch Jeremia bestimmen, vermittels einer von Gesandten nach Babel überbrachten königlichen Zuschrift die weggeführten Optimaten zu beschwichtigen (Jer. 29, 3 fg.). In Begleitung des Propheten reiste er im vierten Jahre seiner Regierung (im J. 593 v. Chr.) selbst nach Babel (Jer. 51, 59), wie Hitzig („Geschichte des Volkes Israel" [Leipzig 1869], S. 253) vermuthet, um Nebukadnezar wegen der Eroberung Ninives (s. b.) zu beglückwünschen, nach Ewald's („Geschichte des Volkes Israel" [3. Ausg. Göttingen 1864—69], III, 798) Annahme, um etwa gegen ihn ausgestreute Verdächtigungen zurückzuweisen und aufs neue seine Huldigung darzubringen. Das Wahrscheinlichste ist, um seine Lage mit die seines Landes, namentlich auch die der Weggeführten, durch persönlich bei dem Großkönig vorgetragene Wünsche und Bitten zu verbessern. Durch den ungünstigen Erfolg erbittert, von den nationalen Schmeichlern beschwindelt und gedrängt, entschloß er sich endlich zu einem verhängnißvollen Bündniß mit Aegypten (Ez. 17, 15), „einem Volke, das nicht hilft" (Kl. 4, 17). So groß war die Verblendung, daß die vermeintlich patriotische Partei meinte, Nebukadnezar werde sich gar nicht gegen Juda hervorwagen (Jer. 37, 19). Zedekia schritt jetzt, uneingedenk seines Vasalleneides (Ez. 17, 13), zur offenen Empörung (2 Kön. 24, 20; 2 Chron. 36, 13). Sogleich richtete Nebukadnezar seine ganze Macht gegen Jerusalem (Jer. 34, 1 fg.; Ez. 24, 2 fg.), das nun die Schrecknisse und Greuel einer langwierigen Belagerung auszuhalten hatte (s. „Bibel-Lexikon", III, 228 fg.). Dem schwachen König sank nun der Muth; er wünschte von Jeremia Trostsprüche (Jer. 21, 1 fg.) und Fürbitte bei Jahve (Jer. 37, 3), aber der Prophet verkündigte Gottes Strafgericht. Der König hatte, um Jahve gnädig zu stimmen und den Eifer der Belagerten anzuspornen, eine allgemeine Freilassung der Leibeignen angeordnet (Jer. 34, 8 fg.); die Annäherung eines ägypt. Hilfsheeres unter dem König Hophra (griech. Apries) bewirkte auch die Aufhebung der Belagerung (Jer. 37, 5). Aber sowie Zedekia aufathmete, zeigte er sich in seiner ganzen sittlichen Haltlosigkeit. Er ließ zu, daß die Freigelassenen wieder eingefangen (Jer. 34, 11), und daß Jeremia, unter dem Vorwand des Verraths, mishandelt und eingekerkert wurde (Jer. 37, 13 fg.; s. „Bibel-Lexikon", III, 206). Nach der Niederlage des ägypt. Hilfsheeres suchte er bei Jeremia wieder Rath und ließ ihn in mildem Gewahrsam bringen (Jer. 37, 16 fg.), duldete aber gleichwol, daß seine Feinde ihn beinahe bis zu Tode marterten (Jer. 38). Erfolglos beschwor Jeremia in einer geheimen Zusammenkunft den König, noch rechtzeitig dem Großkönig sich zu unterwerfen und dadurch das Schlimmste abzuwenden (Jer. 38, 14 fg.); Zedekia schützte die Furcht vor Mishandlungen der Ueberläufer vor (Jer. 38, 19) und zeigte sich überhaupt unfähig, einen Entschluß zu fassen. Mittlerweile ward, nach hartnäckigem anderthalbjährigem Widerstande, Jerusalem (im J. 588) erobert, Zedekia bei einem Fluchtversuch gefangen genommen; in Ribla ward Standgericht über ihn gehalten. Eine schreckliche Sühne folgte seiner Verschuldung. Seine Söhne wurden vor seinen Augen abgeschlachtet, er selbst geblendet und gefesselt nach Babel geschleppt (Jer. 39, 5 fg.; 52, 10 fg.; Ez. 12, 13), wo er bis zu seinem Tode in schwerer Kerkerhaft blieb (Jer. 52, 11). Nach einer apokryphischen Nachricht (Mai, Scriptorum veterum nova collectio [Rom 1825—38], I, 2, 6) hätte er in einer Mühle arbeiten müssen. Vgl. Ewald, a. a. O., III, 794 fg.; Hitzig, a. a. O., S. 251 fg.; Eisenlohr, „Das Volk Israel unter der Herrschaft der Könige" (Leipzig 1855—56), II, 381 fg. Schenkel.

Zehn Städte, s. Dekapolis.

Zehnt. Da die vielseitige Beschäftigung den Priestern und Leviten nicht gestattete, durch Bebauung des Bodens oder andern Erwerb für ihren Unterhalt zu sorgen, so machte das ältere wie das neuere Gesetz den Israeliten zur heiligen Pflicht, ihnen ein hinreichendes Einkommen zu sichern. Als priesterliche Einkünfte werden außer Erstgeburt und Erstlingen (s. d.) namentlich noch bezeichnet die sogenannten Zehnten (decimae, δεκάτη, δέκατον). Nach uralter, auch bei den Phöniziern und Karthagern herrschender Sitte sollte jährlich von allen nützlichen Erzeugnissen des Bodens, als Getreide, Wein, Baumfrüchten, der zehnte Theil, sodann von allem neugeborenen Hausvieh das zehnte Stück dem Heiligthum zufallen. Mindestens seit Hiskia's Zeiten (vgl. 2 Chron. 31, 5. 6. 12) ist diese Praxis nachweisbar (Hitzig, „Geschichte des Volkes Israel" [Leipzig 1869], S. 219). Zuerst beansprucht 3 Mos. 27, 30—33 den Zehnten für Gott, d. h. die Geistlichkeit. Die niedern Leviten sollten ihn im ganzen Lande einsammeln, den Zehnten davon wieder den Oberpriestern abliefern und das Uebrige für sich behalten (4 Mos. 18, 21—24). Diese Bestimmung scheint aber nie in ihrem ganzen Umfange zur Ausführung gekommen oder bald wieder in Verfall gerathen zu sein; daher hält es das Deuteronomium für rathsam, von dem Viehzehnten ganz abzustehen und nur die Ablieferung des Fruchtzehnten als Dankopfer in Jerusalem (vgl. 5 Mos. 12, 11. 17. 18) einzuschärfen (5 Mos. 14, 22. 23); auch dafür gestattet es eine Umwandlung in Geld (5 Mos. 14, 24—26), wobei die Zuziehung des Leviten zu der vom Erlös veranstalteten Opfermahlzeit besonders empfohlen wird (5 Mos. 14, 27); es begnügt sich endlich mit der Ermahnung, daß doch wenigstens alle drei Jahre ein jeder wohlhabende Israelit an seinem Wohnsitz den zehnten Theil seiner Erträgnisse zum besten der Witwen, Waisen, Besitzlosen und namentlich der Leviten, die als ganz verarmt gelten, verwenden möge (5 Mos. 14, 28. 29; 26, 12). „Von vornherein sollte schwerlich diese Bestimmung neben der ersten gleichzeitig gelten, sondern wurde nachträglich getroffen zum Ersatze jener" (Hitzig, a. a. O., S. 239).

Nach der Restauration des Esra wurde wieder streng zwischen Priestern (s. d.) und Leviten (s. d.) geschieden. Nachdem aber das gesammte, mit Bezug auf sie erneuerte und vervollständigte Zehntrecht (vgl. Neh. 10, 33. 39; Mal. 3, 8. 10) an andern Orten des „Bibel-Lexikon" (IV, 31, 604) seine Darstellung gefunden, auch der Königszehnt bereits die nöthige Besprechung erfahren hat (s. Abgaben und Melchisedek), bleibt nur übrig zu bemerken, daß in demselben Maße, als im nachexilischen Judenthum das Levitenthum überhaupt zurücktrat (vgl. schon Esra 8, 15), auch die Priester selbst alles, was von Zehnten vorkam, eingezogen und nur denjenigen Leviten, welche wirklich am Tempel Dienste leisteten, das zu ihrer Subsistenz Erforderliche verabreicht zu haben scheinen (Hebr. 7, 5). Aber auch gewaltthätige Hohepriester vergriffen sich zuweilen an den Priesterzehnten, sobaß der niedere Klerus öfters über Mangel zu klagen hatte (Josephus, „Alterthümer", XX, 8. 8; 9. 2). Es fällt außerhalb der hier gesteckten Aufgabe, zu berichten, wie die im Pentateuch vorliegenden Bestimmungen gleichsam unter die Hände jüd. Kanonisten geriethen, welche aus den beiden Hauptschichten der Gesetzgebung zwei verschiedene Arten von Zehnten machten. Beruht doch nach rabbinischer Anschauung eben darauf die Heiligkeit des Landes, daß jedes Ackerstück und jede Waldflur ihren Zehnten oder ihr Gabholz zum Tempel beitrug. Es genügt hier, zu bemerken, daß der Pharisäismus ein Hauptstück seiner Gerechtigkeit in der pünktlichen Zehntleistung suchte und die 3 Mos. 27, 30; 4 Mos. 18, 12; 5 Mos. 12, 6; 14, 22. 23 nur für Korn, Oel, Most und Früchte gültige Forderung auch auf die kleinsten Gartenkräuter ausdehnte (Matth. 23, 23 = Luk. 11, 42; 18, 12). So stritt man denn auch später noch über einzelne Artikel, ob z. B. beim Anis nur die Blume oder auch Same und Kraut zu verzehnten sei. Der Talmud gibt meist der strengsten Praxis recht und stellt den Grundsatz auf: zu verzehnten sei alles, was eßbar ist und sein Wachsthum aus der Erde hat (also nicht Schmarotzerpflanzen). Holtzmann.

Zeichen, s. Wunder.
Zeichendeuterei, s. Zauberei.
Zeiger, s. Uhren.
Zeit, insbesondere **Jahreszeit.** Bereits in frühern Artikeln (Chronologie, Jahr, Kalender) hat die gewöhnliche Eintheilung der Zeit in Tage und Tagestheile, Wochen und Monate, Jahre und Aeren ihre Besprechung gefunden, und es erübrigt hier nur noch, das durch Natur, Klima und Witterungsverhältnisse bedingte Jahr Palästinas zur Darstellung zu bringen.
Die Witterung (s. b.) Palästinas ist natürlich nach den verschiedenen Bodenverhältnissen verschieden. Palästina hat eigentlich nur zwei verschiedene Jahreszeiten: den Sommer, d. i. der Frühling oder die Erntezeit, und den Winter, der den Herbst oder die Saatzeit mit einschließt (vgl. 1 Mos. 8, 22; Ps. 74, 17; Sach. 14, 8). Die kalte Jahreszeit (Herbst und Winter, hebräisch: hōreph und setav) beginnt zu Anfang des jüd. Jahres im October mit dem Frühregen (moreh oder joreh), welchen feuchte Nordwinde einleiten, und welcher spätestens am 17. November eintreten soll (1 Mos. 7, 11; Luk. 12, 54; Spr. 25, 23). Anfangs ist noch warmes, dann wird es kühles, unbeständiges Wetter. Auf den Frühregen folgt nach dem Laubfall im December bisweilen Schnee, häufiger Eis, dieses jedoch leicht schmelzend (1 Makk. 13, 22; Josephus, „Alterthümer", XIII, 6, 5; vgl. Matth. 24, 10). Nach dem Frühregen wird, von Anfang November an, die Wintersaat, Weizen und Gerste, bestellt (s. Saat). Die Kälte, welche auf den Gebirgen infolge rauher Nordwinde streng ist, hält nur kurze Zeit an, läßt mit Ende Februar nach und es tritt nun der Spätregen (malkos, Esra 10, 13. 9; vgl. Jak. 5, 7) — in Nordpalästina jedoch einen Monat später (Am. 4, 7) — ein und dauert bis Mitte des April (Joel 2, 23). Jetzt schwellen die Bäche und Flüsse an, in den Ebenen wird es schon heiß und der Schnee schmilzt an den Bergen. Das ist die Regenzeit. Mit Ende April beginnt die warme Jahreszeit (der Sommer, kajis), deren Anfang HL. 2, 11—13 äußerst lieblich beschrieben wird. Jetzt, nach dem Spätregen, ist Gersten- und Weizenernte, jene in der zweiten Hälfte des April bis Anfang Mai, diese von Mitte Mai bis Anfang Juni (s. Gerste, Weizen und vgl. Joh. 4, 36; 2 Sam. 21, 9). Die Sommerfrucht, Tabak, Bohnen, Baumwollpflanzen, welche im Januar und Februar gesäet worden, wird im September und October geerntet. Die ersten reifen Trauben hat man im Juli, die eigentliche Weinlese aber dauert von September bis November (s. Wein und überhaupt Ernte). Schon zur Zeit der Gerstenernte kann die Hitze tödten (Judith 8, 2. 3), und sie steigt von Juli bis September; doch sind die Nächte kalt, selbst kälter als im mittlern Europa (Mark. 14, 54; Sach. 14, 6; Jer. 36, 30). Die seltenen Regengüsse des Sommers treten nur im Gefolge eines Gewitters ein, welches gewöhnlich vom Nordwind gebracht und bisweilen Hagel, auch Wolkenbrüche, Wasserhosen und Windsbraute mit sich führt (vgl. Ps. 29; Jer. 51, 16; 1 Sam. 12, 17; Ps. 83, 16); sie werden außerdem durch den starken Thau vollkommen ersetzt (HL. 5, 2; 1 Mos. 27, 28; 2, 3. 6; 5 Mos. 33, 13; Hos. 14, 6; Ps. 133, 3). Häufig geht im Sommer auch ein heißer Ostwind (kadim), welcher bisweilen Bäume entwurzelt, Häuser umstürzt und das Grün der Pflanzen und Bäume versengt (vgl. Robinson, „Palästina" [Halle 1841—42], I, 343, 323 fg.). Vgl. noch

de Wette, „Lehrbuch der hebräisch-jüdischen Archäologie" (4. Aufl., Leipzig 1864), §. 80, 97, 100, und die Erklärer zu den betreffenden biblischen Stellen. Kneucker.

Zela, eine Stadt im Stammgebiet Benjamin (Jos. 18, 28), der Begräbnißort der Familie Saul's (2 Sam. 21, 14), s. Zelzach. Kneucker.

Zeloten, „Eiferer" (ζηλωταί) haben nirgends gefehlt, wo nicht kalt berechnende und abwägende Politik (Talleyrand's surtout pas de zèle), sondern lebendige Mächte der religiösen und patriotischen Begeisterung auf dem weltgeschichtlichen Plane gestanden haben. Gott selbst ist darum ein Eiferer genannt (2 Mos. 20, 5). „Eifern ist gut, wenn's immerdar geschieht um das Gute", sagt der Apostel (Gal. 4, 18), und er lobt es an den Korinthern, daß sie um Geistesgaben eiferten (1 Kor. 14, 12: ζηλωταί πνευμάτων). Gewöhnlich aber ist, wo das Wort im N. T. vorkommt, das Gesetz der Gegenstand des Eiferns. In diesem Sinne war besonders Paulus vor seiner Bekehrung ein Eiferer gewesen (Gal. 1, 14: περισσοτέρως ζηλωτής τῶν πατρικῶν παραδόσεων), und gibt er nachher auch seinen jüd. Gegnern zu, daß sie eifern, nur freilich nicht fein (Gal. 4, 17), nur nicht mit Verstand (Röm. 10, 2). Auch ins Christenthum ist dieser pharisäische Eifer eingedrungen, und wie einer von Jesu Jüngern, Simon (s. b.), nach Luk. 6, 15; Apg. 1, 13 (dahin deutet auch das richtig verstandene Κανανίτης Matth. 10, 4 = Mark. 3, 18) Stempel und Name des Zeloten trug, so bestand aus solchen Gesetzeseiferern bald auch die Mehrheit der Gemeinde in Jerusalem (Apg. 21, 20: πάντες ζηλωταί τοῦ νόμου), ja Jesus selbst erscheint in dem Auftritt der Tempelreinigung im Lichte eines Eiferers (s. „Bibel-Lexikon", IV, 292), und findet daher Joh. 2, 17 ein Zelotenspruch (Ps. 69, 10) auf ihn Anwendung.

Der engere Sprachgebrauch versteht unter Zeloten die seit den Zeiten des Galiläers Judas (s. b.) bestehende und an dessen Haus sich anschließende, fanatische und entschiedene Kriegspartei unter den Pharisäern im Gegensatz zu den friedlicher gesinnten Hilleliten und der dem Vernichtungskampf politisch ausweichenden Aristokratie. Zwar der Aufstand des Judas wurde schnell unterdrückt, aber die Idee, von der er ausgegangen war, daß die Anerkennung der röm. Herrschaft ein Majestätsverbrechen gegen Gott sei, wirkte nach in der seither existirenden extremen Partei der Pharisäer, welche man Galilder oder Eiferer (Kanaim) nannte. Nach Josephus („Jüdischer Krieg", IV, 3, 9) hätten sie sich selbst so genannt. Jedenfalls stellten sie als Vorbild für ihre Praxis, die Befleckung durch Fremdlinge mit Gewalt von Israel abzuwehren, jenen Pinehas auf, durch dessen Speer Simri und Kosbi gefallen waren (4 Mos. 25, 11); ihre Vorläufer hatten sie im Grunde schon in jenen Jünglingen, welche unter Herodes den röm. Adler herabgerissen hatten („Bibel-Lexikon", III, 33, 36). Diese streng theokratische Partei gebot über Stich- und Schlagworte, die dem Volke sehr verständlich und faßlich waren, wie daß Gott allein Herr (Josephus, „Jüdischer Krieg", VII, 10, 1), kein Mensch Herr zu nennen sei (Josephus, „Alterthümer", XVIII, 1, 6); sie vergrößerte sich daher mit der Zeit zusehens und bekam endlich im letzten Verzweiflungskampf das Heft in die Hand (s. „Bibel-Lexikon", IV, 529).

Schon unter Cumanus (in den J. 49—52) hatte die Entsittlichung der hohenpriesterlichen Geschlechter und des Richterstandes häßliche Auswüchse erzeugt, während zugleich der zwischen Volk und Garnison bestehende Haß immer deutlicher einem gewaltsamen Ausbruche zutrieb. Unter den untern Volksklassen bildeten sich Freischaaren, welche im Lande umherschwärmten und die Fremdherrschaft bekämpften. Schon jetzt nahm diese Opposition einen krankhaften Charakter schwärmerischer und fanatischer Erregtheit an und hatte mit einem heiligen Religionskrieg so viel Aehnlichkeit wie mit einem frivolen Freibeuter- und Raubzug. Waren die bedeutendsten Führer der Zeloten, wie Eleasar ben Dinai, zunächst noch beseelt von rachegühendem Nationalgefühl, so schlossen sich ihnen doch auch andere Banden an, welche aus dem Blutvergießen ein förmliches Handwerk machten und von dem kurzen, gebogenen Dolch, den sie unter ihren Kleidern verborgen zu tragen pflegten, Sikarier genannt wurden. Diese Banditen schwärmten überall umher, selbst in den Straßen Jerusalems. Ihre eigentlichen Wohnsitze und Zufluchtsorte aber waren die zahlreichen Höhlen und Bergklüfte des Landes, von wo sie der röm. Kohorten spotteten. Ihrer bedienten sich nicht selten die Zeloten, um auf Streifzügen durch das ganze Land die Häuser der Römischgesinnten zu plündern und selbst auf den

Festen in Jerusalem die verhaßten Häupter der Gegenpartei niederzustoßen. Es war gleichsam ein überall wirksames und nirgends zu erhaschendes Femgericht, welches diese finstern und handfesten Mordgesellen ausübten.

Aber die blühenden Tage des Zelotenthums sollten erst anbrechen in den letzten Jahren des jüdisch-röm. Kriegs. War die Revolution in ihrem ersten Stadium durch den erzwungenen Beitritt der Vornehmen aristokratisch gewesen, so wurde sie in ihrem zweiten Stadium ultrademokratisch. Die leitenden Kräfte des ersten Actes waren die vornehmen Kriegssynedristen zu Jerusalem, die des zweiten Actes die nervigen Ungeheuer aus Galiläa und Peräa. Der Held des ersten Actes war Josephus mit seinem anständigen und gesetzeskundigen Gefolge und regulären Heer, die Helden des zweiten sind die Terroristen und Zeloten, als deren Haupt Johannes von Gischala nach dem Falle Jotapata's seinen Einzug in Jerusalem hielt. Jetzt oder nie sollte es sich erproben, ob das Gesetz eine Sache ist, um derentwillen zu eifern es sich überhaupt lohnt. Was war — so dachte man — die ganze Verheißung werth, wenn sie jetzt nicht ihre Erfüllung fand, was das ganze Schauspiel der bisherigen Geschichte, wenn ihm nicht hier, am heiligen Orte und in der Zeit der höchsten Noth, seine Lösung ward? Nur darum war Jotapata, war Gamala, war Gischala gefallen, damit in Jerusalem der Rückschlag um so entscheidender, der Sieg des Volkes Gottes um so vollständiger erfolge. Selbst nicht, wenn sie Flügel hätten, sagte Johannes von Gischala, vermöchten die Römer die Mauern Jerusalems zu ersteigen.

Man hat die Zeloten, welche dem Gedanken der Theokratie einen so drastischen Ausdruck verliehen, die Jakobiner der jüd. Revolution genannt. In der That wurden sie erst in diesen letzten Zeiten Jerusalems völlig identisch mit den Sikariern (vgl. Renan, L'Antechrist [Paris 1873], S. 282); ihr Eifer griff zu ganz ähnlichen Mitteln wie die Franzosen unter dem Convent für die Herrschaft der Freiheit und Vernunft. Eine ganze Reihe einflußreicher und angesehener Männer wurde sofort eingekerkert und bald darauf von einer bestellten Bande von Blutmenschen abgeschlachtet. Das Nächste war, daß man sich der heiligen Aemter selbst bemächtigte. Man erinnerte sich jetzt oder behauptete wenigstens, schon von alters her sei die Hohepriesterwürde durch das Loos verliehen worden. Der so Gewählte, ein Bauer aus dem Dorfe Aphta, mußte wie ein schlechter Schauspieler eingelernt werden. Ueberhaupt aber setzten die Zeloten echt demokratisch jede Rücksicht vor den Vorrechten des Priesterthums außer Augen und betraten mit blutbefleckten Füßen selbst das Heiligthum, das sie durch ihre Unthaten dem Untergange weihten. „Denn", sagt Josephus („Jüdischer Krieg", IV, 6, 3), „es war eine althergebrachte Sage, daß alsdann die Stadt eingenommen und das Heiligthum im Sturm verbrannt werden solle, wenn ein Aufruhr ausbreche und einheimische Gewalt die Wohnung Gottes entheilige." Abermals schien der von Daniel (Kap. 9, 27; 12, 11) geweissagte „Greuel der Verwüstung" im Heiligthum zu stehen (vgl. Matth. 24, 15). Jetzt schauderten daher vor den Thaten der Zeloten selbst Freunde des Johannes zurück, und der ehemalige Hohepriester Ananus benutzte die günstige Gelegenheit, um das Volk in feuriger Rede gegen die Frevel der Zeloten aufzurufen. Aber Johannes von Gischala ließ die mit ihm verbündeten Idumäer, halbwilde Horden, in die Stadt ein. Bei Nacht brangen sie ein, und der anbrechende Tag beschien 8500 Todte, darunter auch die Hohenpriester Jesus und Ananus, die umsichtigsten und beredtesten Häupter der Friedenspartei. Unbeerdigt lagen ihre Leichen auf den Straßen Jerusalems, wie es überhaupt als Gipfel der Grausamkeit der Zeloten galt, daß sie ihren gemordeten und getödteten Gegnern auch noch das Begräbniß verweigerten, ja Todesstrafe auf diesen Liebesdienst setzten (vgl. Offb. 11, 9). Jetzt erst begann die Plünderung und der eigentliche Terrorismus; die Gefängnisse füllten sich, die Folter- und Henkersknechte waren Tag und Nacht in Arbeit. Auch jene fast komische Parodien eines Gerichtsganges, wie sie zu den schauerlichsten Beigaben der Septembermorde und Revolutionstribunale in Frankreich gehörten, haben nicht gefehlt. Josephus („Jüdischer Krieg", IV, 6, 4) erzählt von einem durch Patriotismus und sittliches Ansehen gleich hochstehenden Mann, Zacharias, Sohn des Baruch, welcher vor ein aus 70 Männern in der Eile zusammengesetztes Gericht gestellt und, da ein Beweis gegen ihn nicht zu liefern war, mitten im Tempelhof von zwei Zeloten zusammengehauen wurde (Matth. 23, 35). Ueberhaupt war nun die Zeit gekommen, da die Revolution ihre eigenen Kinder verschlang. Namentlich waren es die Häupter des ersten Actes der Empörung.

jene Reichen, Angesehenen und Gelehrten, welche die Revolution vornehm gemacht hatten, gegen welche die zelotischen Blutgerichte sich richteten.

Bis dahin lassen sich Spuren vom Treiben der Zeloten in unserm N. T. verfolgen. Noch ist Matth. 24, 16. 20 von der Flucht aus der belagerten Stadt die Rede. Haufenweise floh das Volk während der Schreckensherrschaft. Nicht wenige liefen geradezu den Römern zu. Die Christengemeinde dagegen, welche jetzt die Zeit gekommen sah, die Jesus in seinen Abschiedsreden geweissagt hatte, wanderte aus in das Ostjordanland und ließ sich nieder in Pella. Das Orakel aber, welches sie nach Eusebius („Kirchengeschichte", III, 5, 3) zu dieser Flucht bestimmte, liegt ohne Zweifel seinem Kern nach noch vor in der eschatologischen Rede Matth. 24 = Mark. 13. Holtzmann.

Zelotes, s. Simon.

Zelte waren die Wohnungen der Stammväter Israels (1 Mos. 13, 3. 12; 18, 1; 26, 25; 31, 25), und für Hirten, wenn sie abends nicht zum heimatlichen Dorf zurückkehren konnten, sowie auf Kriegszügen blieben sie bei den Israeliten stets im Gebrauch (Jes. 38, 12; 2 Sam. 11, 11; 20, 1; 1 Sam. 4, 10; 2 Kön. 7, 7). Während die große Mehrheit des Volks sich dem Ackerbau widmete und daher auch feste Häuser baute, gab es einzelne Familien, wie die Rechabiten (Jer. 35, 6 fg.), welche, dem Nomadenleben getreu, jahrhundertelang stets unter Zelten wohnten (Jer. 35, 10), gleich den Kedarenern und andern benachbarten Hirtenstämmen (HL. 1, 5; Pf. 120, 5) jenseit des Jordan (Richt. 8, 11; Hab. 3, 7; Jes. 13, 20). Diese Nomadenzelte haben eine oblonge Form, indem über parallel einander gegenüberstehende Stäbe Decken von schwarzem Ziegenhaar (HL. 1, 5) gezogen sind. Das Innere ist durch einen Vorhang in zwei Räume getheilt, wovon der vordere für den Mann und seine Gäste, der hintere für Frauen und Kinder, zugleich aber auch als Küche und Vorrathskammer dient (1 Mos. 27, 15). Um die Mittagshitze rastet der Hirt im Schatten des Zeltes (1 Mos. 18, 1; Jes. 4, 6; Sir. 34, 16), das am Abend, von einer Lampe erleuchtet, etwa vom Jubelgesang versammelter Freunde erschallt (Pf. 118, 15) und dem als Gastfreund aufgenommenen Fremdling sichern Schutz gewährt (Pf. 27, 5; 31, 21). Daß Jael dem milden Sisera, der, auf das Gastrecht vertrauend, in ihrem Zelt schlief, einen Zeltpflock durch den Kopf schlug, war eine auch in den Augen Israels nur durch den Erfolg geweihte Frevelthat (Richt. 4, 21; 5, 26). Jetzt noch flüchtet sich der Bedrängte, wie dort Sisera, in das Frauenzelt (Richt. 4, 17), wo der Herd sich befindet, weil er dann am sichersten auf den Beistand des Zeltherrn rechnen kann. Das Zelt des Häuptlings ist gewöhnlich so eingerichtet, daß es bis 50 Gäste im Vorderraum zu fassen vermag. Die Beduinen lieben es, das Zeltlager auf der Höhe aufzuschlagen, und zwar gewöhnlich im Halbquarrée, die offene Seite nach dem steilsten Abhang gerichtet. Aus dem Alterthum hat sich in der Wüste Pharan, südlich von Palästina, noch eine andere Zeltlagerform erhalten. Nämlich in weitem Kreis ist eine drei Fuß hohe, wohlgeschichtete Steinmauer gezogen, die, einst mit Akazienbornen gekrönt, guten Schutz gegen Menschen und wilde Thiere bot, und innerhalb deren Zelte im Kreise herumstanden (Palmer, The deserts of the Exodus [Cambridge 1871], S. 320 fg.). So sahen ohne Zweifel die „Gehöfte Kedars" (ḥaṣerim ḳedâr) aus (Jes. 42, 11). Wo Zelte in der Höhe liegen, muß das Wasser oft weit hergeholt werden, sodaß der eben angekommene Gastfreund saure Milch anstatt desselben erhält, wie Sisera bei Jael (Richt. 4, 19; 5, 25; vgl. Palmer, a. a. O., S. 488).

Die Bilder des Zeltlebens waren den Israeliten geläufig. Sie erzählen uns vom Einschlagen der Zeltpflöcke (1 Mos. 31, 20; Jer. 6, 3; 2 Mos. 27, 19; Richt. 4, 21), vom Anheften der Zeltdecken (jeriʿâh) mit Stricken (Jer. 10, 20; 2 Mos. 35, 18; 4 Mos. 3, 37), vom Abbrechen und Wegführen des Zeltes (1 Mos. 12, 8; 26, 22), einem Bilde des Sterbens (Jes. 38, 12; 2 Petr. 1, 14), von Ueberfall des Zeltlagers und Verheerung desselben durch Feuer (Hiob 15, 34; 18, 6).

Der gewöhnliche Ausdruck für Zelt ist hebräisch: 'ōhel, daneben kommen noch die Worte bājit, tirâh und sok oder sukkâh vor. Letzteres bezeichnet vorzugsweise eine Hütte aus Zweigen, wie man sie im heißen Sommer auf freiem Felde oder auf dem Dach seines Hauses jetzt noch in Palästina errichtet (1 Mos. 33, 17; Jes. 1, 8; 3 Mos. 23, 34). Vgl. noch Irby und Mangles, Travels in Egypt, Syria, the Holy Land (Loudon 1845), S. 148 fg.; Ritter, „Die Sinai-Halbinsel, Palästina und Syrien" (Berlin 1848—55), II, 1, 2, 532, 631. Furrer.

Zelzah, Zelzach, eine Stadt im Stammgebiet Benjamin, beim Grabe der Rahel (1 Sam. 10, 2). Man glaubte dieselbe schon in dem eng gebauten, nur von Christen bewohnten Dorfe Beit-Dschâla auf dem östlichen Abhang eines Berges, 1³/₄ Stunde süd-südwestlich von Jerusalem, zwischen Mâr Eliâs und Bethlehem wiederfinden zu dürfen (Robinson, „Palästina" [Halle 1841—42], II, 574 fg.; Tobler, „Zwei Bücher Topographie von Jerusalem und seinen Umgebungen" [Berlin 1853—54], II, 405 fg.; „Dritte Wanderung nach Palästina" [Gotha 1859], S. 96 fg.; van de Velde, „Reise durch Syrien und Palästina" [Leipzig 1855—56], II, 58; Memoir to accompany the map of the Holy Land [Gotha 1858], S. 355, u. a.). Aber abgesehen davon, daß Tobler weder im Dorfe noch am Brunnen etwas Alterthümliches findet, und auch der heutige Name weder mit Zelzach noch mit Zela, welches van de Velde mit Zelzach identificiren will, etwas gemein hat, kann Beit-Dschâla schon deshalb nicht für die Ortslage des alten Zelzach gehalten werden, weil dasselbe südlich von Jerusalem, also nicht mehr im ehemaligen Stammgebiet der Benjaminiten, liegt, und zudem das historische Grab der Rahel nördlich von Jerusalem, an der Nordgrenze Benjamins gesucht werden muß (s. Ephrat, Rahel). *Kneucker.*

Zemaraim, eine Stadt im Stammgebiet Benjamin (Jos. 18, 22), vermuthlich auf dem Berge gleichen Namens (2 Chron. 13, 4) gelegen, der zum Gebirge Ephraim gerechnet wird und nicht gar weit von Bethel entfernt gesucht werden muß. Man hat darum schon an die Ruinenstelle Khirbet el-Sumrah nordostwärts vom Wâdi el-Kelṭ, ostwärts von Jerusalem in der Richtung gegen Jericho hin, gedacht; eher jedoch dürfte die alte Ortslage in der Ruinenstelle gleichen Namens auf einer runden Anhöhe ostwärts von Bethel, im Jordanthale, zwei Stunden nördlich von Jericho, beim Wâdi el Audschèh, vermuthet werden. Vgl. Ritter, „Die Sinai-Halbinsel, Palästina und Syrien" [Berlin 1848—55], II, 1, 465 fg.; Robinson, „Palästina" [Halle 1841—42], II, 554. *Kneucker.*

Zemari, Name einer kanaanitischen (phöniz.) Völkerschaft, die 1 Mos. 10, 18 neben Arvaditern und Hamathitern (s. Arvadit und Hamath) genannt wird, und die wir ohne Zweifel in der phöniz. Stadt (und Castell) Simyra in der Nähe des Flusses Eleutherus (s. „Bibel-Lexikon", IV, 563), am westlichen Fuße des Libanon zu suchen haben (Strabo, XVI, 321, 753; III, 361; Ptolemäus, V, 15, 4; Plinius, V, 17; Pomponius Mela, De situ orbis, I, 12, 3; Stephanus von Byzanz u. b. W. Σίμυρος), wo auch Ruinen unter dem Namen Sumra (Suemrin) gefunden worden sind, 20 engl. Meilen südöstlich von Tortosa (Antaradus; Shaw, „Reisen oder Anmerkungen verschiedene Theile der Barbarey und Levante betreffend", deutsche Ausgabe [Leipzig 1765], S. 234; Buckingham, „Reisen durch Syrien und Palästina" [Weimar 1827], II, 415 fg., nennt den Ruinenort Mahmura). Der Name, vom arab. Worte ṣamara („herabfließen, herabstürzen") gebildet, bezeichnet eine Völkerschaft, die an Abhängen und an Wasserfällen wohnt, stimmt also aufs beste zu der wiederaufgefundenen alten Ortslage. Ob damit der von Niebuhr („Reisebeschreibung nach Arabien" [Kopenhagen 1774—78], II, 439) erwähnte Ort Seimrin im Bereiche von Tripolis identisch ist, steht dahin. Jedenfalls aber ist nicht, wie Hamaker wollte, an die Anwohner des Flusses Tamyras (Nahr Dâmûr, zwischen Sidon und Beirut) zu denken, und noch weniger kann, wie die alten jüd. Erklärer wollten, von der durch ihren Sonnentempel berühmten, aber verhältnißmäßig jungen Stadt Emesa (jetzt Hems) in Cölesyrien am Orontes die Rede sein (vgl. Forbiger, „Handbuch der alten Geographie" [Leipzig 1842—44], II, 648 fg.). *Kneucker.*

Zenan, s. Zaanan.

Zenas, s. v. a. Zenodorus, wird Tit. 3, 13 als ein Gesetzesgelehrter (νομικός), d. h. wol Rechtsgelehrter (juris consultus), mit Apollos (s. b.) dem Timotheus angeblich von Paulus zur Unterstützung mit den nöthigen Reisemitteln von Kreta aus empfohlen. Die Persönlichkeit ist unbekannt, die Situation unklar und bei der Beschaffenheit der Pastoralbriefe (s. b.) an historisch Thatsächliches nicht wol zu denken. Jedenfalls will der Briefschreiber die Ausübung guter Werke, namentlich hülfreiche Unterstützung von christl. Lehrern und Glaubensgenossen, seinen Lesern einschärfen. Die spätere Sage zählt Zenas zu den 70 Jüngern, macht ihn zum Bischof von Diospolis und zum Verfasser einer apokryphischen Schrift (vgl. Fabricius, Codex apocryphus N. T. [Hamburg 1719], II, 831 fg.).

Schenkel.

Zephanja

Zephanja, h. i. „Jahve birgt", war der Name eines israelitisch-jüdäischen Propheten, Urenkel eines gewissen Hiskia, schwerlich jedoch des Königs dieses Namens (dagegen spricht das Fehlen des Beisatzes „des Königs"), von dem uns noch ein unter der Zahl der sogenannten kleinen Propheten aufgenommenes prophetisches Buch überkommen ist. Wie sich aus dem Inhalt dieser Schrift ergibt (vgl. besonders Kap. 2, 13 fg.), wurde dasselbe zu einer Zeit verfaßt, als Ninive noch bestand, das assyr. Reich sich aber bereits in großer Gefahr befand. Daduch werden wir jedenfalls in die Zeit des judäischen Königs Josia geführt, welcher in den J. 639—609 der gewöhnlichen Zeitrechnung regierte. Es fragt sich nun aber, läßt sich die Zeit der Abfassung des Buchs nicht vielleicht noch etwas genauer bestimmen? Nun ergibt sich aus einigen Stellen des Buchs (vgl. Kap. 1, 16; 2, 12), daß der Prophet das Verderben, welches er für Israel und den Heiden ankündigt, durch den Einfall eines Kriegsheeres erwartet, und aus einer andern Stelle (Kap. 3, 13) ersehen wir, daß dieses Heer aus Israel selbst schon muß wieder abgezogen gewesen sein. So läßt sich nicht wohl an die Chaldäer denken, als welche zu Josia's Zeit gar nicht nach Palästina gekommen, auch nicht an die Aegypter, da gemäß Zeph. 2, 12 durch das feindliche Heer auch die Aethiopier umkommen sollen, die doch sonst um diese Zeit selbst im ägypt. Heere mit erscheinen. Sehen wir uns nun nach einem andern Volke um, welches um diese Zeit ganz Vorderasien in Aufregung brachte, so denken wir gewiß am richtigsten mit Bleek, Hitzig, Movers u. a. an die Scythen, die während des ersten Drittels der Regierung Josia's auf dem Schauplatze der Geschichte auftreten, und auf welche wahrscheinlich auch einige Orakel des Jeremia, insbesondere Kap. 4—6, zu beziehen sind. Von diesen Scythen nun berichtet uns Herodot (I, 105), daß sie die Belagerung Ninives durch den Meder Chaxares unterbrachen, dann nach Westen sich gewandt und bis nach Aegypten vorgedrungen wären, wo sie durch Psammetich (starb im J. 617) zum Rückzug bewogen seien. Ist nun die (erste) Belagerung Ninives und der Aufbruch der Scythen nach Süden etwa in das J. 630 (jedenfalls vom J. 634 an diesseits) zu setzen, so fällt die Weissagung unsers Propheten jedenfalls nach dem J. 630 und vor das J. 617. Wir glauben aber den Zeitpunkt der Abfassung noch genauer bestimmen zu können. In die Mitte nämlich des ausgegebenen Zeitraumes fällt das große Ereigniß der Cultusreform des Josia, welche im achtzehnten Jahre des Königs, d. i. im J. 622, stattfand (2 Kön. 22, 3). Wäre nun das Orakel nach dieser Zeit abgefaßt, so erwartete man eine Rücksichtnahme irgendwelcher Art auf dieses Ereigniß. Derartige Bezüge hat man nun wol auch geglaubt in dem Buche aufzeigen zu können, so z. B. Kap. 1, 4, wo von einem Austilgen des „Restes des Baal" die Rede, ein Ausdruck, den man nur unter Annahme eines inzwischen stattgehabten Beginnes der Cultusreform glaubte verstehen zu können; allein wahrscheinlich ist, daß man den Ausdruck „Rest und Namen" (mit Ewald) im Sinne von „ganz und gar" zu nehmen hat, sobald aus dem Ausdruck noch nicht zu schließen, daß mit der Cultusreform inzwischen bereits begonnen war. Auch der andere Ausdruck (Kap. 3, 4): „Ihre (der Stadt) Priester entweihen das Heiligthum, übertreten das Gesetz", setzt nicht, wie man wol gemeint hat, die Cultusreform und die Auffindung des Gesetzbuches (2 Kön. 22, 23) voraus, da von „dem Gesetz" auch schon vorher bei den Propheten die Rede ist, und nichts zwingt, bei dem „Gesetzbuch" etwa an den Pentateuch in unserer jetzigen Gestalt zu denken. Bedenken wir nun aber andererseits, daß zur Zeit der Abfassung des Orakels (Kap. 1, 3 fg.) der Götzendienst noch in üppigster Blüte stand, daß der Prophet ferner in keinem Worte darauf hindeutet, daß etwa von seiten des Königs ein bedeutender, wenn auch vergeblicher Schritt zur Abschaffung des Götzendienstes und Reinigung des Jahvecultus geschehen sei, so werden wir gewiß mit weit mehr Wahrscheinlichkeit in die Zeit vor der großen Cultusreform des Josia geführt, in die Zeit also zwischen J. 630—622. Und dieses ist endlich auch deshalb wahrscheinlich, weil offenbar das Gewitter, welches drohend gegen Juda und die umwohnenden Völker aufgezogen war, erst eben glücklich vorübergezogen zu sein scheint: der Zug der Scythen ist selbst noch in frischester Erinnerung. Der Einwand, den man gegen diese Zeitbestimmung wol noch erhoben hat, daß nämlich (Kap. 1, 8) unter denen, die Jahve strafen werde, auch „die Söhne des Königs" namhaft gemacht werden, die doch ebendeswegen schon erwachsen gewesen sein müßten, was in der Zeit vor der Cultusreform nicht der Fall gewesen sein könne, erledigt sich dadurch, daß der Ausdruck „Söhne" hier (wie 2 Chron. 22, 11) in einem weitern Sinne zu nehmen und von königlichen Prinzen überhaupt zu verstehen. Demnach setzen wir das Orakel allerdings in die J. 630—622, jedoch dem erstern Zeitpunkte näher als dem letztern.

Dasselbe, aus drei Kapiteln bestehend, zerlegt sich naturgemäß in zwei Theile, von denen der erste (Kap. 1, 2) nach der Ueberschrift (Kap. 1, 1) der gesammten bewohnten Erde, insbesondere aber Juda und seinen Götzen Vernichtung androht und das Kommen des Tages des Gerichts verkündigt (Kap. 1, 2—18; 2, 4—14), für das Volk eine bringliche Mahnung zur Buße und zur Bekehrung (Kap. 2, 1—3). Der zweite Theil (Kap. 3) beschäftigt sich vornehmlich mit Jerusalem, der widerspenstigen, unbußfertigen Stadt, welche ihrer Züchtigung nicht entgeht. Erst nachdem das göttliche Strafgericht gehalten, erfolgt der Heiden Bekehrung und Israels Wiederherstellung. Diese Gedanken werden von dem Propheten in fließender, gewandter, aber wenig origineller Darstellung vorgetragen. Sein Stil und seine Sprache ist correct, der Ausdruck aber reich an Reminiscenzen: in der Benutzung anderer, früherer prophetischer Schriften geht Zephanja weit über die ältern Propheten hinaus. Vgl. die Belege bei de Wette-Schrader, „Einleitung in die kanonischen und apokryphischen Bücher des Alten Testaments" (8. Ausg., Berlin 1869), §. 300. *Schrader.*

Zephanja (Buch), s. Zephanja.
Zephath, s. Horma.
Zer, eine feste Stadt Naphtalis (Jos. 19, 35). Knobel möchte mit den LXX und dem syr. Uebersetzer Zor, b. i. hebräisch: maƶór, „Feste", lesen und an das gleichbedeutende Kerak erinnern, eine Ruinenstelle am südlichen Ende des Sees von Tiberias, an der Ortslage des spätern Tarichäa, welches Josephus („Jüdischer Krieg", III, 10, 1) nennt, 30 Stadien südlich von Tiberias unter einem Berge am See. Heutzutage liegt ein mohammedanisches Dorf auf der Bodenerhöhung Kerak zwischen dem See und dem Jordan. Etwas Sicheres über das alte Zer ist nicht bekannt. Vgl. Wilson, Lands of the Bible visited and described (Edinburgh 1847), II, 124; Robinson, „Palästina" (Halle 1841—42), III, 512 fg.; Ritter, „Die Sinai-Halbinsel, Palästina und Syrien" (Berlin 1848—55), II, 1, 288. *Kneucker.*

Zereda, Zerera, Zereratha, s. Zarthan.
Zereth-Haschschachar, Zereth-Sahar, b. i. „Glanz der Morgenröthe", eine Stadt der Rubeniten, ohne Zweifel in der Nachbarschaft des Nebo oder Pisga (s. b.). Seetzen („Reisen durch Syrien, Palästina, Phönizien" [Berlin 1854—59], II, 369; vgl. Ritter, „Die Sinai-Halbinsel, Palästina und Syrien" [Berlin 1848—55], II, 1, 574) vermuthet Zereth-Sahar „auf dem Gebirge im Thal" in den Ruinen von Sara, eine halbe Stunde vom Ostufer des Todten Meeres, südlich vom Wadi Zerka Main, bei einer kalten und einer heißen Quelle, welche er für Kallirrhoë („Schönbrunn") bei Josephus hält (s. Lasa). *Kneucker.*

Zerstreuung (Diaspora). Im Buch Judith (Kap. 5, 19) heißt so der Ort, das Land, in welchem die aus der Heimat weggeführten Israeliten zerstreut sind. Im zweiten Makkabäerbuch (Kap. 1, 27) werden die verbannten selbst die „Zerstreuung" genannt. Was hier von der Verbannung gilt, ist später auf das Wohnen von Juden außerhalb Palästina überhaupt angewendet, und zwar ebenfalls in dem doppelten Gebrauch, wonach „Zerstreuung" genannt wird theils der Inbegriff der Wohnorte derselben, theils der Inbegriff der daselbst Wohnenden. So fragen im N. T. die Juden in Jerusalem Joh. 7, 35 auf die Aeußerung Jesu hin, daß er an einen Ort gehen werde, wohin sie ihm nicht nachfolgen könnten, ob er etwa in die Zerstreuung der Griechen gehen wolle, das heißt in die Wohnsitze der Juden unter den Griechen. Ebenso ist die Adresse des Jakobusbriefes (Kap. 1, 1) gerichtet an „die zwölf Stämme in der Zerstreuung", s. hierzu Jakobusbrief. Der Begriff ist hier von den Juden auf Christen übertragen, und die Worte bezeichnen unmittelbar die sämmtlichen Judenchristen außerhalb Palästinas. Ferner finden wir das Wort in der Adresse des ersten Petrusbriefes (Kap. 1, 1), s. Petrusbriefe. Die Adresse lautet an die „auserwählten Beisassen der Zerstreuung von Pontus, Galatien, Kappadocien, Asien und Bithynien". Man kann dies nicht auf die Christen als die „auserwählten" Mitglieder der jüd. Zerstreuung beziehen, da die Leser Heidenchristen sind, sondern nach 1 Petr. 2, 11 sind die Christen als fremde Bewohner der heidnischen Welt gedacht, und die „Zerstreuung" selbst ist in diesem übertragenen Sinne von der Christenheit im Gegensatze ihrer wahren Heimat zu verstehen.

Zerstreuung

Einen geographischen Ueberblick über die jüd. „Zerstreuung" gibt die Apostelgeschichte (Kap. 2, 9—11), in der Aufzählung der fremden Juden, welche am Pfingstfest in Jerusalem versammelt sind: „Parther und Meder und Elamiter und die Bewohner von Mesopotamien, Judäa und Kappadocien, Pontus und Asien, Phrygien und Pamphylien, Aegypten und dem libyschen Land bei Cyrene, und die hier angesiedelten Römer, Juden und Proselyten, Kreter und Araber." Die Apostelgeschichte nennt ferner in der Geschichte des Stephanus (Kap. 6, 9) Synagogen solcher Zerstreuungsjuden in Jerusalem, die Synagoge der sogenannten Libertiner und Cyrenäer und Alexandriner und der von Cilicien und Asien. Sie zeigt uns in der ältern Geschichte des Paulus und der Ausbreitung des Christenthums die Judenschaft in Damaskus und in Antiochien, und in der Missionsgeschichte des Paulus eine solche auf Cypern, im pisidischen Antiochien, Ikonium, Philippi, Thessalonike, Beröa, Athen, Korinth, Ephesus, Rom. Eine ähnliche Uebersicht über die Verbreitung der Juden außerhalb Palästinas im 1. Jahrh. unserer Zeitrechnung gibt der von Philo (De virt. et legat. ad Cajum, II, 586 fg.) mitgetheilte Brief des Agrippa I. an den Kaiser Gajus (Caligula). Jerusalem heißt hier die Mutterstadt, nicht für das eine jüdische, sondern eine Menge von Ländern, wegen der zu Zeiten von dort ausgegangenen Niederlassungen, in die Nachbarländer Aegypten, Phönizien, Syrien und Cölesyrien, in die fernern: Pamphylien, Cilicien, den größten Theil von Asien bis Bithynien und die Winkel von Pontus; ebenso auch nach Europa: Thessalien, Böotien, Macedonien, Aetolien, Attika, Argos, Korinth, die meisten und besten Gegenden des Peloponnes. Und nicht nur die Festländer seien voll von jüd. Niederlassungen, sondern auch die namhaftesten Inseln: Euböa, Cypern, Kreta. Zu geschweigen der Länder jenseit des Euphrat. Denn sie alle, mit Ausnahme eines kleinen Striches, Babylon und der andern Satrapien, welche das umliegende gute Land befassen, haben jüd. Ansiedler. Philo selbst sagt (In Flaccum, II, 524), daß sie ein Land bei ihrer großen Zahl nicht fassen würde, daß sie deshalb die meisten und gesegnetsten Inseln und Festländer von Europa und Asien ausnutzen, immer auf Jerusalem als Metropole blickend, wenn sie auch den ererbten Wohnort als Heimat anerkennen. Josephus aber führt als Zeugen für diese Verbreitung („Alterthümer", XIV, 7, 2) den Geographen Strabo an, welcher von den Juden in Cyrene redend hinzufügt, es sei nicht leicht, einen Ort in der Welt zu finden, der dieses Geschlecht nicht aufgenommen, oder dessen sich dasselbe nicht bemeistert hätte.

Diese Verbreitung der Juden außerhalb ihres Landes hat ihre geschichtliche Ursache im einzelnen, so in Aegypten (s. d.) von ältester und späterer Zeit her, ebenso in den Ländern des alten babylonischen Reichs vom Exil her, so in den Ländern des syr. Reichs, so endlich im Westen durch die Kriege der Römer. Alle diese geschichtlichen Anlässe, Fortschleppung von Kriegsgefangenen, wie Verpflanzung jüd. Colonien und Begünstigung jüd. Ansiedler aus politischen Gründen und besonderer Gunst, erklären die Thatsache nicht vollständig. Die eigenthümliche Energie des Volkes hat seit der Epoche des griech. Weltreiches die eröffneten Bahnen benutzt, sich als das Weltvolk weil Gottes Volk geltend zu machen, seine Religion und seit dem Exil ausgebildete Religionsverfassung gab ihm die Mittel, sich überall als Volk unter den Völkern zu behaupten (s. Judenthum). Da diese Juden in der Fremde sich den äußern Verhältnissen anschmiegen, wie sie denn nirgends erobernd und herrschend, sondern überall abhängig oder doch als friedliche Invasion sich einfinden, sich der Staatsgewalt unterordnen, Sprache und Lebensweise, soweit mit ihrer Religion verträglich, annehmen, sich die fremde Cultur, wenn auch immer in bestimmter Richtung, aneignen, so geben sie dadurch in gewisser Art den Beweis für die Universalität des Monotheismus. Ihre Zerstreuung ist die erste Unterlage für die Verbreitung des Christenthums, und ihre Annahme und Verarbeitung höchster griech. Wissenschaft, die Vorbereitung der Entwicklung desselben als Weltreligion (s. Alexandrinische Religionsphilosophie).

Wo diese Niederlassungen der Juden irgend ansehnlicher sind, haben sie sich fast überall Privilegien erworben oder dieselben nothgedrungen erhalten, wodurch sie ihren Zusammenhalt, ihre Abschließung nach außen, den Einfluß ihrer Religion auf die Sitte sichern, und vielfach Rechte genossen, welche sie wie eine Gemeinde in der Gemeinde, wie einen Staat im Staate erscheinen lassen. Auch in dieser Beziehung ist die Niederlassung in Aegypten die bedeutendste. Die Verbindung mit diesem Lande, welche in früheren Jahrhunderten meist unheilvoll gewesen, wurde in der Zeit der griech. Herrschaft eine Quelle von Macht und Glanz für das Judenthum (s. Aegypten und Ptolemäer), und bei wechselnden Geschicken behaupten sie ihre Stellung daselbst unter der röm. Herrschaft. Die Juden erhielten unter den Diadochen ein eigenes Quartier im Delta; sie verbreiteten sich aber über die ganze Stadt; zu Philo's Zeit waren von den fünf Theilen der Stadt zwei von Juden bewohnt; zerstreut wohnten andere aber auch in den übrigen Theilen, und in der ganzen Stadt hatten sie ihre Bethäuser. Ihre Zahl ward auf eine Million geschätzt. Sie standen unter einem Ethnarchen, der vollständige Gerichtsbarkeit über sie hatte. Augustus bestätigte erst diesen, setzte aber dann ein Collegium, eine Gerusia, an dessen Stelle. Ob damit auch eine andere Ordnung der Befugnisse verbunden war, steht dahin. Der weiterhin vorkommende Titel eines Beamten, der Alabarch oder Arabarch heißt, scheint nichts mit dieser Stellung der Judenschaft zu thun zu haben. Tief erschüttert wurde die Lage der Juden unter dem Kaiser Gajus durch gewaltsamen Ausbruch des Hasses von seiten der übrigen Bevölkerung unter Begünstigung des Statthalters Flacius Avillius. Eine Fürbitte Agrippa's I. hatte nur augenblicklichen, eine Gesandtschaft an den Kaiser, an deren Spitze Philo stand, keinen Erfolg. Nach Gajus Tod erhoben sich die Juden, um Rache zu nehmen. Claudius schlug die Unruhen nieder, indem er die alten Rechte der Juden bestätigte. Unter Nero brach der Haß beider Theile noch einmal zu blutigem Zusammenstoß aus. Auch in Cyrene bildeten die Juden neben Bürgern, Bauern und Metöken einen besondern Theil der Einwohnerschaft, und sind unter der röm. Herrschaft wiederholt in Kämpfe und Aufruhr verwickelt (s. Cyrene).

Von Syrien sagt Josephus („Jüdischer Krieg", VII, 3, 3), daß die Juden dort verhältnißmäßig unter allen Ländern am zahlreichsten gewesen, ganz besonders in der Hauptstadt Antiochien (s. d.). Begünstigt von Seleucus Nikator und seinen Nachfolgern, mit Ausnahme des Antiochus Epiphanes, haben sie dann auch den röm. Schutz, und nach Störungen unter Nero und durch den jüd. Krieg, die Bestätigung ihrer Rechte durch Titus empfangen. In Damaskus finden wir unter arab. Herrschaft einen jüd. Ethnarchen (2 Kor. 11, 32). In Kleinasien waren die Juden, wenn auch nicht in derselben Stärke wie in Syrien, doch fast überall, und namentlich in allen bedeutendern Städten zu Hause. In Phrygien und Lydien hatte sie Antiochus der Große eingeführt (s. Antiochus u. b. W. Phrygien, Lydien), der Weg der Einwanderung im allgemeinen führte sie von Syrien her. Gerade für Kleinasien hat Josephus („Alterthümer", XIV, 10; XVI, 6) eine größere Zahl von Decreten aus der ersten röm. Herrschaft aufbewahrt, durch welche ihnen Rechte theils bestätigt, theils begründet werden. In erster Linie handelt es sich hierbei um die Religionsübung selbst, und insbesondere um die Absendung ihrer Tempelsteuer und Geschenke nach Jerusalem, welche der Bevölkerung vielfach ein Dorn im Auge war, sodann um die Entbindung von staatlichen Pflichten, welche mit ihrer Religion in Widerspruch geriethen, also vom Militärdienste wegen des Sabbats, und ebenso von Gerichtspflichten wegen Sabbat und Festfeier. Aber es findet sich auch dabei die Bestätigung eigener Gerichtsbarkeit, und zwar nicht blos für ihre Religionsangelegenheiten, sondern auch für bürgerliche Rechtsstreitigkeiten, z. B. in Sardes (vgl. Josephus, „Alterthümer" XIV, 10, 17).

Von den europ. Sitzen des Judenthums erweckt ihre Niederlassung in Rom das größte Interesse; über deren Ursprung, Ausdehnung und Schicksale s. Rom, Römerbrief, Claudius. Drei jüd. Begräbnißplätze sind aufgefunden worden, der erste von Bosio entdeckt, an der Via Portuensis, seither wieder verloren, einer an der Appischen Straße und ein dritter in Nähe des altchristlichen ad catacumbas. Die meisten Gräber, deren Inschriften griechisch und zum Theil lateinisch sind, deuten auf dürftige Verhältnisse. Auch die Namen jüd. Synagogen in Rom sind auf diesem Wege erhalten. Eine Verordnung von Augustus bestimmte zu Gunsten der röm. Juden, daß für sie die Vertheilung von Geld und Getreide, wenn dieselbe auf einen Sabbat gefallen war, am folgenden Tage nachgeholt werden sollte. Hier in Rom werden die verschiedenen Wirkungen des Zusammenseins jüd. Bevölkerung, Sitte, Religion mit der übrigen Welt besonders deutlich und spiegeln sich reichlich in der Literatur. Für die Masse ist dieses Volk mit seinen sonderbaren Bräuchen und seiner eigenthümlichen Absonderung theils widrig, theils lächerlich. Aber dieser fremdartige Glaube übt dennoch eine mächtige

Anziehungskraft, verstärkt durch die zähe Ueberzeugung seiner Bekenner und den Gemeingeist unter denselben. Aehnliches wiederholt sich übrigens fast in allen Provinzen. Außerhalb Roms war eine ansehnliche jüd. Niederlassung in Puteoli, ebenso Juden in Neapel, in Capua und Venusta haben sich jüd. Grabdenkmäler gefunden. Sonst ist im Abendlande die Existenz der Juden in Illyrien sicher, die in Spanien in früherer Zeit zwar nicht nachweisbar, aber durch starke Verbreitung daselbst zu Anfang des 4. Jahrh. wahrscheinlich.

Außerhalb des röm. Reichs, in den Ländern zumal jenseit des Euphrat, wo die Anfänge der „Zerstreuung" liegen, ist zwar die Stärke der jüd. Bevölkerung in der spätern Zeit sicher, aber über ihre Verhältnisse sind wir aus nahe liegenden Gründen am wenigsten unterrichtet.

In dem weiten Gebiete, in welchem die Juden sich seit Alexander dem Großen ausbreiteten, haben sie meist von Anfang an das Bürgerrecht der Städte ihrer Niederlassungen besessen; auch in Rom ward ihnen dasselbe zutheil. Die Rechtsverhältnisse ihrer Gemeinden aber scheinen vielfach verschieden gewesen zu sein. Nur das eine stand fest, daß sie die volle Freiheit ihrer Religionsübung genossen, und im Zusammenhange damit auch ihre Gerichtsbarkeit in Religionssachen. Dagegen läßt sich nicht nachweisen, daß das Privilegium der bürgerlichen Gerichtsbarkeit, welches sie an einzelnen Orten haben, ein allgemeines war, oder daß sie in derselben Weise, wie in Alexandrien, unter einer förmlichen eigenen Regierung standen. Hiermit hängt auch die Frage über ihre Beamten zusammen. Bei Schriftstellern wie in Grabschriften findet sich nicht selten der Titel eines Archon. Nach Analogie unserer Evangelien ist man zunächst veranlaßt, diesen als Synonym von Archisynagogen, Synagogenvorstehern zu nehmen. Aber in den Grabschriften stehen mehreremal beide Titel nahe beieinander, und hat sich daher die Annahme nahe gelegt, daß die Archonten die bürgerliche, die Archisynagogen die kirchl. Gemeindebehörde bilden. Doch sind die Beweise dafür nicht zwingend, und Archon ist überhaupt einer von den allgemeinen Titeln, welche auf verschiedene Beamten angewendet werden können. Erwägt man, daß die Verwaltung und Rechtsprechung der Gemeinde nach dem Gesetz erfolgte, daß die religiöse Versammlung die ganze Autorität gab, daß der doppelte Apparat vielfach höchst schwerfällig und außer Verhältniß zur Sache sein mußte, so bleibt die Einheit doch wahrscheinlicher, und dies wird noch verstärkt, wenn die Befugnisse keineswegs überall so weit gingen. Es mag daher immerhin der Ethnarch, unter welchem die Judenschaft in Alexandrien, in Antiochien, in Damaskus zeitweilig gestellt war, auch Archon genannt werden; dagegen heißen in Berenice in Chrenaika auch neun jüd. Vorsteher, die ein Collegium bilden, Archonten, obwol sie gewiß eine andere Stellung haben; und die Archonten anderer, zumal kleiner Gemeinden, sind schwerlich etwas anderes als Synagogenvorsteher, oder Mitglieder des Aeltesten-Collegiums einer Synagoge.

Solange der Tempel und die höchste Religionsbehörde in Jerusalem bestand, übte die letztere auch über die Juden der Zerstreuung ihre Autorität aus. Die Verkehrsverhältnisse einerseits, die Selbständigkeit und eigenthümliche Bildung der Zerstreuungsgemeinden andererseits setzen derselben ihre natürlichen Schranken. Doch ist die babylonische Schule erst nach dem Untergang von Jerusalem zu ihrer Bedeutung gelangt, und andererseits haben auch bei den ägypt. Juden, deren Bildung die abweichendste wurde und eine gewisse Trennung herbeiführen mußte, die Verbindung nicht abgebrochen. Bei Ehen von Priestern, z. B. führt Josephus (Contra Apion., I, 7) an, wird die Genehmigung auf Grund der Stammbäume auch von Aegypten und Babylon aus in Jerusalem nachgesucht. Wie von Jerusalem aus Urtheile verbreitet und Hülfsvollstreckung auswärts bewirkt wurde, kennen wir aus der Verfolgungsmission, welche Paulus vor seiner Bekehrung übernahm. Von einer allgemeinen Instruction gegen das Christenthum, die von Jerusalem in die Diaspora ausgegangen sei, berichtet in ähnlicher Weise Justinus Martyr (Dialog. c. Tryph., Kap. 17). Thatsächlich für die Gläubigen unterhalten wurde die Verbindung mit Jerusalem vorzüglich durch zwei Gewohnheiten. Die eine betrifft die Tempelabgaben, welche aus der ganzen Zerstreuung und großentheils in sehr reichem Maßstabe geliefert werden. Die Ueberlieferung derselben ist ein ehrenvoller Auftrag, mit welchem die angesehensten Glieder einer Gemeinde ausgezeichnet werden. Die Freiheit dieser Sendungen ist eins der wichtigsten Rechte der Judengemeinden unter röm. Herrschaft, und nur vorübergehend gestört. Gegen Räuberei wußten sich die babylonischen Juden selbst zu schützen, indem sie die Tempelgelder in den festen Städten Naarba und Nisibis sammelten und bann durch große bewaffnete Karavanen, der Parther wegen, beförderten. Das andere sind die Fest- und Opferreisen oder Wallfahrten nach Jerusalem. Die Feste versammelten nach Josephus' und Philo's Angaben eine Fremdenmasse in Jerusalem, welche für sich allein schon der Bevölkerung einer sehr großen Stadt gleichkam, und welche uns im N. T. in der Pfingsterzählung der Apostelgeschichte entgegentritt.

Das Proselytenwesen hatte seinen vornehmsten Sitz in der Zerstreuung (s. Proselyten und vgl. die Schilderung Matth. 23, 15). Im 1. Jahrh. unserer Zeitrechnung feierte das Judenthum den glänzenden, wenn auch vorübergehenden Erfolg der Bekehrung eines Fürstenhauses, des Königs Izates von Adiabene. Die Apostelgeschichte des N. T. zeigt wiederholt die Proselyten der Zerstreuung als bereitwillige Hörer des Evangeliums, so im pisidischen Antiochien (Kap. 13, 43; doch auch ebenso als Werkzeuge seiner Anfeindung, Kap. 13, 50), in Philippi (Kap. 16, 14), in Korinth (Kap. 18, 7.)

Was die äußere Stellung der Juden in der Zerstreuung betrifft, so finden wir dieselben in der Apostelgeschichte bemüht, die evangelische Mission der Unruhestiftung im Reiche anzuklagen, vgl. besonders Apg. 16, 20 fg. Dies heißt aber offenbar auch bemüht, jeden derartigen Vorwurf von sich selbst abzulehnen. In jedem Falle ist dadurch bezeugt, daß den Juden die Gefahr dieser Beschuldigung geläufig war, und ebenso die Abwehr derselben. Ebenso aber sind sie zu gewaltthätigen Angriffen stets bereit. Bezeichnend für ihre Verhältnisse ist insbesondere die Erzählung der Apostelgeschichte über die Vorfälle in Korinth (Kap. 18, 12—17). Hier klagen die Juden den Paulus vor dem Proconsul Gallio der gesetzwidrigen Religion wegen an. Gallio läßt sich darauf nicht ein, weil kein Verbrechen oder Vergehen angezeigt ist, ein Religionsstreit aber zu den innern Angelegenheiten der Judengemeinde gehört, welche sie selbst zu urtheilen haben. Sie werden vom Tribunal weggetrieben und der Römer läßt es mit Verachtung geschehen, daß sie dann in der Nähe desselben den Synagogenvorsteher Sosthenes schlagen. Hier ist die röm. Praxis in Behandlung der Juden und jüd. Dinge gewiß treu gezeichnet. Auch aus dieser Darstellung bestätigt sich, daß der Regel nach die Gerichtsbarkeit der jüd. Gemeinden sich auf ihre Religionsangelegenheiten erstreckte, und weitere Privilegien nur besonderes örtliches Herkommen waren.

Aus der Literatur über diesen Gegenstand ist hervorzuheben aus älterer Zeit: Remond, „Versuch einer Geschichte der Ausbreitung des Judenthums von Cyrus bis auf den gänzlichen Untergang des jüdischen Staates" (Leipzig 1789); die Abhandlungen von Rhenferd und Wesseling in Ugolino's Thesaurus antiquitatum sacrarum (Venedig 1744—1769), Bb. 24; die Commentare zu Josephus' Sammlung der röm. Decrete von Gronovius (Leyden 1712), und von Krebs (Leipzig 1768), jetzt auch Ritschl im „Rheinischen Museum für Philologie", Jahrg. 1873, S. 586; L. Mendelssohn's zwei Programme über Senat. cons. Rom., die Juden betreffend bei Josephus (Leipzig 1873 und 1874), und derselbe in den Acta societatis philologae Lipsiensis (Bb. 3 [Leipzig 1874]); ferner aus neuerer Zeit: Winer, „Biblisches Realwörterbuch" (3. Aufl., Leipzig 1847—48), II, 727—730; Herzog's „Real-Encyklopädie" u. d. W. Alexandria, Juden und Hellenisten; Jost, „Geschichte des Judenthums" (Leipzig 1857—59), Bb. 1; Herzfeld, „Geschichte des Volkes Israel" (Nordhausen 1854—56), Bb. 3; Frankel in der „Monatsschrift für Geschichte und Wissenschaft des Judenthums", Jahrg. 1853 und 1854; Schneckenburger, „Vorlesungen über neutestamentliche Zeitgeschichte" (Frankfurt a. M. 1861); Hausrath, „Neutestamentliche Zeitgeschichte" (2. Aufl., Heidelberg 1873—74), Bb. 2 u. 3; Holzmann, „Judenthum und Christenthum im Zeitalter der apokryphischen und neutestamentlichen Literatur" (Leipzig 1867); Friedländer, „Darstellung aus der Sittengeschichte Roms in der Zeit von August bis zum Ausgang der Antonine" (2. Aufl., Leipzig 1865—71), Bb. 3, und besonders Schürer, „Lehrbuch der neutestamentlichen Zeitgeschichte" (Leipzig 1874), S: 619 fg.

Weizsäcker.

Zeruja, eine Schwester David's (1 Chron. 2, 16), berühmt durch ihre drei Heldensöhne: Joab, Abisai und Asahel (vgl. 2 Sam. 2, 18; 3, 39; 8, 16; s. die drei Artikel).

Schenkel.

Zeugen. Die Bedeutung der Zeugen hat im Rechtsleben der Israeliten volle Anerkennung gefunden. Auch in solchen Fällen, wo nach heutiger Anschauung eine schriftliche Urkunde genügt, wurden im hebr. Alterthum oft noch Zeugen hinzugezogen, z. B. beim Abschluß von Kaufverträgen, mochte derselbe nun vor Gericht (1 Mos. 23, 16; Ruth 4, 9 fg.) oder zwischen Privatpersonen (Jer. 32, 10 fg. 25; vgl. Jes. 8, 2) stattfinden. Noch weit wichtiger war das Institut der Zeugen in der peinlichen Gerichtsbarkeit. Wenn es sich um Ermittelung eines Verbrechens handelte, sprach der Richter zunächst eine feierliche Beschwörung aus, in der er alle diejenigen, welche um die Sache wußten, zur Erstattung ihres Zeugnisses aufforderte und sie, falls sie dieser Aufforderung nicht nachkämen, mit den göttlichen Strafen bedrohte (3 Mos. 5, 1; Spr. 29, 24; vgl. Richt. 17, 2). Wer darauf, obwol er zur Aufhellung des Sachverhalts beitragen konnte, mit seiner Aussage zurückhielt, machte sich einer Sünde gegen Gott schuldig (3 Mos. 5, 1), in dessen Namen der Richter sein Amt verwaltete (2 Mos. 18, 15; 5 Mos. 19, 17). Die Aussage eines einzigen Zeugen reichte nicht hin, um ein Todesurtheil herbeizuführen (4 Mos. 35, 30; 5 Mos. 17, 6) und sollte überhaupt in keinem Falle für genügend angesehen werden (5 Mos. 19, 15), vielmehr war, um eine Verurtheilung zu begründen, eine Mehrheit von Zeugen erforderlich (4 Mos. 35, 30), was näher dahin erläutert wurde, daß eine Sache auf die Aussage von zwei oder drei Zeugen hin als bestätigt gelten sollte (5 Mos. 17, 6; 19, 15; vgl. Joh. 8, 17; Hebr. 10, 28). Selbst ungerechte und parteiische Richter wagten nicht, sich über diese Bestimmung hinwegzusetzen, wie die Verhandlungen gegen Naboth (1 Kön. 21, 10 fg.), Jesus (Matth. 26, 60) und Stephanus (Apg. 6, 13) zeigen. Die Richter durften sich nicht mit der bloßen Zeugenaussage begnügen, sondern waren verpflichtet, eine genaue Untersuchung anzustellen, und wenn sich bei derselben die Angaben eines Zeugen als unwahr erwiesen, so verfiel er selbst in die Strafe, die außerdem den Angeklagten getroffen haben würde (5 Mos. 19, 16 fg.). War ein Todesurtheil ausgesprochen worden, so hatten bei der üblichen Vollstreckung desselben durch Steinigung die Zeugen die ersten Steine auf den Verurtheilten zu werfen, eine Bestimmung, welche von böswilligen und unbedachten Aussagen in Fällen, wo es sich um das Leben eines Menschen handelte, abzuschrecken geeignet war (5 Mos. 17, 7; Apg. 7, 57 fg.; vgl. Joh. 8, 7). Josephus berichtet ("Alterthümer", IV, 8, 15) als Bestimmungen des mosaischen Gesetzes noch: 1) daß nur solchen Zeugen Glaube geschenkt werden sollte, deren Vorleben ihre Aussage glaubhaft erscheinen lasse, und 2) daß sowol Frauen als Sklaven unfähig zur Ablegung von Zeugnissen sein sollten, erstere wegen des Leichtsinnes und der Dreistigkeit des weiblichen Geschlechtes, letztere wegen der bei ihnen vorauszusetzenden niedrigen Gesinnung, die sie den Einflüssen der Furcht und Gewinnsucht leicht zugänglich mache. Diese Bestimmungen, welche das A. T. noch nicht erwähnt, treten jedenfalls erst später in Kraft, wie wir denn aus Josephus' eigener Geschichte wissen, daß man zu seiner Zeit eine Prüfung des Vorlebens der Zeugen anzustellen pflegte (Josephus, "Leben", Kap. 49).

Das N. T. bekennt sich gleichfalls zu dem im A. T. ausgesprochenen Grundsatze von der Nothwendigkeit zweier oder dreier Zeugen, um eine zweifelhafte Sache zur Gewißheit zu bringen. So verlangt Jesus, daß, wenn ein Gemeindeglied von einem andern beleidigt worden, und der erste Sühneversuch unter vier Augen erfolglos geblieben sei, der zweite Sühneversuch in Gegenwart von einem oder zwei andern unternommen werde, deren Aussage dann der Gesammtgemeinde bei ihrer Entscheidung zum Anhaltpunkte dienen könne (Matth. 18, 16). Ebenso erklärt Paulus der korinthischen Gemeinde, daß er bei seiner nächsten Anwesenheit jede Streitigkeit nach der Aussage von zwei oder drei Zeugen entscheiden werde (2 Kor. 13, 1), und der Verfasser des ersten Timotheusbriefs will einer Anklage gegen einen Gemeindeältesten nur dann stattgegeben wissen, wenn sie durch die gleiche Zahl von Zeugen bekräftigt ist (1 Tim. 5, 19).

Die einfachen Bestimmungen des mosaischen Gesetzes sind im talmudischen Rechte weiter fortgebildet und mit zahlreichen Zusätzen vermehrt worden, doch haben diese spätern Festsetzungen keine Bedeutung für das Verständniß der Bibel. Vgl. über dieselben Otho, Lexicon rabbinico-philologicum, ed. Zacharias [Altona 1757], S. 753 fg., und Saalschütz, "Das mosaische Recht" (2. Aufl., Berlin 1853), S. 604 fg.

Falsches Zeugniß abzulegen, war im Gesetze nachdrücklich verboten (2 Mos. 20, 16; 23, 1; 5 Mos. 5, 17). Trotzdem können die Fälle, in denen dieses Verbot übertreten wurde, nicht ganz selten gewesen sein, wie sich aus den im A. T. öfter wiederkehrenden, diesen Punkt betreffenden Klagen, Mahnungen und Drohungen schließen läßt (Spr. 6, 19; 12, 17; 14, 3. 25; 19, 3. 9; 24, 20; Pſ. 27, 12; 35, 11; vgl. 1 Kön. 21, 10 fg.; Matth. 26, 60; Apg. 6, 13). Krenkel.

Zeugniß, ſ. Zeugen.

Zibei, ſ. Mephiboſeth.

Zibbim, eine feſte Stadt im ſüdlichen Naphtali, vielleicht erhalten in dem heutigen Khirbet-es-Saubeh weſtwärts vom ſüdlichen Ende des Sees Tiberias (vgl. Robinſon, „Paläſtina" [Halle 1841—42], III, 881). Kneucker.

Zidon, ſ. Sidon.

Ziegel. Schon in früheſter Zeit finden wir Ziegel aus Lehm oder Thon anſtatt der Steine (1 Moſ. 11, 3; 2 Moſ. 1, 14) als Baumaterial, wozu der Mangel an jenen zunächſt Anlaß geben mochte. In Aegypten wurden nicht nur Privatgebäude, ſondern auch andere Bauwerke aus Ziegeln errichtet. Herodot erzählt, Aſychis, König von Aegypten, habe ſeine Vorgänger überbieten wollen und zur Erinnerung an ihn eine Pyramide aus Ziegeln hinterlaſſen mit einer Inſchrift, die etwa Folgendes ausſagt: „Schätze mich nicht geringer neben den ſteinernen Pyramiden, denn ich übertreffe ſie ſo ſehr, wie Zeus die andern Götter. Denn man langte mit einer Stange in einen See hinein, und allen Schlamm, der an die Stange ſich anhing, nahm man, bildete Ziegel und hat auf dieſe Art mich aufgerichtet." In allen Theilen Aegyptens fand man Ziegel mit dem Stempel älteſter Pharaonen. Nach Zeugniſſen alter Schriftſteller waren die außerordentlich ſtarken und hohen Mauern der aſſyr. Städte aus an der Sonne getrockneten Ziegeln. Layard fand zu Nimrud ſolche Ziegel mit Ueberreſten von Vergoldung, die alſo wahrſcheinlich dem Innern der Gemächer herrührten. Auch der berühmte Beluſthurm war nach Arrian (De exp. Alex.) aus Ziegeln erbaut. In Aſſyrien und Babylonien dienten ſie (oder Cylinder) als Archiv, indem man Lehmziegel mit Inſchriften verſah und hernach brannte. Ez. 4, 1 iſt ſelbſtverſtändlich auch von einem ungebrannten Ziegel die Rede. Die Bereitung der Ziegel, als harte Arbeit in der Bibel geſchildert, die den Iſraeliten in Aegypten das Leben verbitterte (2 Moſ. 1, 14), iſt auch auf ägypt. Wandgemälden dargeſtellt. Der Lehm wird durch Treten zugerichtet (Nah. 3, 14) und durch eingemengten Häckerling (2 Moſ. 5, 7), den die Aegyptier mit den Händen einkneteten, haltbarer gemacht; Roſellini unterſuchte Ziegel aus dem ägypt. Alterthum und fand ſtets zerhacktes Stroh eingemengt. Auf einem ägypt. Wandgemälde ſteht man Arbeiter mit viereckigen Formen die Ziegel verfertigen, die geformten aus dem Modell ziehen und nebeneinander auf den Boden legen, um ſie von der Sonne trocknen zu laſſen. Von andern werden ſchon getrocknete Ziegel in Würfel aufgeſchichtet. Die Bibel kennt aber nicht nur an der Sonne getrocknete Ziegel, Luftziegel, ſondern auch im Ziegelofen (2 Sam. 12, 31; Nah. 3, 14) gebrannte, Backſteine (2 Moſ. 5, 7), wo Luther ſtatt Ziegel zu machen „Ziegel zu brennen" überſetzt, indem er bei den daſelbſt erwähnten Stroh am Brennmaterial dachte, jenes hat die Beſtimmung, in den Lehm gemengt zu werden. Denn in Aegypten wurden die Ziegel nicht gebrannt, ſondern nur an der Sonne getrocknet. Aus ſolchen Luftziegeln erbaute Häuſer ſind noch gegenwärtig in Aegypten, in vielen Gegenden des Orients und in Ungarn ſehr häufig zu ſehen. Auch im griechiſchen und röm. Alterthum waren die Ziegel ein beliebtes Baumaterial. Nach Plinius ſollen die Brüder Euryalus und Hyperbius die erſten domos laterales in Athen aufgeführt haben. Die älteſten Gebäude Roms beſtanden großentheils aus Luftziegeln. Barro erwähnt aber öfter auch Backſteine, lateres coctiles. Nach Pauſanias waren die Stadtmauern von Mantinea in Arkadien, von Bien am Fluſſe Strymon, ein Tempel bei der Stadt Panopeum, ein kleiner Tempel zu Argos, ein Tempel der Ceres zu Stiris und zu Lepreos, ein Porticus zu Epidaurus aus Ziegeln erbaut. Da er von den Mauern zu Mantinea bemerkt, das Waſſer des ſie berührenden Fluſſes habe die Ziegel aufgelöſt, ſo müſſen ſie Luftziegel geweſen ſein. Nach Plinius und Vitruv's Beſchreibung der drei Arten von Ziegeln waren die größer als die unſerigen. Die erſte Art, die lydiſche, maß einen Fuß Länge und einen Fuß Breite; die zweite, pontadoron, war fünf und die dritte, tetradoron, vier Palmen lang. Die Römer gebrauchten aber auch kleinere Ziegel, laterculi, zur Unterſtützung ſchwebender Fußboden in Bädern, zu Kanälen u. dgl. Plinius verſichert, die Griechen hätten Wände aus Ziegeln denen aus Steinen vorgezogen, weil jene „ewig bauern, wenn ſie nach dem Bleiloth geſtellt ſind". In der Bibel wird jedoch einem Gebäude aus Steinen, namentlich Quadern, mehr Festigkeit und Dauer zuerkannt als einem aus Ziegeln (Jes. 9, 9). Unter den Ziegeln, auf welchen das Volk räuchert (Jes. 65, 3), womit Götzendienerei angedeutet wird, ist wahrscheinlich der mit Ziegeln bedeckte Dachestrich gemeint, wo man abgöttische Räucherungen vornahm (Jer. 19, 13; 22, 29), überhaupt Götzendienerei übte (2 Kön. 23, 12; Zeph. 1, 5). Andere verstehen darunter mit Ziegeln belegte heidnische Altäre.

Rosloff.

Ziegelthor, s. Jerusalem.

Ziegen gehörten mit den Schafen zusammen zum Kleinvieh (ṣo'n) Israels (vgl. 1 Mos. 12, 16; 30, 33 fg.; 38, 17; 3 Mos. 1, 10). Der besondere Name für Ziege war 'ez, für Ziegenböcklein gedi, während man den Ziegenbock tájiš, 'attúd, ṣa'ir oder ṣephir nannte und das einzelne Stück Kleinvieh, gleichviel ob Ziege oder Schaf, śeh (1 Mos. 30, 32; 3 Mos. 5, 7). In Palästina eignet sich ganz besonders das buschreiche, westliche Bergland vom Hermon bis nach Hebron für Ziegenzucht, dagegen das holzarme, aber kräuterreiche moabitische Plateau vorzugsweise für Schafheerden und die vielerorts mit saftigem Gras bewachsene Küstenebene für Großvieh (2 Kön. 3, 4; 2 Chron. 26, 10). Die in Israels Heimat vorherrschende Ziegenart zeichnet sich aus durch lange, meist schwarze (selten weiß und schwarzgesprenkelte und noch seltener ganz weiße) Haare (1 Mos. 30, 32), starke zurückgekrümmte Hörner und auffallend große (1 Fuß lange), oft bis unter die Nase herabreichende Ohren, die etwa der Hirt als Ueberbleibsel aus dem Rachen des Löwen rettete (Am. 3, 12). In der Umgebung des Hermon trifft man eine Varietät mit weniger großen Ohren, aber größern und oft horizontal heraustehenden Hörnern, längerm und feinerm Haar. Beide Arten sehen durchschnittlich stattlicher aus als die bei uns gemeine.

Die Ziegen nahmen im Haushalt Israels eine wichtige Stelle ein und gehörten nach der Sage schon zum Besitzstand der Patriarchen (1 Mos. 15, 9; 32, 14; 37, 31; 1 Sam. 25, 2; Hl. 6, 5; Spr. 27, 36). Der Hirt führt Ziegen und Schafe gemeinsam aus der Hürde, wo sie getrennt gelagert gewesen (Matth. 25, 32 fg.). Rasch drängen die Böcke, denen je zehn Ziegen beigegeben sind (1 Mos. 32, 14), durch die Menge (vgl. Jer. 50, 8) und schreiten dann stolz ihrem Trupp voran (Spr. 30, 31). Der Spruchdichter (Spr. 30, 31) stellt den gravitätischen Gang des Ziegenbockes dem des Streitrosses an die Seite, und wol von ähnlichem Naturgefühl bewegt machte der Prophet den Ziegenbock zum Symbol der macedonisch-griech. Monarchie (Dan. 8, 5 fg.). Kaum ist glaublich, daß er dies gethan, weil einige macedon. Städte den Bock im Wappen führten oder Macedonien an Ziegen reich war. Folgsam und geordnet laufen die Schafe hinter dem Hirten her, während die Ziegen so bald wie möglich in muthwilligen Sprüngen die Halden ersteigen, um das Gebüsch abzunagen. Frisch geschwemmte Schafe waren dem Dichter des Hohenliedes ein Bild für weiße, schön geordnete Zähne, die schwarzen Ziegen am Gebirge Gilead ein solches für lose herabhängende, glänzend schwarze Locken (Hl. 6, 4. 5). Im Gegensatz zu den weißen und wolligen Schafen boten sich die schwarzen und unlenksamern Ziegen als ungesuchtes Symbol des gottfeindlichen Wesens (Matth. 25, 32 fg.). Auch in Israel glaubten manche an bockartige Dämonen (3 Mos. 17, 7). Zum Sündopfer wurden immer Ziegenböcke gewählt (3 Mos. 4, 14. 23; 9, 3; 23, 9; 4 Mos. 7, 16; vgl. Knobel zu 3 Mos. 9, 3), und ein Bock trug am Versöhnungstage die Schuld des Volkes hinaus zum Dämon der Wüste (3 Mos. 16, 8 fg.).

Das zarte, wohlschmeckende Fleisch des jungen Böckleins war zu allen Zeiten ein Lieblingsgericht in Israel und wurde, wie heute noch in Palästina, gewöhnlich auch dem Gastfreund vorgesetzt (1 Mos. 27, 9; 38, 17; Richt. 6, 19; 13, 15; Luk. 15, 29), und zwar gesotten. Nur war verboten, das Böcklein in der Milch seiner Mutter zu kochen (2 Mos. 23, 19). Mit Ziegenfett durfte man die Speisen nicht würzen (3 Mos. 7, 23), aber die Milch wurde im Ueberfluß genossen (Spr. 27, 27). Ziegen von ein bis drei Jahren kamen auf den Opfertisch (1 Mos. 15, 9; 4 Mos. 15, 27), und wer für das erste Passahmahl kein Lamm zur Hand hatte, durfte eine Ziege schlachten (2 Mos. 12, 5). Ziegenhaare wurden von Frauen zu Mänteln, Zeltdecken u. dgl. verwoben (2 Mos. 26, 7; 36, 14; 35, 26) oder zu Netzen verflochten (1 Sam. 19, 13. 16). Von den cilic. Ziegen fertigte man in Tarsus (s. d.) weitberühmtes Zelttuch. Ziegenfelle wurden vorzugsweise zu leicht transportabeln Gefäßen für Wasser, Wein, Oel und auch für trockene Dinge verwandt (s. Schlauch). Arme Leute trugen ein Ziegenfell an Stelle des Mantels (Hebr. 11, 37). Vgl. Tristram,

The natural history of the Bible (London 1867), S. 88 fg.; Wood, Bible animals (London 1869), S. 189 fg.; Lewysohn, „Die Zoologie des Talmuds" (Frankfurt a. M. 1858), S. 123 fg. Furrer.

Zijim, genauer **Zijim**, bedeutet „Wüstenbewohner" und bezeichnet Jes. 13, 21 Steppenthiere (s. Ohim, Ochim), dagegen Jes. 23, 13 und Pf. 72, 9 wüstenbewohnende Nomaden, während Luther an der ersten Stelle das Wort als Eigennamen faßt und an der zweiten durch „Schiffe" wiedergibt. Kneucker.

Ziklag, eine Stadt im Südlande Judas, zum Philistäerstaat Gath (f. b.) gehörig (Jof. 15, 31; 1 Sam. 27, 6), welche in den Händen der Philistäer blieb bis auf David, der sie von Achis, dem König von Gath, zum Geschenk erhielt (1 Sam. 27, 6) und daselbst mit seinen Kriegern sich aufhielt (1 Sam. 30, 1. 14. 26; 2 Sam. 1, 1; 4, 10; 1 Chron. 12 [13], 1. 20; vgl. Josephus, „Alterthümer", VI, 13, 10), bis er nach Saul's Tode nach Hebron übersiedelte (2 Sam. 2, 1). Die nunmehr israelitische Stadt scheint in der Folgezeit von Simeoniten besetzt worden zu sein (Jof. 19, 5; 1 Chron. 4 [5], 30. 31), und nach dem babylonischen Exil wurde sie von Judäern bewohnt (Neh. 11, 28). Wenn in neuerer Zeit Rowlands (bei Williams, The Holy City [2. Aufl., London 1849], I, 465) das alte Ziklag in den Ruinen von Aslubsch oder Kaslubsch, eine Strecke südwestwärts von Milh (Malatha) auf dem Wege nach Abdeh (Eboda), drei Stunden östlich von Sepâta (s. Zephat) nach Khulasah (Elusa) zu, wiederfinden will, so scheint diese Annahme doch gar zu weit in den Süden irrezuführen (vgl. Ritter, „Die Sinai-Halbinsel, Palästina und Syrien [Berlin 1848—55], I, 1085 fg.). Vielmehr ist Ziklag, gemäß 1 Sam. 30, 9, nördlich vom Bach Besor (f. b.) zu suchen, und van de Velde dürfte das Richtige getroffen haben, wenn er die alte Ortslage in dem heutigen Tell Scheriah oder Tell Melaha, nördlich vom Wadi Scheriah, vermuthet. Vgl. übrigens Robinson, „Palästina" (Halle 1841—42), II, 647. Nach Palmer's neuesten Forschungen liegt Aslubsch etwa sechs Stunden nördlich von Sepâta und etwa vier Stunden nordwestlich vom Wadi Bebschar, dessen Name an das hebr. Besor anklingt (Palmer, The deserts of the Exodus [Cambridge 1872], S. 385 fg., 406). Kneucker.

Zilla, f. Lamech.
Zimmermann, f. Handwerke.
Zimmerthal, f. Thäler.

Zimmt (hebräisch: kinnamón) bildete ein Ingrediens des heiligen Salböls (2 Mof. 30, 23), wurde nebst andern Spezereien als Parfum gebraucht von lüsternen Frauen zu Durchduftung ihres Bettes (Spr. 7, 17), und war auch im kaiserlichen Rom ein gesuchter Artikel (Offb. 18, 13). In einem Paradiesgarten, wie der Dichter des Hohenliedes ihn träumt, wachsen auch Zimmtbäume (HL. 4, 14). Letztere, zu den Laurineen gehörig, sind in Ceylon einheimisch, erlangen bei einer Dicke von 1½ eine Höhe von 20 Fuß, zeichnen sich aus durch kantige Aeste, gegenüberstehende, dreirippige, glatte, 5½ Zoll lange und 2½ Zoll breite Blätter, graue, seidenartige Blütenrispen, durch außen graubraune, inwendig gelblichrothe Rinde, welche man von den dreijährigen Zweigen losschält und, von der äußern Borke befreit, in den Handel bringt. Dieser durch seinen Gehalt an schwerem, ätherischem Oel stark duftende Bast konnte nur von Indien bezogen werden gleichwie die echte Narde (f. b.).

2 Mof. 30, 23 wird kinnamón näher bestimmt als Zimmt des Wohlgeruchs (bêsem), ohne Zweifel um ihn zu unterscheiden von dem in China und Indien einheimischen Cassiazimmt, der stärker, aber weniger angenehm riecht als der eigentliche Zimmt. Der Baum, der diese Rinde liefert (Cinnamomum Cassia, auch laurus Cassia genannt), erreicht dieselbe Höhe wie der Zimmtbaum und hat überhaupt mit diesem viel Aehnlichkeit; doch stehen die Blätter des Cassiabaumes meist abwechselnd und sind länglicher, die Blütenrispen kürzer. Auf den Bast dieses Baumes bezieht man sowol den Stoff kiddáh, der ebenfalls ein Ingrediens des heiligen Salböls bildete (2 Mof. 30, 24) und von Südarabien her auf den Marktplatz von Tyrus kam (Ez. 27, 19), als auch die Pf. 45, 9 als Parfum und Hiob 42, 14 als Frauenname erwähnte kesiâh. Es scheint uns wahrscheinlicher, daß zwar kesiâh die Cassiazimmtrinde bedeutet, kiddáh dagegen ein wohlriechendes Product bezeichnet, das in Südarabien selbst einheimisch war, stammend von einem hohen palmenähnlich, kadi genannten, aber noch nicht näher bestimmten Baum von sehr starkem Wohlgeruch; vgl. Knobel zu 2 Mof. 30, 24; ferner Strumpf, „Systematisches Handbuch

der Arzneimittellehre" (Berlin 1845—53), I, 666 fg., 671 fg.; Olen, „Allgemeine Naturgeschichte" (Stuttgart 1833—41), II, 1527 fg. Furrer.

Zin heißt eine an den Süden Kanaans angrenzende (4 Mos. 13, 22; 34, 3; Jos. 15, 1), noch zum Peträischen Arabien (s. b.) gehörende Wüste, in welcher Kadesch lag (4 Mos. 20, 1; 27, 14; 33, 36). Aus letzterer Angabe folgt, daß Zin noch zur Wüste Paran gehörte; es war der nordöstliche Theil der Wüste Paran, der Zin genannt wurde, und letzterer Name darf nicht verwechselt werden mit Sin (s. b.); s. auch Wüste.
Steiner.

Zinn, s. Metalle.
Zinna, s. Zin.
Zinne, s. Tempel.
Zinsen, s. Darlehen, Wucher, Geld.
Zinsgroschen, s. Abgaben, Drachme.
Zion, s. Jerusalem.

Zior, eine Stadt auf dem Gebirge Juda (Jos. 15, 54), zunächst nach Hebron genannt. Van de Velde (Memoir to accompany the map of the Holy Land [Gotha 1858], S. 355) vermuthet dieselbe ohne hinreichenden Grund in dem 2½ Stunden nordöstlich von Hebron gelegenen Sair (Robinson, „Palästina" [Halle 1841—42], III, 863; II, 410); eher dürfte mit Knobel der alte Name in dem Höhenzuge Tughra nahe bei Hebron wiedererkannt werden (vgl. Rosen in der „Zeitschrift der Deutschen Morgenländischen Gesellschaft", Jahrg. 1857, S. 56). Kneucker.

Zippora, Tochter des midianitischen Priesterfürsten Jethro (s. b. und Reguel) und Gattin des Mose (s. b. und 2 Mos. 2, 21), dem sie zwei Söhne, Gersom und Elieser, geboren haben soll (2 Mos. 2, 22; 18, 3 fg.). Ihre Anhänglichkeit an ihren Gatten bewährte sie dadurch, daß sie denselben auf der gefahrvollen, für dessen Schicksal und Israels Zukunft entscheidenden Reise von Midian nach Aegypten begleitete (2 Mos. 4, 20), was ein späterer Erzähler mit Unrecht bezweifelt, indem er die Familie Mose's bei Jethro zurückbleiben und erst in der Sinaiwüste mit ihm wieder zusammentreffen läßt (2 Mos. 18, 2 fg.; vgl. 4, 18). Mose's Geschwister, Aaron und Mirjam (s. b.), waren der Zippora nicht günstig gesinnt, weil sie eine Ausländerin war (4 Mos. 12, 1). Sie hat deshalb auch nur mit Widerwillen bei ihrem ersten Sohne Gersom die Beschneidung angewandt, sonst hätte sie, von Mose dazu genöthigt, ihm nicht die Vorhaut vor die Füße geworfen und ihn als einen „Blutbräutigam" bezeichnet (2 Mos. 4, 24 fg.). Die Vermuthung, daß sie (während des Wüstenzuges) gestorben und Mose sich mit einem äthiop. Weibe verheirathet habe (vgl. 4 Mos. 12, 1 fg. und s. „Bibel-Lexikon", IV, 224), ist nicht begründet, da die Urkunden von einer zweiten Verheirathung Mose's nichts melden (vgl. Knobel zu 4 Mos. 12, 1). Schenkel.

Ziz. Die „Steige Hazziz" (maʿalē = haṣṣiṣ, 2 Chron. 20, 16), ein von dem Todten Meere in der Gegend Engedi (s. b.) her zur westlichen Höhe (Wüste Jeruel) emporführender Gebirgspaß, hat sich vielleicht, nach Ewald's Vermuthung, in dem Namen des heutigen Wadi Hasâha erhalten, welcher südöstlich von Thekoa (s. b.) zum Todten Meere hinabzieht (Robinson, „Palästina" [Halle 1841—42], II, 482 fg.). Kneucker.

Zoan, genauer Soʿan, Jes. 19, 11. 13; 30, 4; Ez. 30, 14; Pf. 78, 12. 43 und 4 Mos. 13, 22 erwähnt, wird von den LXX durch Tanis wiedergegeben. Es ist also die bekannte Stadt auf dem östlichen Ufer des von ihr benannten tanitischen Nilarmes. Die Araber nennen sie Ṣân, bei Saadja steht aber nach dem Hebräischen Ṣâʿan, die koptische Form ist Dschani, d. h. Niederung, deren dsch aus einem alten, eigenthümlichen t entwickelt ist, das im Semitischen zu ṣ wird, während es im Griechischen als reines t erscheint. Die hieroglyphische Schreibung ist ⊙ oder ⌐, tan, ta; sonst hatte die Stadt noch andere ägypt. Namen: Chont ab, Mesent des Nordens, Pahor, d. h. Horusort, Tebet des Nordens, Ta bennu, d. h. Phönixstadt, und Pa Rameses, Ramses' Stadt. Die Stadt war Hauptort eines Nomos (Ptolemäus, IV, 5, 52; Plinius, V, 9). Die Stadt ist von Ramses II. mit großartigen Bauten versehen worden, ihr Ruinenfeld ist außerordentlich ausgedehnt und von malerischer Schönheit; zahlreich findet sich der Name Ramses II. auf den Obelisken, Säulen und Statuen des Ruinenfeldes eingegraben. Tanis war die bedeutendste Stadt von Gosen, von hohem Alter, sieben Jahre jünger als Hebron, das in Abraham's Zeit schon blühte (4 Mos. 13, 22); das älteste Denkmal gehört der sechsten ägypt. Dynastie an, also dem vierten Jahrtausend v. Chr. Die merkwürdige Verbindung, in der Hebron und Zoan an der angeführten Stelle genannt wird, veranlaßte Knobel zu dem Schlusse, daß beide dieselben Gründer hatten, als die man die Hyksos denken müsse, deren erster König Salatis die Stadt Abaris (Pelusium) und auch wol Zoan erbaut habe. Die Hyksosknönige residirten zu Tanis, wo auch die durch Inschrift und Sphinxe bestätigte Hauptcultusstätte des Baal-Set war, und später wohnte dort Seti I. und sein Sohn Ramses II. in der Zeit ihrer Kämpfe gegen die asiat. Nachbarn. Nach Ps. 78, 12. 43 war es in den auch hieroglyphisch sogenannten Gefilden Zoans (sechet t'ûn), wo Mose die ägypt. Zauberer überwand, und wenn er hier lebte und erzogen war, ohne in das südliche Land zu gelangen, so erklärt sich auch der auffallende Umstand, daß der Pentateuch die Pyramiden, die Wahrzeichen von Memphis, mit keinem Wort erwähnt (Ebers). Die einundzwanzigste und dreiundzwanzigste Dynastie residirten hier später, jene in der Zeit des David und Salomo, diese vor der Dodekarchie.

Noch Strabo (XVII, 802), Plinius (V, 11) und Stephanus von Byzanz nennen Tanis als große Stadt, Jacut nennt sie nur als im ägypt. Tiefland gelegen und warnt davor, sie mit Sâ zu verwechseln, in dessen Nähe Ibn Jubair über den Nil setzte und das zwischen Alexandrien und Kairo lag (Ibn Jubair, Travels, ed. by Wright [Leyden 1852], S. 40; Jacut's „Geographisches Wörterbuch", herausgegeben von Wüstenfeld [Leipzig 1866 fg.], III, 364). Gegenwärtig ist Zoan-San ein Ruinenfeld, beschrieben von Corbier in der Déscription de l'Égypte (Paris 1821—30),V, 99, und abgebildet in E. de Rougé's Album photographique (Paris 1863), Nr. 87, 88. Weiteres vgl. bei Quatremère, Mémoires géographiques et historiques sur l'Égypto (Paris 1811), I, 284 fg. Champollion, L'Égypte sous les Pharaons (Paris 1814), II, 101; Brugsch, „Geographische Inschriften altägyptischer Denkmäler" (Leipzig 1857—60), I, 87, 90, 300, und Ebers, „Durch Gosen zum Sinai" (Leipzig 1872), S. 498 fg., 78 fg.

Merx.

Zoar, hebräisch: Sôʒar, war eine Stadt am Todten Meere, und zwar östlich von demselben, wie sich aus Jes. 15, 15 (vgl. Hieronymus zu der Stelle); Jer. 48, 34 ergibt, wo es den Moabitern gehört. Nach 5 Mos. 34, 3 lag es sicherlich auf der südlichen Hälfte der Ostküste, doch nicht wirklich südlich vom Meere, wie es auf alten Karten verzeichnet ist. Nach 1 Mos. 19, 19 lag es zwischen dem Gebirge östlich vom See und dem Ufer, nahe dem letztern. In späterer Zeit gehörte es Arabern (Josephus, „Alterthümer", XIV, 1, 4; „Jüdischer Krieg", IV, 8, 4), deren Könige Aretas (s. b.) es zurückgegeben wird. Eusebius (im Onomasticon u. d. W. Babla [Bala]) berichtet von einer röm. Besatzung, und Stephanus von Byzanz nennt es ein Castell. Ptolemäus (V, 17) rechnet es zum Peträischen Arabien, wie ja auch in der That dessen König Aretas übergeben wurde. Unter Luith sagen Eusebius und Hieronymus, das Dorf Luith habe zwischen Areopolis und Zoar gelegen; Benamerium (Beth Nemrin) setzen sie im Artikel Nemrin nördlich von Zoar, das also östlich vom Todten Meere lag. Phinon verlegen sie zwischen Petra und Zoar (u. d. W. Fenon). Die arab. Geographen nennen die Stadt Zogar, Istachri (Bibliotheca geographica Arabum, ed. de Goeje [Leyden 1870 fg.], I, 64) und Ibn Haukal beschreiben sie als am Südende des Gor gelegen (a. a. O., II, 111, 114), und Maçubi (Prairies d'or, ed. Barbier de Meynard et Pavet de Courteille [Paris 1861—66], I, 96) nennt sie neben Jericho im Gor am Todten Meere (Abulfeda, Tabula Syriae, ed. Koehler [Leipzig 1766], S. 8, 9, 11, 148; Marâṣid, ed. Juynboll [Leyden 1854—59], I, 514; Cazwini, „Kosmographie", herausgegeben von Wüstenfeld [Göttingen 1848—49], II, 61). Ausführlicher redet Jacut von der Stadt; es soll der Name von einer Tochter Lot's entnommen sein, und nach einem Verse Hatim Tai's lag sie nahe bei Moab. Eine andere Autorität bestimmt ihre Entfernung von Jerusalem auf drei Tagereisen, sie liege in einem Wadi, besitze Saatfelder und gehöre zum Higaz. Lot und seine Leute kamen dorthin, als sie nach Damaskus zogen, seine ältere Tochter Rajja sei bei einer Quelle dort begraben, die ʒain Rajja heiße, die jüngere, Zogar mit Namen, sei bei der Quelle von Zogar begraben. Das Versinken dieser Quelle gehört zu den Vorzeichen des eintretenden Endes der Welt. Die Lage der Stadt und ihres Wadi gilt für ungesund (Jacut's „Geographisches Wörterbuch", herausgegeben von

Zoba **Zoll, Zöllner**

Wüstenfeld [Leipzig 1866 fg.], II, 933; III, 567, Z. 21). Der District von Zogar bis Aila gehört zum Verwaltungsbezirk Palästina (Jacut, a. a. O., III, 914).

Als die Kreuzfahrer unter Balduin I. das Südende des Todten Meeres, von Hebron aus marschirend, umkreist hatten, gelangten sie nach Segor und fingen von hier aus an, in die östlichen Berge einzudringen.

Nach diesen Indicien ist Zoar von Irby und Mangles, denen Robinson, Winer und Tuch folgten, in das Wabi Kerak verlegt, das nördlich von der Halbinsel in das Todte Meer geht. Die Stelle ist voll von Ruinenstätten, deren eine, ungewiß welche, den Ort des alten Zoar bezeichnen möge, das bis spät in das Mittelalter hinein bewohnt war. Die kirchl. Notitiae bezeichnen es als Sitz des Bischofs von Palaestina tertia; die Kreuzfahrer fanden es anmuthig gelegen und nannten es Palmenstadt (Villa Palmarum, Palmer, Paumier; vgl. Robinson, „Palästina" [Halle 1841—42], III, 755; Tuch, „Commentar über die Genesis" [2. Aufl., Halle 1871], S. 281.

Nicht einverstanden mit dieser Lage ist Knobel und Delitzsch, die die Stadt zu 1 Mos. 19 weiter nach Süden in das Gor es-Safieh am Südostende des Meeres verlegen, was in der That besser zu Josephus, „Jüdischer Krieg", IV, 8, 4, und zu 5 Mos. 34, 3 paßt. Auch die Zusammenfassung von Zogar mit Aila bei Jacut spricht für die südlichere Ansetzung. Nach Seetzen („Reisen durch Syrien, Palästina, Phönizien" [Berlin 1854—59], III, 18) und der Karte van de Velde's gibt es dort einen Ort Es-Safieh, der ein Castell und Wassermühlen besitzt. Die Gegend ist im Winter ein Sammelplatz von mehr als zehn Stämmen, gut bebaut, aber ungesund, was ja auch Jacut und Cazwini bemerken.

Die Erwähnung der Stadt in 1 Mos. 19, 20 beruht auf einem Wortspiel, Zoar heißt Kleinigkeit, die kleine, vollarme Stadt verschont der Engel, obwol sie zur Siddimebene gehört, um Lot's willen, der sie als nächste Zufluchtsstätte bezeichnet, da er das Gebirge nicht mehr erreichen könne. So erklärt die Localsage oder der Schriftsteller, doch wahrscheinlicher die erstere, den Namen und die Erhaltung der Stadt bei der Zerstörung des Siddimthales gleichzeitig. Anders verwendet Ephräm, der Syrer, den Namen, indem er nach dem syr. ܨܥܪ, Schmach, Schändung, Zoar von der Blutschande der Töchter Lot's ableitet. Er läßt den Engel sagen: „Auch in Betreff Zoars will ich dich berücksichtigen, die dir zur Schmach (ܨܥܪܐ) deiner Töchter gegeben wird" (Opera syr. et lat., ed. Benedictus [Rom 1737—43], I, 71 F). Die LXX nennen die Stadt Σηγώρ, Σέγορ, Ζογορα, Josephus Ζοώρ und Ζώαρα. Ihr alter Name war nach 1 Mos. 14, 2. 8 Bela gewesen.

Merz.

Zoba, s. Aram-Zoba.

Zoll, Zöllner. Schon an andern Orten des „Bibel-Lexikons" ist über das zuerst unter pers. Herrschaft eingeführte Weggeld, über das ägyptisch-syrische und endlich auch über das röm. Zollsystem berichtet worden (s. Abgaben, Perser, Römer, Verwaltung, Steuern). Es bleibt somit nur übrig, an die gesellschaftlichen Folgen zu erinnern, welche die röm. Sitte, die Zölle zu verpachten, für die Unterpächter selbst, soweit sie der jüd. Nation angehörten, mit sich brachten. Schon das Gehässige des mit stetiger Belästigung des Verkehrs und äußerster Erschöpfung der Steuerkräfte verbundenen Geschäfts selbst erklärt die Stellung, welche sie einnahmen. War doch der Steuerdruck so schwer, daß selbst die Hilleliten jegliche Mittel für erlaubt erklärten, sich den auf den Kopf, auf die Feldfrüchte, auf die Häuser, auf die Ausgangszölle gelegten Abgaben zu entziehen. Jeder Jude, der sich, sei es als Steuer-, sei es als Zollpächter, an diesem Abgabensystem betheiligte, galt als ein zum Nachtheile seines Volks für den eigenen Beutel arbeitender Betrüger und fand als Zeuge keinen Glauben vor jüd. Gerichten. Nur eigennützige und leichtsinnige Leute gaben sich dazu her, die dann sofort auch für öffentlich gebrandmarkt galten und aus der Gesellschaft ausgeschlossen waren. So ist der üble Ruf der „Zöllner und Sünder" (Matth. 9, 10; 11, 19; 18, 17; 21, 31. 32; auch 5, 46; Mark. 2, 15; Luk. 3, 12. 13; 7, 29. 34; 15, 1; 18, 13) nur zu wohl begründet; er war sprichwörtlich geworden nicht blos in Judäa, sondern im ganzen Reiche (Friedländer, „Darstellungen aus der Sittengeschichte Roms in der Zeit von August bis zum Ausgang der Antonine" [2. Aufl., Leipzig 1865—67], II, 28 fg.).

Dazu kam nun aber noch, daß das jüd. Gesetz Abgaben und Steuern nur für religiöse Zwecke kannte. Wie daher die Frage Matth. 22, 17 schließlich mit dem Schwert ausgefochten werden mußte (s. Schatzung), so war auch jedes Zollhaus und jede Brückenstation für den gesetzestreuen Juden ein Pfahl im Gewissen, der Zöllner daher ein doppeltes Aergerniß. Der Schimpf traf nicht blos ihn, sondern seine ganze Familie. Begreiflich genug, wenn daher auch im Leben Jesu sein Umgang mit den Zöllnern (Matth. 9, 11 fg. = Mark. 2, 16 fg. = 'Luk. 5, 27. 29 fg.; 18, 10 fg.; 19, 1 fg.; Matth. 10, 3) ein verhängnißvolles Moment, einen ersten Anlaß zum nachmals sich steigernden Conflict bildete (s. „Bibel-Lexikon", III¹, 277 fg.). Holtzmann.

Zophar, s. Hiob.

Zora, Zorea (Luther: Zarea und Zarega), eine Stadt in der Niederung Judas (Jos. 15, 33), welche gewöhnlich mit Esthaol (s. b.) zusammen erwähnt wird und mit dieser auch ihre Bewohner von Kirjath-Jearim (s. b.) erhalten haben soll (1 Chron. 2, 52; 4, 2). Eine Zeit lang gehörte sie den Daniten (Jos. 19, 41; Richt. 13, 2. 25; 28, 2. 8. 11) und wurde der Geburtsort Simson's (Richt. 13, 2), wie denn auch dessen Grab zwischen Zorea und Esthaol (Richt. 16, 31) genannt und noch im J. 1334 n. Chr. als ein sehr altes, mit dem für die Philistäer verderblichen Eselskinnbacken geschmücktes Denkmal gezeigt ward. Rehabeam befestigte die Stadt (2 Chron. 11, 10), und nach dem Exil wurde sie wieder von Judäern bewohnt (Neh. 11, 29). Hieronymus setzt dieselbe 10 röm. Meilen, b. i. 3½ Stunden, nordwärts von Eleutheropolis nach Nikopolis hin, und bis heute hat sich die alte Ortslage und Benennung erhalten in Sur:âh (Sarah), einem kleinen, armseligen Dorfe auf einem spitzen Berge nordwärts vom Wadi Serai, in der Mitte zwischen Jerusalem und Jamnia (Jebna). Vgl. Robinson, „Palästina" (Halle 1841—42), II, 592, 598 fg.; III, 224; „Neuere biblische Forschungen" (Berlin 1857), S. 199 fg.; Tobler, „Dritte Wanderung nach Palästina" (Gotha 1859), S. 181 fg. Kneucker.

Zorn, 1) Gottes, ist in der Bibel ein Ausdruck für die stärkste Verneinung alles Bösen und Unreinen von seiten Gottes. Da der Zorn eigentlich einen menschlichen, in der Regel sinnlich-leidenschaftlichen Affect bezeichnet, so paßt er an sich nicht zu dem rein geistigen Wesen Gottes (s. Gott) und muß, auf Gott angewandt, von jeder sinnlichen Erregung oder Wallung frei gedacht werden. In diesem Falle dient er jedoch zur Veranschaulichung des tiefen Gegensatzes, der zwischen Gott und der Sünde (dem Bösen) besteht, und daß Gott die Sünde als solche nicht will, verwirft und straft (s. auch Gerechtigkeit und Heiligkeit Gottes). Der göttliche Zorn ist besonders im A. T. oft ergreifend und erschütternd, mit echt dichterischen Farben, geschildert (5 Mos. 32, 21 fg.; Jer. 10, 10; 17, 4; Hiob 21, 17; Hos. 5, 10; Ps. 21, 10; 77, 10; 102, 11; Jes. 9, 11; 16, 20; Nah. 1, 6 fg.; Zeph. 2, 3 und öfter). Im N. T. kommt der Ausdruck seltener vor, doch findet er sich selbst im vierten Evangelium als Bezeichnung für diejenige Kundgebung der göttlichen Strafgerechtigkeit, welche der Unglaube an den Sohn Gottes bewirkt (Joh. 3, 36). Der Apostel Paulus gebraucht ihn gleichfalls von der richterlichen und strafenden Gerechtigkeit Gottes (Röm. 1, 18; 2, 5; vgl. auch Kol. 3, 6; Eph. 5, 6); der Apokalyptiker redet sogar von dem Zorne des Lammes, das doch die Sünden der Welt durch seine Liebe versöhnt hat (Offb. 6, 16 fg.). Es liegt in der Natur der Sache, daß im N. T. die sündenvergebende Gnade Gottes, die besonders im Kreuzestode Jesu geoffenbart ist, eine stärkere Betonung findet als der göttliche Zorn; der Apostel Paulus betrachtet unverkennbar die Kundgebungen des göttlichen Zornes lediglich als Züchtigungsund Erziehungsmittel, die Begnadigung „aller" dagegen als das Ziel der göttlichen Heilsökonomie (Röm. 11, 29 fg.; 1 Kor. 15, 24 fg.). 2) Am Menschen wird der Zorn schon im A. T. vielfach als sündliche Wallung und Leidenschaft getadelt und verworfen (Spr. 15, 18; 30, 33; Koh. 7, 9; Sir. 25, 15), obwol sich auch die frommen Psalmdichter von Zornausbrüchen nicht immer freihalten (vgl. Ps. 76, 11; 79, 6; 83, 10 fg.; 94, 1 fg.). Jesus preist die Sanftmüthigen selig (Matth. 5, 5) und warnt ernstlich vor dem Zorn und seinen Ausbrüchen in Scheltworten (Matth. 5, 22 fg.), indem er ihn als die Wurzel des Mordes bezeichnet; Paulus zählt den Zorn zu den offenbaren Sünden des Fleisches (Gal. 5, 20). Christen sollen ihn überwinden (Kol. 3, 8), namentlich sollen auch Aeltern und Erzieher die ihnen anvertrauten Kinder nicht zum Zorn reizen (Eph. 6, 4). Gibt es auch einen berechtigten Zorn, der nicht sündlich ist, gegen das Schlechte und Gemeine, so darf doch die leidenschaftlich erregte Stimmung nicht anhalten; die Sonne soll, nach Eph. 4, 26, über ihr nicht untergehen. Jak. 1, 20 wird der Grund hierfür angegeben; der

zornige ist immer in Gefahr, die Normen der göttlichen Gerechtigkeit zu verletzen. Die Kundgebung eines heiligen Zornes ist die Strafrede Jesu gegen die Schriftgelehrten und Pharisäer Matth. 23, 2 fg. Zu einer solchen bedarf es aber der sittlichen Vollkommenheit Jesu (s. b.).
Schenkel.

Zucht, s. Züchtigung.

Züchtigung, ein besonderer Theil der Erziehung (s. b.), der die Ordnung und Zurechtweisung der noch ungeregelten sinnlichen Triebe und Neigungen bezweckt. Jede Zurechtweisung, auch durch Wort und Beispiel, sobald sie sinnlich empfindlich wirkt, wird zur Züchtigung (Spr. 9, 7). Im A. T. wird dieselbe meist als sinnlich empfindliche Bestrafung, s. v. a. körperliche Züchtigung, vorgestellt und von den alttest. Weisheitslehrern namentlich als förderliches Erziehungsmittel eifrig empfohlen (Spr. 13, 24; 19, 18; 23, 13; 29, 17. 19). Im N. T. wird die körperliche Züchtigung als Erziehungsmittel nirgends empfohlen (Hebr. 12, 5 fg. ist nicht eigentlich von körperlicher Züchtigung die Rede und Kol. 3, 21; Eph. 6, 4 wird eher davon abgemahnt). Dagegen sind die Leiden, welche die Christen treffen, im N. T. öfters als Züchtigungen, welche ethisch-pädagogische Zwecke haben, aufgefaßt (1 Petr. 4, 7 fg.; Hebr. 12, 4 fg.; Offb. 3, 19). Besonders der Hebräerbrief betrachtet die Züchtigung durch Leiden (παιδεία) als eine Kundgebung der göttlichen Vaterliebe und als ihre Frucht die Gerechtigkeit (Hebr. 12, 11). Schon in der prophetischen Periode des Alten Bundes findet sich im wesentlichen dieselbe Anschauung. Das Wort des Eliphas (Hiob 5, 17): „Heil dem Manne, den Gott züchtigt", ist in gewissem Sinne das Thema des Buches Hiob. Derselbe Grundsatz ist Spr. 3, 11 fg.; Jes. 26, 16; Jer. 31, 18 fg.; Pf. 118, 18; Hab. 1, 12 und sonst ausgesprochen. Die unglücklichen Schicksale des Volkes Israel seit den Verwickelungen mit den ausländischen Großstaaten und unter dem Drucke der Fremdherrschaft bedurften einer Erklärung und Rechtfertigung von theokratischem Standpunkte aus; auch die Leiden und Zurücksetzungen der Anhänger der theokratischen Partei durch die Gegner der Theokratie werden in die heilsökonomische Beleuchtung gestellt, und die Folge war die Auffassung des Leidens als heilsame, göttliche Züchtigung. Erst der spätern christlichen, die Gründung der altkatholischen Kirche vorbereitenden Zeit gehörte die Idee an, daß auch die H. Schrift (des Alten Bundes), d. h. die Beschäftigung mit derselben durch Lesen und Studiren, heilsam „zur Züchtigung in der Gerechtigkeit ist" (2 Tim. 3, 16). Die Zucht ist die Frucht der Züchtigung, dasjenige sittliche Verhalten, welches infolge der Bändigung der ungeregelten und unerlaubten sinnlichen Triebe und Neigungen den sittlichen Normen thunlichst entspricht. Darum betrachtet ein alttest. Sinnspruch die Unterweisung in der Zucht als den Weg zum Leben (Spr. 6, 23), wogegen das N. T. an die Stelle des Begriffs der Zucht den der Heiligung (s. b.) gesetzt hat.
Schenkel.

Zukunft (Wiederkunft) **Christi**, s. Zukunft.

Zukunft, im Hebräischen durch Worte, welche ursprünglich die Folge (Jer. 29, 11; Pf. 37, 37) oder den morgigen Tag (2 Mof. 13, 14; Jos. 4, 6) oder das Dunkle, Verhüllte (Pf. 104, 5; Jes. 32, 14) bezeichnen, im Griechischen durch den Begriff des Werdenden (Kommenden: Luk. 13, 9; Röm. 8, 38) ausgedrückt, bezeichnet im allgemeinen die für die Gegenwart des Redenden noch kommende Zeit und deren concreten Inhalt. Mehr als es bei den andern Völkern des Alterthums, insbesondere den Griechen und Römern der Fall ist, sind die Gedanken des Hebräers auf die Zukunft gerichtet. Indem er die Welt als die Offenbarungsstätte göttlicher Zwecke betrachtet und daher Vergangenheit und Gegenwart unter den Gesichtspunkt ihrer Verwirklichung stellt, wird er zugleich durch die Idee der Vollkommenheit Jahve's und seines Wirkens dahin geführt, in der Zukunft die Weiterentwicklung und Vollendung des in Vergangenheit und Gegenwart Gewordenen zu schauen. Die Vertreter dieser teleologischen Richtung des hebr. Geistes sind die Propheten (s. Propheten und vgl. meine Schrift: „Die Idee des Reiches Gottes" [Göttingen 1872], S. 13 fg.). Auf diese haben wir daher auch hier zu reflectiren, wenngleich anzuerkennen ist, daß die teleologische Weltbetrachtung auch auf die Geschichtschreibung und Lyrik Einfluß gewonnen hat. Der Gang, den die prophetische Intuition nimmt, ist aber der, daß der Prophet das durch innere und äußere Erfahrung gewonnene Weltideal zum Kriterium für den Verlauf der Geschichte, für die gegenwärtigen Zustände des Volkes und die Lage der Weltmächte erhebt, daran den Grad der Annäherung der wirklichen Welt an ihr ideales

Ziel ermißt und von hier aus auf die Art der künftigen Verwirklichung des göttlichen Weltgedankens schließt, um damit, da diese Verwirklichung im einzelnen von dem Verhalten des Volkes abhängig ist, Ermahnungen, Verheißungen und Drohungen zu verbinden. Sind die Grundzüge des so gewonnenen Zukunftsbildes auch dieselben: Bekehrung Israels, glückliche Wendung seiner Geschicke, Aufrichtung einer vollkommenen Gottesherrschaft in Israel, Anerkennung derselben durch die gedemüthigten Heiden, goldenes Zeitalter: so verändern sich die concreten Züge doch je nach der geschichtlichen Situation der Gegenwart des Propheten, nach welcher er das Bild der Zukunft gleichsam perspectivisch entwirft, sodaß dasselbe bei ihren Contouren und Farben der Gegenwart trägt und daher als eine Idealisirung der geschichtlichen Wirklichkeit betrachtet werden kann. Aus dieser Art der prophetischen Intuition erklären sich zwei Eigenthümlichkeiten des Prophetismus, welche für das Verständniß desselben von großer Bedeutung sind. Die eine besteht in der Veränderlichkeit seiner concreten Hoffnungen, welche sich selbst bei einem und demselben Propheten findet (wie wir denn bei Jeremia und dem Verfasser von Jes. 40—66 drei Perioden ihrer Weissagung unterscheiden müssen, deren Zukunftsbilder sich keineswegs decken), denn dieselbe hat ihren Grund lediglich in dem veränderten Zustande der Gegenwart. Für das Bewußtsein des Propheten hat alsdann, da er in die Richtigkeit seiner allgemeinen Anschauung, die sein Bewußtsein ganz beherrscht, keinen Zweifel setzen kann, Jahve seinen Rathschluß geändert (Jer. 18, 5. 10; vgl. 6, 8; 26, 1—19). Die andere Eigenthümlichkeit ist die, daß der Prophet die Erfüllung seiner Weissagung, und zwar auch die der Vollendung der Theokratie, nicht in eine von der Gegenwart durch große Perioden der Entwickelung getrennte Zukunft, sondern in eine nahe Zeit setzt (Jer. 12, 16—19; Ez. 36, 8; Jes. 51, 5), getrieben von der Energie des nach Erfüllung sich sehnenden Geistes. Wird es ihm doch auch nur so möglich, die Zukunft concret vorstellig zu machen.

Es würde die Grenzen dieses Artikels weit überschreiten, wollten wir hier eine specielle Darstellung der Veränderungen geben, welche das prophetische Bild von der Zukunft im Laufe der Zeit erlitten hat, vielmehr werden wir uns auf Andeutungen über den Entwickelungsgang der prophetischen Idee beschränken müssen: 1) Aus der Zeit bis zur Gründung des Königthums sind uns entweder keine theokratischen Weissagungen erhalten (denn die prophetischen Stücke im Pentateuch sind spätern Ursprungs), oder, was wahrscheinlicher ist, der prophetische Geist ist noch gar nicht erwacht, da Israel noch nicht zum Bewußtsein seiner Weltstellung gelangt ist. 2) Erst mit der Gründung des Königthums, welches als endliches Abbild des Königthums Jahve's betrachtet wird (s. „Bibel-Lexikon", III, 558), gewinnt Israel das Gefühl seiner theokratischen Bestimmung, und es entsteht nun unter der Pflege Samuel's (s. „Bibel-Lexikon", IV, 617 fg.) eine Prophetie, welche, insbesondere unter der Regierung David's, diesem Gefühle Ausdruck gibt: es wird sich ein Herrscher aus Israel erheben (4 Mos. 24, 17); die Herrschaft soll nicht von Juda weichen, bis Friede kommt und die Heiden ihm Gehorsam leisten (1 Mos. 49, 10; vgl. 4 Mos. 24, 15 fg.); Jahve bestätigt David's Königthum für immer und ist seinem Geschlechte immerdar gnädig (2 Sam. 22, 51; 7, 12 fg.). 3) Eine neue Epoche beginnt mit der Spaltung des Reiches, den darauffolgenden Kriegen beider Reiche untereinander und mit den umwohnenden Völkern, dem Eindringen fremder Culte und dem Anwachsen der assyr. Macht, denen gegenüber die Prophetie die Einheit, den Jahvedienst und die nationale Unabhängigkeit Israels vertritt. Joel schaut den nahen Gerichtstag über Israel (Kap. 1, 15), verkündigt dann aber, als das Volk in sich geht (Kap. 2, 17), Ausgießung prophetischen Geistes über dasselbe, ein blutiges Gottesgericht über die umwohnenden Heiden durch das siegreiche Israel, begleitet von Naturkatastrophen, Rückkehr der gefangenen Israeliten, Beglückung des Volkes und beständiges Wohnen Jahve's auf Zion (Kap. 3 und 4). Amos weissagt der gesunkenen und trotzigen Bevölkerung des nördlichen Reichs eine feindliche Invasion (wahrscheinlich der Assyrer), Verheerung des Landes, Wegführung des Volkes, Untergang der Sünder und des Hauses Jerobeam (Kap. 6, 7; 7, 8 fg.; 9, 10), dann aber neuen Glanz des davidischen Königthums, Sieg über die Heiden und eine goldene Zeit Israels (Kap. 9, 12 fg.). Hosea verkündigt ungefähr gleichzeitig dem abtrünnigen Volke, zumal des nördlichen Reiches, Aufhebung des Bundes mit Jahve (Kap. 1, 9; 9, 17), Vernichtung des Königthums der zehn Stämme, verheerende Einfälle bald der Aegypter, bald der Assyrer und Deportation (Kap. 10, 7;

Zukunft

8, 13; 11, 5; 9, 17); aber Jahve wird sich ihrer wieder erbarmen, die Reichseinheit wiederherstellen, sich inniger denn früher mit ihnen verbinden und sie zu Frieden, Macht und Ehre gelangen lassen (Kap. 14, 5—8; 2, 1 fg.). Der erste Sacharja sieht zunächst Zerrüttung im Innern und eine Invasion der Assyrer (Kap. 11, 10 fg.; 10, 3), dann aber ein Emporsteigen Judas, Zurückführung der Gefangenen, gemeinsamen Sieg der Israeliten über ihre Feinde und ein mächtiges, feindliches und glückliches davidisches Königthum in Zion (Kap. 10, 3 fg.; 9, 1 fg.). 4) Für die folgende Zeit ist dann charakteristisch die Reflexion auf das Eingreifen der assyr. Macht in die Geschichte Asiens. Wie die Prophetie dadurch einen weitern Gesichtskreis empfängt, so gewinnt sie auch in dieser Zeit durch fortgesetzte Arbeit begabter Propheten an sittlichem Gehalt. Jesaja weissagt dem schuldbeladenen Volke geistige Stumpfheit, innere und äußere Auflösung, Niederlagen bald durch die Syrer, bald durch die Assyrer und Aegypter (Kap. 2—7), Belagerung Jerusalems, Sturz des nördlichen Königthums, Gefangenschaft mit gleichzeitiger Unterjochung der benachbarten Völker (Kap. 22, 1 fg.; 7, 1 fg.; 17, 1 fg.; 28, 1 fg. u. s. w.) und ein göttliches Gericht über die ganze Erde (Kap. 10, 23; 28, 22). Aber diese Katastrophen sollen Israel reinigen von seinen schlechten Elementen und die Blutschuld Jerusalems tilgen (Kap. 1, 23; 4, 4), der Rest bekehrt sich alsdann und wird der Same für eine neue Volksgemeinde (Kap. 8, 22; 10, 21; 6, 13). Daher wendet sich nunmehr der Zorn Jahve's gegen die Assyrer, ihr Heer wird vernichtet (Kap. 10, 12 fg.; 30, 30), die gefangenen Israeliten kehren zurück, es erscheint ein großer König aus dem Geschlechte David's, erfüllt von der Kraft und dem Geiste Jahve's, siegreich über die Feinde Israels, der Wiederhersteller des Reiches David's (Kap. 9, 1 fg.; 11, 1 fg.), Jahve sendet seinen Geist aus der Höhe, Israel und Juda werden vereinigt, die leiblichen Uebel hören auf, die Natur spendet ihren vollen Segen und alle Heiden unterwerfen sich der Herrschaft Jahve's (Kap. 32, 15; 11, 13; 30, 24 fg.; 2, 4; 11, 10 fg.). Sehr verwandt damit sind die Vorstellungen seines jüngern Zeitgenossen Micha, welcher die Eroberung des nördlichen Reiches durch die Assyrer, die Belagerung oder Zerstörung Jerusalems, jedoch diese als die Geburtswehen der zukünftigen Herrlichkeit Israels erwartet (Kap. 1, 6; 3, 12; 4, 9 fg.), worauf die Ausrottung der Gottlosen, die Geburt eines großen Davididen, die Rückkehr der Deportirten aus Assyrien unter seiner Führung (Kap. 2, 5; 5, 2; 2, 12; 4, 6), die Herstellung des ewigen Königthums Jahve's zu Zion, die Erneuerung des Tempels, die Ausrottung des Heidenthums in Israel und die Unterwerfung der Heiden unter das theokratische Gesetz folgt (Kap. 4, 1—8; 5, 9 fg.). 5) Die folgende Entwickelung der Prophetie ist mit bedingt durch die Reflexion auf die Chaldäer, welche sich nach dem Sturze der Assyrer zu einer Weltmacht erheben. Der zweite Sacharja erwartet das Anrücken der Assyrer und die Belagerung Jerusalems, wobei er bald eine Niederlage derselben durch Jahve mit nachfolgender Herstellung des Volkes und Vernichtung der assyr. Macht (Kap. 12, 2—14), bald die Einnahme der Stadt und die Läuterung des Volkes von seinen schlechten Elementen durch das Schwert voraussetzt, worauf dann die Ausrottung des Restes des Götzendienstes und der falschen Propheten und die Vernichtung des assyr. Heeres durch eine Seuche eintritt (Kap. 13, 1—9; 14, 12 fg.). Auch die Heiden werden sich alsdann der Gottesherrschaft beugen, alles im Lande wird Jahve geweiht sein, die Natur zur reichsten Fruchtbarkeit gelangen und keine schwere Sünde mehr vorkommen (Kap. 14, 7 fg.). Aehnlich weissagt Zephanja in Hinblick auf einen drohenden Einfall der Scythen, wobei die Götzendiener und Sünder umkommen und das Land entsetzlich verwüstet wird (Kap. 1, 2 fg.); der zu Jahve sich wendende Rest des Volkes aber wird dann den Stamm des neuen Gottesreiches bilden, dem sich auch die gedemüthigten Heiden anschließen, worauf Jahve unter seinem gerechten Volke wohnt und es beschützt (Kap. 2, 4 fg.; 3, 9 fg.). Dagegen verkündet Habakuk Verheerung des Landes durch die unterdessen mächtig gewordenen Chaldäer, damit der Frevler aus demselben verschwinde (Kap. 1, 3 fg.; 3, 14 fg.); aber auch die Chaldäer sollen durch gewaltige Naturkatastrophen und Seuchen vernichtet werden, damit Israel, der Gesalbte Jahve's, gerettet werde und die Heiden sich der Gottesherrschaft unterordnen (Kap. 3, 3 fg.; 2, 14). Eine große Mannichfaltigkeit eschatologischer Gedanken zeigt schon infolge der langen Dauer seiner Thätigkeit der Prophet Jeremia. Zuerst bildet ein Einfall der Scythen, dann das Anrücken der Chaldäer, dann die erfolgte Zerstörung des südlichen Reiches durch diese den Hintergrund für seine Zukunftsbilder.

Die Grundzüge seiner Anschauung sind zwar im allgemeinen dieselben wie bei den bisher erwähnten Propheten, doch zeigt er einen Zuwachs an ethischem Element (Kap. 3, 14 fg.; 4, 2 fg.; 7, 3 fg.). Die Wiederherstellung Israels erwartet er 70 Jahre nach Vollstreckung des göttlichen Gerichts über Juda, dem dann das Gericht über die Chaldäer selbst folgt (Kap. 25, 11 fg.). Dann brechen die Bewohner beider Reiche in ihre Heimat auf, wo sie Jahve mit Gotteserkenntniß und Gehorsam ausrüstet (Kap. 31, 31 fg.), Könige aus dem Hause David's voller Einsicht und Gerechtigkeit über sie herrschen, eine Fülle geistiger und materieller Güter ihnen zutheil wird und die Heiden sich ihrem Cultus anschließen (Kap. 16, 19; 30, 21; 31, 12 fg.). Daneben ist der Deuteronomist bemerkenswerth durch die abweichende Hoffnung einer Vollendung der Theokratie durch die Propheten (5 Mos. 18, 15—20). 6) In der folgenden Periode hat die Prophetie zum Hintergrunde die Zerstörung Jerusalems, die Auflösung des jüd. Staates und die Verbannung des Volkes. Nun wendet sich der Blick der Propheten ganz auf die zukünftige Regeneration des Volkes; die Weissagung, dem Rapport mit dem öffentlichen Leben entzogen, bekommt einen mehr visionären und literarischen Charakter, und die messianische Hoffnung tritt infolge des Zerfalles des Königthums zurück, während zugleich die Idee der Auferstehung in den Gesichtskreis der Propheten tritt. Außer Stücken aus Jesaja gehören in diese Zeit hauptsächlich Ezechiel und der Verfasser von Jes. 40 — 66. Der Blick der zuerst genannten Prophetien ruht ganz auf dem erwarteten Sturze der chaldäischen Macht, welcher durch einen großen Ansturm der geknechteten Völker gegen dieselbe, begleitet von Finsterniß, Erdbeben und Herabfallen der Gestirne, bewirkt werden soll (Kap. 13; 14; 24; 34). Nach dem Sturze Babels kehrt Israel zurück in die Heimat, dort thront dann Jahve wieder auf Zion als König Israels (Kap. 35, 3 fg.; 24, 23), erweckt die bei der Zerstörung Jerusalems gefallenen Israeliten vom Tode und wird auch von den Heiden angebetet (Kap. 26, 19; 25, 2 fg.). Die Weissagungen des in Babylon lebenden Ezechiel weisen theils auf den nahen Fall Jerusalems hin, theils setzen sie denselben bereits voraus. Dort erwartet er nach Beschreibung der Katastrophe Versöhnung Israels mit Jahve, sittliche Erneuerung des Volkes, Stiftung eines ewigen Bundes mit jenem und Gründung eines mächtigen davidischen Königthums (Kap. 12, 16 fg.; 11, 14; 16, 60; 17, 22 fg.); hier reflectirt er hauptsächlich auf ein Gericht Jahve's über die Israel feindlichen Völker (Kap. 26 fg.), auf die Auferweckung der in der Gefangenschaft verstorbenen Gerechten und die zukünftige Gestalt der israelitischen Theokratie, von der er einen genauen, sehr ritualistisch gefärbten Plan entwirft (Kap. 37, 1—14; 40 fg.). Diese Perspective erweitert der Prophet, abweichend von den andern, durch die Erwartung einer neuen und letzten Katastrophe, welche erst lange nach der Wiederherstellung Israels eintritt (Kap. 38, 8 fg.), bestehend in einem gewaltigen Sturm des asiat. Heidenthums gegen Israel und Vernichtung des erstern durch die von Jahve in Aufregung versetzten Naturgewalten (Kap. 38; 39). In den Reden des zweiten Jesaja dagegen, welche ihren Ausgang von verschiedenen Stadien des Eroberungszuges des Cyrus nehmen, tritt die Vorstellung von der Erscheinung eines idealen israelitischen Königs ganz zurück vor der Reflexion auf Cyrus, den Gesalbten und Hirten Jahve's, der die Rettung Israels durch den Sturz Babels bewirken soll (Kap. 43, 11 fg.; 44, 28 fg.), und auf die treuen Jahvediener, den Knecht Gottes, von dem die Wiedergeburt des Volkes ausgehen wird (Kap. 59, 2 fg.). Mit der Rückkehr nach Palästina kommt dann die glänzende Wiederherstellung Israels und Jerusalems, die Aufhebung des Uebels, die Unterwerfung der Heiden unter die Theokratie und die Schöpfung eines neuen Himmels und einer neuen Erde (Kap. 54, 1 fg.; 51, 1 fg.; 65, 1 fg.). 7) Nach dieser Zeit stützt sich die Prophetie auf die Restauration unter der pers. Oberherrschaft infolge der Rückkehr aus dem Exil, welche die prophetischen Erwartungen nur sehr unvollkommen erfüllt. Haggai verheißt Vernichtung der heidnischen Königreiche, Unterwerfung der Heiden unter die Theokratie, prachtvollen Ausbau des Tempels und Erhöhung Serubabel's (Kap. 2, 3 fg.). Der britte Sacharja schildert in sieben Traumgesichten die Vernichtung der feindlichen Mächte, die glänzende Wiederherstellung Jerusalems (Kap. 2), die Erhebung des Hohenpriesters Josua und Serubabel's zu gesalbten Häuptern des Volkes, die Vollendung des Tempels (Kap. 3; 4; 5, 1 fg.), die Beseitigung der Sünde und des Uebels (Kap. 5, 3 fg.; 8, 3 fg.) und die Anbetung Jahve's durch die Heiden in Jerusalem (Kap. 8, 10 fg.). Maleachi eigenthümlich ist die Vorstellung der Sendung des Propheten Elias vor dem kommenden Gerichte über Israel als Boten des (wiederherzustellenden) Bundes, um durch seine Mahnungen das Gericht abzuwenden (Kap. 3, 1 fg.). 8) Weiterhin werden die Zukunftsbilder der Propheten bestimmt durch die Einverleibung Israels in das griech. Staatswesen Alexander's und seiner Nachfolger, die Verschmelzung griechischer und hebr. Religionselemente und die Erhebung der Makkabäer, die Form der Weissagung aber ist die fingirte, in die Vergangenheit verlegte und daher auch diese als Zukunft behandelnde Vision. Nach der Zeit der Drangsal erwartet der Verfasser des Buches Daniel die Erscheinung des Erzengels Michael und Jahve's selbst zur Rettung der Frommen, die Vernichtung der syr. Herrschaft, ein göttliches Gericht über die lebenden und todten Israeliten und die Uebertragung der Weltherrschaft auf den Menschensohn Israel (Kap. 12, 1 fg.; 7, 9 fg.). Diese Vorstellungen empfangen im Buche Henoch eine weitere Ausbildung: wenn die Feindschaft der Heiden und der Abfall im Innern aufs höchste gestiegen ist, so wird der ideale Menschensohn, wozu der Verfasser den hebr. Messias verallgemeinert hat, erscheinen, um die Feinde der Theokratie niederzuwerfen, ein neues Jerusalem und einen neuen Tempel zu erbauen (Kap. 46, 4 fg.; 61, 1 fg.), die Abgefallenen in die Gehenna zu stürzen, und nach der Auferstehung der Gerechten die Gemeinde der Heiligen herzustellen (Kap. 22, 13 fg.; 61, 1 fg.; 62, 8). Es folgt dann ein nochmaliger Kampf gegen die heidnischen Mächte, die Auferstehung und Beurtheilung der Gottlosen, die Vereinigung von Himmel und Erde und die Vollendung der Menschheit (Kap. 56, 3 fg.; 27, 2 fg.; 104, 2; 92, 4). Die jüd. Sibylle verkündet das mit wunderbaren Vorzeichen am Himmel hereinbrechende Gericht, welches besonders Rom trifft, und durch Hunger, Kriegsnoth und Pest die Bekehrung der Heiden bewirkt (V. 295 fg., 573 fg.). Dann wird ein großer König erscheinen und eine Zeit des Friedens, der Gerechtigkeit und des Glückes kommen (V. 367 fg.; 619 fg.). Aber noch einmal erheben sich die Heiden gegen Israel, doch Gott vernichtet sie durch die Naturgewalten, und dann erscheint ein ewiges Reich mit dem neuen Jerusalem und Tempel als Mittelpunkt und den Propheten als sichtbaren Häuptern (V. 732 fg.). 9) Mit der folgenden Periode, die mit der röm. Herrschaft in Palästina beginnt, nahen wir uns der Erscheinung des Christenthums. „Es kommt bereinst", so heißt es in den Psalmen Salomo's, „ein Tag der Erbarmung für die Frommen Israels, wie den Tag der ewigen Verdammniß für die Sünder" (Ps. 7, 3; 15, 6 fg.); „dann wird ein Gesalbter aus dem Hause David's erscheinen, rein von Sünde und voller Thatkraft, der die Erde mit dem Worte seines Mundes schlägt, die ungerechten Herrscher und die abtrünnigen Israeliten zerschmettert, die Heiden aus dem heiligen Lande verbannt, die zerstreuten Israeliten sammelt und alles seiner Herrschaft unterwirft" (Ps. 17, 11). Diese messianische Hoffnung wird durch die Wirksamkeit des Täufers, der die nahe Erscheinung des Messias, die Ausgießung des Geistes, die Verdammung der Ungerechten und die Sammlung der Gerechten in Gottesreiche verkündet, mächtig angefacht (Luk. 3, 16 fg.; Matth. 11, 12). Wenn der Messias demnächst erscheine (Mark. 15, 43), glaubten seitdem viele Israeliten, so werde er, nachdem er sich durch Wunder beglaubigt, sein Volk von der röm. Herrschaft befreien, Gericht über die Israeliten halten, das Reich David's aufrichten (Mark. 8, 11; Matth. 19, 28; Luk. 23, 2; Mark. 11, 10) und so ein neues Weltalter herbeiführen (Mark. 10, 30), womit sich bei den Pharisäern noch die Vorstellung der Auferstehung der Gerechten verband (Mark. 12, 18 fg.). Daneben findet sich aber auch die Erwartung von der Wiederkunft des Elias (Mark. 8, 28), welche, wie wir sahen, einem andern Typus der Eschatologie angehört.

Wie das Christenthum überhaupt als eine organische Fortbildung des Hebraismus zu betrachten ist, so ist auch nicht nur die teleologische Weltanschauung des letztern in dasselbe übergegangen, sondern es hat auch an die in jüd. Schrift und Tradition niedergelegten eschatalogischen Vorstellungen angeknüpft und dieselben weiter entwickelt. Jedoch ist gegenwärtig ein Zwiespalt unter den Forschern darüber vorhanden, inwieweit die überlieferten Zukunftsreden Jesu echt seien, denn sie sämmtlich für unecht zu halten, widerstrebt ebenso der historischen Grundlage der Evangelien, wie es andererseits für die Kritik, die durch Vergleichung der Evangelientexte das Anwachsen und die Veränderungen der ältesten Tradition nachzuweisen vermag, unmöglich ist, alle Elemente der Ueberlieferung für authentisch zu halten. Es handelt sich aber dabei hauptsächlich um die Aeußerungen Jesu über seine persönliche nahe Wiederkunft als Weltrichter und König des vollendeten Gottesreiches. Die Annahme ihrer Echtheit, so sagt man, müsse Jesum nicht allein eines bedenklichen Irrthums, sondern auch der Schwärmerei zeihen, zudem lege die Beschaffenheit der Evangelientexte die Vermuthung nahe, daß die bezeichnete Vorstellung erst später in die Reden Jesu eingetragen worden sei. Für diese Ansicht sind, wie früher schon Schleiermacher, Bleek, Baur, Hase, Meyer, Holtzmann, Hausrath, so neuerdings wieder besonders Scholten („Das älteste Evangelium", deutsch von Redepenning [Elberfeld 1869], S. 43 fg., 146 fg., 176 fg.), Volkmar („Die Evangelien oder Markus und die Synopsis" [Leipzig 1870], S. 549), Weiffenbach („Der Wiederkunftsgedanke Jesu" [Leipzig 1873], S. 168 fg.) und Schenkel („Das Charakterbild Jesu" [4. Aufl., Wiesbaden 1873], S. 266 fg., 425 fg.) eingetreten, wogegen Reuß, Renan, Weizsäcker, Keim, Hilgenfeld (vgl. auch meine angeführte Schrift S. 169 fg., 220 fg.) an der entgegengesetzten Ansicht festhalten. Nach Scholten ging die Zukunftsrede Mark. 13 ursprünglich nicht auf seine nahe Wiederkunft, sondern auf die ferne Vernichtung des Tempels bei der letzten großen Weltkatastrophe, denn das Ende der Welt ermahne Jesus nicht zu früh zu erwarten (V. 5—7), und jene Zeit und Stunde, d. h. die Zeit des Gerichts, verschiere er nicht zu kennen (V. 32), wie er denn auch zuvor die Verkündigung des Evangeliums unter den Heiden, was eine längere Zeit voraussetze, erwarte (V. 10). Der Abschnitt V. 9—31 enthalte daher wahrscheinlich Fragmente einer in der Nähe der Zerstörung Jerusalems entstandenen apokalyptischen Rede, und echt seien nur V. 1—4, 7—9ᵃ, 32—34. Es sei sonst auch bei Markus von einem persönlichen Richten und Herrschen Jesu keine Rede, da die Echtheit von Kap. 8, 31 fg. sehr zweifelhaft sei; bei Matthäus aber seien die betreffenden Vorstellungen erst später eingetragen, und Lukas kenne kein zukünftiges Gericht Jesu, sondern erst die Apostelgeschichte redeten davon. Volkmar hält alle bezüglichen Reden für unecht, einschließlich der Verkündigung der Zerstörung Jerusalems, denn nur das habe Jesu gewiß sein können, geistig für alle Zeiten der Lehrer und Erlöser, der Richter und König zu sein und zu bleiben, geistig zu kommen, solange Menschen sind, sie zu prüfen, zu züchtigen und zu erretten. Weiffenbach sondert gleich Scholten aus dem Texte eine Reihe von unechten Bestandtheilen aus, nämlich aus Mark. 13 hauptsächlich V. 7—8, 14—20, 24—27, 30—31, welche (vgl. auch Hausrath, „Neutestamentliche Zeitgeschichte" [2. Aufl., Heidelberg 1873—74], III, 167 fg.) als kleines apokalyptisches Flugblatt aus dem J. 68 ursprünglich für sich bestanden hätten und dann in den Text des Markus eingewebt worden seien, um von dieser Grundlage aus auch bei Matthäus und Lukas die Vorstellung der persönlichen nahen Wiederkunft theils durch abweichende Erklärung, theils durch Kritik als spätere Zuthat hinzustellen und die Ansicht zu begründen, daß zwar der Wiederkunftsgedanke an sich echt, aber ursprünglich ohne Apokalyptik und Zeitangabe ausgesprochen und von Jesu in keinem andern Sinne als seine Aussagen von seiner Auferstehung, d. h. im Sinne einer persönlichen geistigen Wirksamkeit nach seinem Tode, verstanden worden sei. Nach Schenkel hat Jesus selbst nur von dem Kommen seines Reiches geredet, dagegen beruhe die Vorstellung von seiner leiblichen Wiederkunft, und was damit zusammenhänge, auf einem Misverständnisse des Referenten, und sei das Product der herrschenden messianischen Vorstellungen. Gegen diese Versuche, einen doctrinellen Anstoß an der Denkweise Jesu zu beseitigen, lassen sich jedoch folgende Bedenken erheben: 1) Die Beobachtung, daß in der apostolischen und nachapostolischen Zeit, wie die neutest. Literatur zeigt, die Vorstellung von einer persönlichen nahen Wiederkunft Jesu zum Gerichte und zur Vollendung des Gottesreiches allgemein ist (vgl. auch Offb. 19, 11 und Luk. 13, 23—27); 2) der Umstand, daß die gesammte hebr. Prophetie, als deren Fortsetzung die Eschatologie Jesu betrachtet werden muß, die Erfüllung ihrer Weissagungen in naher Zeit und in sinnlichen Formen erwartete, wie denn auch die Vorstellung von einem Gerichte und einer Herrschaft des Messias ihren Vorgang darin hat; 3) die Thatsache, daß Paulus, welcher eine ganze Reihe von Aussprüchen Jesu kennt, die er aus dem Munde unmittelbarer Schüler Jesu haben konnte, ein Wort Jesu anführt, wonach bei seiner Wiederkunft die bereits verstorbenen Gläubigen „uns" (den damals Lebenden) in der Vollendung vorausgehen würden (1 Thess. 4, 15); 4) die Unmöglichkeit, kritisch oder exegetisch alle bezüglichen Andeutungen Jesu zu entfernen, insbesondere nicht die in Matth. 23, 39; Luk. 13, 25 fg.; 12, 23; Matth. 10, 32 fg.; Mark. 8, 38 fg.; 9, 43 fg. (vgl. Matth. 10, 23, wo

„Leib" noch Lebende voraussetzt); 14, 25, sodaß die Behauptung gerechtfertigt ist, bei der angenommenen Unechtheit dieser Stellen schwinde überhaupt jedes Vertrauen in den geschichtlichen Inhalt der Evangelien; 5) die gleiche Unmöglichkeit, die einzelnen Züge der Weissagung bei Markus auf Thatsachen der Geschichte aus der zweiten Hälfte des 1. Jahrh., deren Vorausverkündigung dann Jesu in den Mund gelegt worden sei, zu deuten, da weder ein Weltkrieg, noch Erdbeben und Hungersnoth Ort für Ort (Mark. 13, 7 fg.) in dieser Zeit nachweisbar sind, noch auch vor Bar Cochba jemand mit dem Ausspruche, der Messias zu sein (Mark. 13, 6), aufgetreten ist (ohne Grund beruft sich Hausrath u. a. O., III, 170 auf Josephus, „Jüdischer Krieg", VI, 2); 6) der logische Zusammenhang der bezüglichen Vorstellungen mit der Anschauungsweise Jesu, welche das von ihm vertretene Princip immer in lebendiger Einheit mit seiner Person anschaut (vgl. Matth. 5, 11; 10, 37 fg.), der poetisch-mythische Charakter seiner Reden, welcher das Geistige nicht abstract, sondern in sinnlicher Form denkt und ausspricht, und die Energie seines idealen Bewußtseins, welche wie bei der gesammten Prophetie alter und neuer Zeit dazu trieb, den langsamen Gang der Geschichte zu beflügeln und das Ideal in naher Zukunft verwirklicht zu schauen. Die geschilderten eschatologischen Vorgänge knüpfen daher auch unmittelbar an die Weissagung der Zerstörung des Tempels an (vgl. Mark. 13, 14; 19, 24), diese letztere aber ebenfalls als apokryph zu erklären, heißt Jesu die prophetische Begabung, welche doch zahlreiche Analogien in der Geschichte hat, absprechen (vgl. meine angeführte Schrift, S. 223 fg.); zudem hat ja Jesus auch in diesem Punkte die ältern Propheten zu Vorgängern. Trotz des Zusammenhanges der Weissagung Jesu mit dem hebr. Prophetismus waltet freilich ein bedeutsamer Unterschied zwischen beiden ob. Im Gegensatz zu dem letztern wird von Jesus die Zukunft unter streng ethischen Gesichtspunkte gestellt und daher alles beiseitegesetzt, was specifisch politischer und cultischer Natur ist. Das Königthum Gottes besteht ihm in der Herrschaft des göttlichen Willens in den Menschen und ihren Beziehungen (Matth. 5, 7 fg.; 6, 33; 7, 21), was freilich nicht spiritualistisch zu verstehen ist (vgl. Luk. 6, 21b; Matth. 12, 28; 19, 30), er entfernt deshalb alle Züge des prophetischen Messiasbildes, welche auf die politische Weltherrschaft Israels, auf physische Bergewaltigung und auf Herstellung des Cultus gerichtet sind (Luk. 9, 52 fg.; Mark. 10, 35 fg.; 14, 58), und kennt nur ethische Mittel der Gründung des Gottesreiches (Mark. 1, 15; 4, 26; Matth. 13, 23). Mit seiner Wirksamkeit ist daher für ihn das letztere auch bereits da, was ohne Grund geleugnet wird (Mark. 1, 15; 4, 26 fg.; Matth. 11, 11; 12, 28; 13, 17), denn wenn Jesus daneben das Königthum Gottes auch als ein zukünftiges bezeichnet (Matth. 5, 4; Luk. 12, 32), so überwiegt hier lediglich die ideal teleologische Betrachtungsweise; ja er darf sich selbst als den Messias bezeichnen (Mark. 8, 29 fg.; 13, 21, vgl. 26; 14, 61 fg.; 15, 2). Die einzelnen Züge des Zukunftsbildes, welches Jesus auf dem Hintergrunde des israelitischen Volkes und Landes als des Mutterschoßes des Christenthums entfaltet (Mark. 13, 5. 7. 14; Luk. 13, 26. 29), nun sind folgende: der von ihm ausgestreute Same des Evangeliums geht zunächst unter den Israeliten auf (Matth. 10, 5; Mark. 4, 26 fg.), aber die Saat bleibt nicht ohne Anfechtung. Die Katastrophen seines Lebens wiederholen sich bei seinen Jüngern (Mark. 10, 34 fg. 39; 13, 9. 13), aber sie werden kräftig für die Wahrheit zeugen und es wird nicht gelingen, die christl. Gemeinde zu unterdrücken (Mark. 13, 11; 9, 1), in den Familien aber entsteht Zwietracht um des Evangeliums willen (Luk. 12, 49. 51—53). Bald aber treten die Vorzeichen der Auflösung und des Gerichts ein (Mark. 13, 4. 28). Noch ehe das jetzt lebende Geschlecht vergeht (Mark. 9, 1), erhebt sich Krieg und Kriegsgerücht, Völker und Staaten stehen auf gegeneinander, Ort für Ort entsteht Erdbeben und Hungersnoth, die Blutsverwandten überliefern einander zum Tode (Mark. 13, 7 fg. 12). Unter den Heiden wird alsdann das Evangelium verkündet (Mark. 13, 10; vgl. 14, 9; Luk. 14, 23), im Tempel aber erscheint das Scheusal der Verwüstung, sodaß kein Stein auf den andern ungebrochen bleibt (Mark. 13, 14. 2), auch bei der Stadt fällt der Zerstörung anheim (Luk. 19, 41 fg.; vgl. Mark. 12, 9; Matth. 23, 38), und die Drangsal wird so groß im Lande, daß kein Mensch in Judäa das Leben fristete, wenn Gott nicht um der Auserwählten willen Einhalt thäte (Luk. 23, 28—31; Mark. 13, 14—20). Diese Situation wird von Betrügern benutzt, um als Messias aufzutreten und die Christen zu verführen (Mark. 13, 6). Dann aber erscheint unerwartet (Luk. 17, 26—30) unter großen Naturkatastrophen,

Sonnen- und Mondfinsterniß, Herabfallen der Gestirne, Aufrollen des Himmelsgewölbes (Mark. 13, 24), auf Wolken zur Erde niedersteigend, umgeben von Engeln und den Gerechten des Alten Bundes, Christus wieder (Parusie), und mit ihm die vollendete Gottesherrschaft (Mark. 13, 26; 8, 18 fg.) Er hält Gericht über die Christen (Matth. 11, 22; 12, 36), indem er diejenigen, welche sich nicht als solche bewährt haben (Matth. 7, 19. 21 fg.; 13, 47 fg.; Luk. 12, 46), aussondert und der Gehenna übergibt (Mark. 9, 43 fg.). Dann sendet er die Engel aus, um alle Auserwählten zu sammeln, die bereits entschlafenen Gerechten werden vom Tode erweckt (Mark. 12, 24—27; Luk. 14, 14), und nun folgt das Gericht über die nichtchristlichen Israeliten (Matth. 11, 21 fg.; 12, 41 fg.; Luk. 14, 24) und über die Heiden (Matth. 11, 20—24; 12, 41 fg.). Die als gerecht Erkannten bilden dann das vollendete Königreich Gottes; des ewigen Lebens theilhaftig geworden (Matth. 7, 14; Mark. 9, 45; 10, 30), leben sie darin in einem engelgleichen Zustande, von allem Uebel befreit und Gott unmittelbar schauend (Mark. 12, 25; Luk. 6, 20 fg.; Matth. 5, 8), die Erde aber empfängt eine neue Gestalt (Luk. 16, 17; vgl. Offb. 21, 1). Es ist das Ideal einer ethisch und darum auch natürlich vollendeten Welt, welches Jesus in diesen Vorstellungen verkörpert, und hierin liegt ihr Werth; sie bilden die Perspective für seine reale Weltanschauung, und den Ausdruck für sein Bewußtsein um die weltüberwindende Kraft des christlichen Ideals wie für seine Ueberzeugung, daß dieses Ideal, das Abbild des göttlichen Weltzweckes, wie durch seine Person vertreten, so auch nur durch diese zur adäquaten Darstellung kommen könne; sie geben seiner Weltanschauung den begeisternden Schwung, deren sie bedurfte, um die Gemüther zu beherrschen. Ihrer Form nach vergänglich, haben sie einen bleibenden Gehalt, der sich, wenn auch die Grundzüge dieselben blieben, fortan in wechselnde Formen kleidete.

Die eschatologischen Vorstellungen der verschiedenen neutest. Schriftsteller sind daher als fortlaufende, durch das Zeitbewußtsein bedingte Darstellungen der von Jesu gegebenen Grundgedanken zu betrachten. Von der Anschauung Jesu unterscheiden sie sich zumal dadurch, daß sie die Idee des Gottesreiches ganz eschatologisch fassen, daher das religiöse Bewußtsein noch mehr auf die Zukunft gerichtet ist und der Ruf: der Herr ist nahe! trotzdem die Parusie mit der Zerstörung Jerusalems nicht eintritt, noch lauter ertönt (1 Kor. 16, 22; Phil. 4, 5; 1 Petr. 4, 5; Jak. 5, 8; Hebr. 10, 37; 2 Petr. 3, 3 fg.). Doch hat nur Paulus und der Apokalyptiker einen bedeutendern Beitrag zur Eschatologie gegeben. Der erstere zeigt dabei die Eigenthümlichkeit, daß er nach dem Vorbilde von Ezechiel und Henoch in dem zukünftigen Aeon zwei Perioden unterscheidet, die des Königthums Christi mit den auferstandenen Gläubigen (Gal. 5, 21; Röm. 5, 17), worin alle Feinde vernichtet werden (1 Kor. 15, 24 fg.) und die der Alleinherrschaft Gottes (1 Kor. 15, 24. 28), welcher die Auferstehung der Ungläubigen und ein allgemeines Gericht Christi voraufgeht (Röm. 14, 10; 2 Kor. 5, 10). Die Apokalypse ist ihm darin verwandt, indem sie auf das tausendjährige Königthum Christi mit den Märtyrern die allgemeine Auferstehung, das Endgericht, die Vernichtung der Sünde und des Todes, die Erscheinung eines neuen Himmels und einer neuen Erde, die Herabkunft des neuen Jerusalems und die vollkommene Gegenwart Gottes folgen läßt (Offb. 21, 1 fg.). Abweichend von Jesu, erwartet der Apokalyptiker nicht die Zerstörung des ganzen Tempels, sondern nur des Vorhofes (Offb. 11, 1 fg.; s. im übrigen Apokalypse). Eine Auferstehung der Ungerechten mit nachfolgendem Gerichte kennt auch Johannes (Kap. 5, 27 fg.; 1 Joh. 4, 17). Die Erscheinung des vollendeten Gottesreiches, des himmlischen Jerusalems, der ewigen Herrlichkeit (Gal. 4, 26; Joh. 14, 2 fg.; 1 Petr. 5, 10) wird auch wol als Hochzeitsfest Christi als Bräutigams mit der christlichen Gemeinde als Braut symbolisirt (Offb. 21, 2. 9; Eph. 5, 32). Ein Theil der spätern Vorstellungen, verbunden mit dem Reflexe der Zeitereignisse, geht dann in die Evangelien über (vgl. z. B. Matth. 24, 26; 10, 23; 24, 15; Luk. 21, 20—24). So ist der prophetische Geist beständig beflissen, sich die Zukunft unter das Gesetz der religiösen Idee zu stellen, darin liegt sein Werth und ein reicher Ersatz für die thatsächlichen Irrthümer, denen das nach Erfüllung sich sehnende Gemüth ausgesetzt ist. *Wittichen.*

Zulassung, s. das Böse, Freiheit.
Zungen, s. Zungenreden.
Zungenreden: eine eigenthümliche ekstatische Erscheinung unter den Christen des apostolischen Zeitalters, die nach einiger Zeit infolge allgemeiner Ernüchterung wieder

Zungenreden

verschwand und von der ein deutliches Bild zu entwerfen, sowol um dieses Umstandes willen, als wegen der im N. T. differirenden Berichte, erhebliche Schwierigkeiten hat. Als ältester und zuverlässigster Bericht liegt eine Aeußerung des Apostels Paulus (1 Kor. 12—14) vor, und mit Recht wird von unbefangenen Forschern jetzt dieser der Untersuchung über die Beschaffenheit des Zungenredens zu Grunde gelegt. Entschieden spätern Ursprungs ist die Mittheilung der Apostelgeschichte über das Reden in „andern Zungen" in der Pfingstversammlung zu Jerusalem (Apg. 2) und bei andern Veranlassungen (Apg. 10, 46; 19, 6). Endlich ist noch im Anhang zum zweiten Evangelium ein Reden in „neuen Zungen" erwähnt (Mark. 16, 17), ein Ausdruck, der die völlige Unbekanntschaft des Verfassers mit der Erscheinung an der Stirn trägt.

Der Apostel Paulus nimmt in dem Abschnitte des ersten Korintherbriefes, welcher die Geistesgaben betrifft, Veranlassung, dem Zungenreden, als einer eigenthümlichen, in den Gemeindeversammlungen störend hervorgetretenen Geistesgabe (1 Kor. 12, 10 fg.) eine eingehendere Betrachtung zu widmen. Er unterscheidet dabei verschiedene Arten des Zungenredens (γένη γλωσσῶν) von der „Auslegung desselben" (ἑρμηνεία γλωσσῶν), bemerkt, daß nicht alle korinthischen Christen Zungenredner sein könnten, sondern daß diese Geistesgabe, wie jede andere, nur einzelnen Individuen gewährt sei (1 Kor. 12, 30), daß sie auch in höchster Steigerung vorhanden, als ein Reden mit „Menschen- und Engelzungen" (1 Kor. 13, 1), ohne die Liebe doch nur zu einem tönenden Erze oder einer klingenden Schelle mache, endlich, daß sie wie andere Gaben wieder aufhören werde, wogegen Glaube, Hoffnung und Liebe bleiben. Schon die Vergleichung mit dem „tönenden Erz und der klingenden Schelle" deutet an, daß Paulus die Gabe für eine nicht ganz ungefährliche hielt. Auch geht aus den darauf bezüglichen Abmahnungen hervor, daß die Korinther, nach seinem Dafürhalten, einen viel zu hohen Werth auf dieselbe legten, und im Verhältnisse dazu die „Prophetie", d. h. die zusammenhängende geistige Erbauung im Heilsleben bezweckende Rede, vernachlässigten (1 Kor. 14, 1 fg.). Bei der Vergleichung der Prophetie mit dem Zungenreden (der Glossolalie) gibt der Apostel in dem letztern eine Beschreibung, der wir als sicheres Ergebniß entnehmen: der Zungenredner redet nicht zu Menschen, sondern zu Gott; niemand versteht, was er redet; er redet im Geist zu sich selbst und zu Gott; den Anwesenden bleibt der Inhalt seiner Rede ein Geheimniß, er erbaut also nur sich selbst und trägt zur Erbauung der Gemeinde nichts bei (1 Kor. 14, 2—4. 28). Nur dann, wenn der Zungenredner selbst oder ein anderer dazu Befähigter eine Auslegung des von ihm Gesprochenen gibt, kann die Gemeinde sich daran erbauen (V. 5). Der Zungenredner als solcher kann der Gemeinde so wenig nützen, als musikalische Instrumente (eine Flöte oder Zither), wenn sie keinen deutlichen Ton (μὴ διαστολὴν τοῖς φθόγγοις, ἄδηλον φωνὴν, μὴ εὔσημον λόγον, V. 7 fg.) von sich geben. Wenn z. B. ein Zungenredner betet, dann betet wol sein Geist, aber sein Verstand ist dabei unfruchtbar, d. h. unthätig (V. 14). Wenn ein Zungenredner Gott lobt oder dankt, so kann die Gemeinde nicht das bekräftigende Amen dazu sprechen, weil sie gar nicht weiß, was von ihm gesprochen worden ist (V. 16). Der Apostel, der ein Zungenredner ist mehr als alle andern korinthischen Christen, will deshalb in der Gemeindeversammlung lieber fünf Worte verständlich (διὰ τοῦ νοός) reden, um andere zu unterrichten, als zehntausend in Zungen (V. 19). Das Zungenreden ist (nach Jes. 28, 11 fg.) ein Wunderzeichen, aber nicht für die Gläubigen, sondern für die Ungläubigen, es macht auf die Zuhörer, welche die Gabe nicht besitzen, den Eindruck, als ob der Redner rase (V. 23). Aus dem allem zieht der Apostel den Schluß, daß das Zungenreden als solches nicht in die Gemeindeversammlung gehöre, und nur unter der Bedingung darin zu gestatten sei, wenn der Zungenredner selbst oder ein anderer das Gesprochene auslege (V. 19 fg., V. 26 fg.). Das Zungenreden in der Gemeinde ohne Auslegung erscheint ihm als ein Unfug, eine Ordnungswidrigkeit (V. 33, 40). An und für sich soll man ihm, als einer Geistesgabe, zwar keine Hindernisse in den Weg legen, aber der Misbrauch muß für die Zukunft verhütet werden.

Diese Schilderung des „Zungenredens" in der korinthischen Gemeinde durch den Apostel Paulus ist so deutlich, daß es schwerlich unter den Auslegern zu so verschiedenen Auffassungen gekommen wäre, wenn nicht schon die Apostelgeschichte infolge eines Misverständnisses darunter ein wunderhaftes Reden in nicht erlernten, ausländischen Sprachen verstanden hätte (λαλεῖν ἑτέραις γλώσσαις, Apg. 2, 4). An ein solches kann, trotz der wiederholten Bemühungen neuerer Gelehrten (Clshausen, Bäumlein u. a.), in der korinthischen Gemeinde unmöglich gedacht werden. Der Apostel erblickt zwar in der Stelle Jes. 28, 11 fg., nach welcher Gott in der affyr. Sprache wunderbar zum Reiche Juda reden wird, eine Weissagung auf die Geistesgabe des Zungenredens. Allein der Vergleichungspunkt ist nicht das Reden in einer fremden Sprache, sondern das Reden „mit stammelnder Lippe", das den Juden unverständliche Reden, und das hauptsächlichste Merkmal des Zungenredens ist unverkennbar, daß es unverständlich ist. Am unverständlichsten ist nun das Ausstoßen von blos unarticulirten Tönen, wie Bardili (Significatus primitivus vocis προφήτου ex Platone erutus cum novo tentamine interpretandi 1 Cor. 14 [Göttingen 1786]), welchem Eichhorn (in der „Allgemeinen Bibliothek der biblischen Litteratur" [Leipzig 1787—1800], I, 91 fg.; II, 757 fg.; III, 322 fg.) im wesentlichen beitrat, bereits im vorigen Jahrhundert das Zungenreden aufgefaßt hatte. Das Ausstoßen von unartikulirten Tönen ist aber überhaupt kein Reden, Paulus hätte es als ein solches nicht bezeichnen können, auch wäre eine Auslegung von unartikulirten Tönen nicht wohl statthaft. Das Unverständliche muß also in dem Inhalt des Gesprochenen gelegen haben.

Einen neuen Impuls zur gründlichen Untersuchung des hier vorliegenden Problems gab eine Abhandlung von Bleek „Ueber die Gabe des γλώσσαις λαλεῖν in der ersten christl. Kirche" (in den „Theologischen Studien und Kritiken", Jahrg. 1829, S. 3 fg.). Indem er auf einen allerdings seltenen Gebrauch des Wortes γλῶσσα bei Grammatikern zurückging, wonach dasselbe von ungewöhnlichen, nicht allen bekannten, veralteten und hochpoetischen Ausdrücken vorkommt, deren sich Dichter oder begeisterte Redner bedienten, betrachtete er das Zungenreden als eine übernatürliche Fähigkeit, welcher zufolge die Redenden, sich des Verhältnisses der Ausdrucksweise, der sie sich beim Reden bedienten, zu ihrer gewöhnlichen Ausdrucksweise nicht mehr klar und deutlich bewußt, ohne Zusammenhang mit dem frühern Leben sowie mit der sie umgebenden Außenwelt, aus dem innern Selbstbewußtsein herausredeten, in erhabener, meist poetischer, ihrer natürlichen Entwickelung fremder Rede, Lobpreisungen Gottes aussprachen und sich in einem Zustande der Begeisterung befanden, nach dessen Aufhören die Erinnerung an das soeben Gesprochene schwand. Diese Auffassung Bleek's muß, bei allem Aufwande von Gelehrsamkeit und Scharfsinn, schon an dem Umstande scheitern, daß der Apostel Paulus den grammatischen Kunstausdruck „Glossen" in dem seltenen und specifischen Sinne, in welchem derselbe bei griech. Schriftstellern vorkommt, schwerlich nur kannte, jedenfalls aber in einem an eine großentheils ungebildete Gemeinde gerichteten Sendschreiben sich desselben nicht als eines ihm und der Gemeinde ganz geläufigen bedient haben kann. Dazu kommt noch hinzu, daß es höchst unzutreffend wäre, die Gabe der aus übernatürlicher Begeisterung strömenden Rede als eine Gabe, „in veralteten nicht mehr gebräuchlichen Ausdrücken" zu reden, zu bezeichnen. Es war daher der Natur der Sache entsprechend, wenn Baur (in der „Tübinger Zeitschrift für Theologie", Jahrg. 1830, S. 78 fg.; Jahrg. 1838, 618 fg.), wieder zu Bardili's Erklärung zurückkehrend, das Zungenreden als ein Hervorbringen unartikulirter, oder doch wenigstens unbestimmter Töne, verworrener Zungenlaute, unverständlicher Zungenbewegungen, im besten Falle ein Reden in einzelnen abgerissenen (vielleicht fremdartigen) Wörtern und Redensarten faßte, was im Grunde auch Neander's Meinung ist („Geschichte der Pflanzung und Leitung der christlichen Kirche durch die Apostel" [5. Ausg., Gotha 1862], I, 240 fg.), wenn er die Zungenredner als Begeisterte schildert, welche „der Mehrzahl der Zuhörer" unfaßliche Aeußerungen thaten. Allein auf eine befriedigende Weise war das Problem damit nicht gelöst, und mit Recht sind die durch Baur und Neander gegebenen Beschreibungen von Keim (in Herzog's „Real-Encyclopädie", XVIII, 684 fg.) als verworren und verwirrend abgewiesen worden.

Der Ausdruck: „mit der Zunge" oder „mit Zungen reden" (γλώσσῃ, γλώσσαις λαλεῖν), bedarf vor allem der Erklärung. In der Regel sagt Paulus von dem einzelnen: er rede mit der Zunge, von vielen, sie reden mit Zungen (der Plural 1 Kor. 14, 6 von dem Zungenreden des Apostels widerspricht dieser Regel nicht, da a. a. O. mehrere Redeacte gemeint sind), sodaß also ein Reden in Zungen niemals bei einem einzelnen vorkommt. Ob man nun γλῶσσα in der ursprünglichen Bedeutung „Zunge", oder in der abgeleiteten „Sprache" nehme, beidemal ist mit der Zunge oder in einer Sprache reden

Zungenreden

ein Pleonasmus und nichtssagend. Daher liegt die Versuchung nahe, ein Attribut zu Zunge oder Sprache hinzuzudenken, was ja auch der Verfasser der Apostelgeschichte gethan hat. Das geschieht nun auch von Hilgenfeld („Die Glossolalie in der alten Kirche" [Leipzig 1850], S. 46 fg.), wenn er γλῶσσα von dem sie erfüllenden Inhalt, von der göttlich gegebenen Rede versteht, wonach das Zungenreden ein Reden „mit der göttlich bewegten" Zunge, in einer göttlichen Sprachinspiration, wäre. In ähnlicher Weise ist Keim (a. a. O., XVIII, 690 fg.) der Meinung, „von den Wundern der ohne menschliche Spontaneität zu neuem Ergusse bewegten Zunge" habe die Erscheinung des Zungenredens ihren Namen bekommen. Diese Annahme wäre aber nur dann begründet, wenn das Prädicat gottinspirirt (ϑεόπνευστος, vgl. 2 Tim. 3, 16 πᾶσα γραφὴ ϑεόπνευστος) bei γλῶσσα stände. Es ist übrigens keineswegs des Apostels Meinung, daß der Zungenredner die Zunge schlechterdings nicht aus eigenem (menschlichen) Antriebe bewege. Hätte er bei dem Zungenredner die freie Verfügung über seine Gabe nicht bis auf einen gewissen Grad vorausgesetzt, so hätte er ihn auch nicht ermahnen können, nach Umständen in der Gemeindeversammlung der Zunge Schweigen zu gebieten (1 Kor. 14, 28). Das Zungenreden ist der letztern Stelle zufolge nicht gleichbedeutend mit „im Geiste reden", denn der mit der Zunge Schweigende soll gleichwol fortfahren, zu sich selbst und zu Gott, d. h. im Innern seines Geistes, zu reden.

Zum Verständnisse des seltsamen Ausdruckes „Glossolalie" gibt uns der Apostel 1 Kor. 14, 21 selbst den Schlüssel an die Hand. Er betrachtete hiernach die betreffende Erscheinung als eine Erfüllung der Weissagung des Propheten Jesaja, Kap. 28, 11 fg. Nach dieser Stelle wird Gott zu seinem (ungläubigen) Volke in einer andern Zunge (in den LXX: διὰ γλώσσης ἑτέρας) reden. Paulus deutet den Inhalt der Weissagung frei um. Während in derselben die Assyrer mit ihrer den Hebräern unverständlichen Sprache gemeint sind, so betrachtet Paulus die „fremdsprachigen" (ἑτερόγλωσσοι, 1 Kor. 14, 21) als „fremdartig, unverständlich Redende", die nach göttlicher Eingebung durch ihr Reden ein Zeugniß gegen die Ungläubigen seiner Zeit abzulegen hätten. Nicht daß die Zungenredner wirklich in fremden Sprachen geredet hätten, will Paulus sagen. Daß ihre Redeweise durchaus unverständlich und nach göttlichem Rathschluß eine Erfüllung der Weissagung Jes. 28, 11 gewesen sei: das ist seine Meinung. Der Ausdruck γλῶσσα ist daher eine Breviloquenz für γλῶσσα ἑτέρα, aus der Bezeichnung Heteroglossolalie ist die Bezeichnung Glossolalie hervorgegangen, und die Grundbedeutung der Formel ist ein zum Zeugnisse gegen die ungläubigen Juden und Heiden von Gott verordnetes, durch den Heiligen Geist bewirktes fremdartiges, d. h. unverständliches, Reden. Es könnte auffallen, daß der Apostel diese seltsame Erscheinung für eine Geistesgabe hielt. Dazu warb er zunächst durch die Ueberzeugung bewogen, daß die Weissagung des Jesaja (Kap. 28, 11) durch sie erfüllt sei. Darf man doch, zur richtigen Würdigung der apostolischen Beurtheilung des Vorgangs, nicht übersehen, daß zur Entstehungszeit des ersten Korintherbriefes die Erwartung der christl. Gemeinden auf die nahe Zukunft des verklärten Christus aufs höchste gespannt war, und das Ende aller Dinge als unmittelbar bevorstehend erschien (1 Kor. 15, 23 fg.). Mit der größten Aufmerksamkeit beobachtete daher der Apostel jede Erscheinung in den von ihm beaufsichtigten Gemeinden, welche als ein Vorzeichen des Endgerichtes und der herrlichen Zukunft Jesu Christi gedeutet werden konnte. War in Jes. 28, 11 fg. die Glossolalie, das ekstatische Reden ohne verständlichen Sinn, als ein solches geweissagt, so konnte der Apostel gar nicht zweifeln, daß die entsprechenden Vorgänge in den korinthischen Gemeindeversammlungen das nahende Ende des seitherigen Weltalters ankündigten, und ein letzter göttlicher Mahnruf an die noch immer in der Verstockung oder im Unglauben beharrenden Juden und Heiden seien. Nach seiner Schilderung lag dem Zungenreden eine stürmische religiöse Aufregung einzelner Individuen zu Grunde, vermöge welcher sich dieselben in den Gemeindeversammlungen gleichsam isolirten, zu vergessen schienen, daß sie in Gemeinschaft anderer zugegen waren, daß der Zweck der Versammlung die gemeinsame Erbauung sei, und in verworrener ekstatischer Rede ihrer frommen Gefühlswallung Luft machen. Daß die Zungenredner in einem ekstatischen Zustande sich befanden, geht aus 1 Kor. 14, 7 fg. 11 fg. 23 unwidersprechlich hervor. Daß sie redeten, kann nicht bezweifelt werden (1 Kor. 14, 14 fg.); auch wäre die Bezeichnung ohne diese Voraussetzung sinnlos. Wenn der Apostel von ihnen bemerkt, daß sie auf Unbefangene den Eindruck von Rasenden machen mußten (B. 23), so ist, auch abgesehen von seiner wiederholten Versicherung, daß der Inhalt ihrer Rede durchaus unverständlich sei, schon aus jener Aeußerung ersichtlich, daß irgendein vernünftiger Sinn (B. 19) ihrer Rede nicht zu entnehmen war. Einem Apostel, der sich so entschieden für das Princip eines „vernünftigen Gottesdienstes" (Röm. 12, 1) ausgesprochen hatte, konnten die stürmischen, verworrenen, sinnlosen gottesdienstlichen Vorträge der Zungenredner unmöglich zusagen, und er hätte sie gewiß ganz aus den Gemeindeversammlungen verbannt, wenn sie ihm nicht als prophetisch angekündigte übernatürliche Wunderzeichen zur Erschütterung und Bekehrung der Ungläubigen erschienen wären. Ein religiöses Rasen (τὸ ἐξ Ἀπόλλωνος μαίνεσθαι) kannten die Heidenchristen in Korinth bereits aus dem griech. Cultus (Preller, „Griechische Mythologie" [f. Aufl., Berlin 1860—61], I, 216 fg.); aus ekstatischen Zuständen entsprungene Visionen, welche Laien nicht zu deuten vermögen, finden sich auch bei alttest. Propheten (f. „Bibel-Lexikon", IV, 624). Der Inhalt des Zungenredens kann unmöglich mehr ausgemittelt werden. Der Beschreibung des Apostels zufolge beteten die Zungenredner insbesondere (1 Kor. 14, 13 fg.), ihre Worte strömten dahin (B. 19), aber, da jeder Zusammenhang, da geordnete Gedanken, da ein bestimmter Redezweck fehlte, so war ein Verständniß des Gesprochenen ganz unmöglich, und das Redegewirr wurde als Product einer wunderbaren Geistesgabe und als Medium verhüllter göttlicher Geheimnisse lediglich angestaunt (B. 2). Daraus entstand Unordnung in den Gemeindeversammlungen, zumal wenn mehrere Zungenredner gleichzeitig sich vernehmen ließen (B. 27), und der Apostel ist bemüht, dem Unwesen dadurch zu steuern, daß er die „Auslegung" der Zungenrede, sei es durch den Redner selbst, sei es durch ein anderes, charismatisch dazu befähigtes Gemeindeglied (B. 5, 26 fg.) fordert. Von der Auslegung einer Zungenrede ist eß beinahe noch schwieriger, sich eine deutliche Vorstellung zu machen, als von dem Zungenreden selbst. Läßt sich schon schwer begreifen, wie ein von stürmischer Ekstase hingerissener Redner in jedermann verständlicher Form darzulegen im Stande sein soll, was er vorher ohne Sinn und Verstand vorgetragen hat, so ist völlig unbegreiflich, wie ein Dritter den hermeneutischen Schlüssel finden soll, um ein solches Erzeugniß einer ihm fremden Ekstase seinem und dem allgemeinen Verständnisse aufzuschließen. Eine solche Auslegungsgabe erschient daher mit Recht dem Apostel als etwas Uebernatürliches; die Deutung des unverständlich Gesprochenen konnte jedenfalls nur eine willkürliche sein. Dem praktisch-erbaulichen Zwecke des Apostels genügte es jedoch, wenn auf die unverständlichen Vorträge überhaupt nur verständliche folgten.

Zur Zeit des Apostels Paulus ist die Gabe des Zungenredens ohne Zweifel auch in andern Gemeinden als der korinthischen vorgekommen, obwol sie nur in der letztern eine erhebliche Bedeutung gewonnen hat. Paulus betrachtet die Zungenredner als „Pneumatiker", vom Heiligen Geiste Ergriffene (1 Kor. 14, 37). Solche Pneumatiker kennt er schon in der Gemeinde zu Thessalonich (1 Theff. 5, 19; 2 Theff. 2, 2), und auch das Röm. 8, 26 beschriebene Gebet, das in unausgesprochen Geistesseufzern stattfand, deutet auf einen ekstatischen, wenn auch nicht in wirklicher Rede hervorbrechenden, Gemüthszustand. Sehr bald aber scheint die Erscheinung wieder verschwunden zu sein, denn der Verfasser der Apostelgeschichte kennt sie eine Generation später nicht mehr; er hält das Zungenreden für ein wunderbares Reden in fremden, nicht erlernten, sondern vom Heiligen Geist eingegebenen Sprachen (Apg. 2, 4 fg.). Uebrigens scheint er seinen Bericht vorzüglich aus dem ersten Korintherbrief geschöpft zu haben. Hatte die heidenchristliche Gemeinde zu Korinth in Zungen geredet, so erschien es ihm als selbstverständlich, daß ein so großes Geisteswunder auch schon in der ersten judenchristl. Gemeindeversammlung zu Jerusalem vorgekommen sein müsse. War der Heilige Geist von dem erhöhten Christus den Aposteln mitgetheilt worden, so mußten mit dem Heiligen Geiste alle Geistesgaben, und also auch die Geistesgabe der Glossolalie, gleichzeitig sich manifestirt haben. War die Glossolalie (nach Jes. 28, 11 fg.; vgl. 1 Kor. 14, 21) ein Reden in nicht erlernten fremden Sprachen zur Beschämung und Bekehrung der Ungläubigen gewesen, so mußten in der ersten christl. Gemeindeversammlung zu Jerusalem die Vertreter der Ungläubigen aus allen Nationen als Zeugen des Wundervorgangs zugegen gewesen sein. Welcher Zeitpunkt wäre aber hierfür geeigneter gewesen, als der des ersten Pfingstfestes nach der Erhöhung Christi, zu welcher Feier viele Fremde nach Jerusalem zu reisen pflegten und die damals als Gedächtnißfeier der angeblich in den siebzig Sprachen der Welt verkündigten sinaitischen Gesetzgebung mit der messianischen Einigung der Völkersprachen in einer nothwendigen Verbindung zu stehen schien (s. Pfingsten; vgl. Schneckenburger, „Beiträge zur Einleitung ins Neue Testament" [Stuttgart 1832], S. 80 fg.; Zeller, „Die Apostelgeschichte nach ihrem Inhalt und Ursprung kritisch untersucht" [Stuttgart 1854], S. 110 fg.). Das Zungenreden galt dem Verfasser der Apostelgeschichte als ein hervorstechendes Merkmal der den Aposteln zutheil gewordenen Geistesmittheilung. Wie in Jerusalem am ersten Pfingstfeste, so äußerte sich auch später in Cäsarea beim Besuche des Cornelius durch Petrus (Apg. 10, 46), und endlich in Ephesus bei der Verhandlung des Paulus mit den Johannesjüngern (Apg. 19, 6) der Heilige Geist in denen, über welche er gekommen, durch Zungenreden und Prophetie. Obwol ohne allen Zweifel unter dem Zungenreden an den beiden letztern Stellen wie Apg. Kap. 2 ein Reden in fremden Sprachen zu verstehen ist, so bedient sich der Verfasser doch nur des verkürzten Ausdruckes (nicht ἑτέραις γλώσσαις, sondern γλώσσαις λαλεῖν), wodurch die Annahme bestätigt wird, daß im ersten Korintherbriefe der verkürzte Ausdruck aus dem ursprünglich Jes. 28, 11 erweiterten entstanden ist. Hiernach ist die Glossolalie in Korinth nicht etwa ein Nachklang des großen „Pfingstwunders" gewesen (Kling, „Die Korinther-Briefe" [2. Aufl., Bielefeld 1865], S. 219), sondern im Gegentheil ist der Bericht in der Apostelgeschichte ein einem Misverständnisse entsprungener Nachklang des korinthischen Zungenredens. Alle künstlichen und abenteuerlichen Deutungen des Sprachenwunders am ersten christlichen Pfingstfeste fallen mithin von selbst dahin. Wir haben glücklicherweise von dem Wirken des Heiligen Geistes jetzt eine der sittlichen Idee würdigere Vorstellung, als daß es ihm eigen sei, intellectuelle Fertigkeiten, wie das Reden in fremden Sprachen, durch momentane Inspiration einzugeben. In der Erzählung der Apostelgeschichte liegt jedoch auch nicht die geringste Veranlassung zu der Annahme (vgl. Billroth, „Commentar zu den Briefen des Paulus an die Korinther" [Leipzig 1833], S. 177 fg.), daß die Apostel eine Ursprache geredet, in der die Elemente aller wirklichen Sprachen sich zusammengefunden, oder (vgl. Roßteuscher, „Die Gabe der Sprachen im apostolischen Zeitalter" [Marburg 1850], S. 75 fg.) daß die Pfingstsprache eine absolut neue Geistessprache gewesen, oder (vgl. Thiersch, „Die Kirche im apostolischen Zeitalter" [Frankfurt a. M. 1852], S. 67) daß es den Jüngern gegeben gewesen sei, zu jedem, den sie vor sich hatten, in der Sprache seines Innern zu reden. Das sind lediglich Phantasien, für die nicht der geringste Erweis beigebracht werden kann. Die neueste Erklärung von Pfleiderer („Der Paulinismus" [Leipzig 1873], S. 208), wonach das Zungenreden, nach unserer Psychologie, ein ekstatisches Fürsichsein des Empfindungslebens, dessen überschwengliche Erregtheit sich den Formen des bewußten Denkens entziehe, gewesen sein soll, umgeht die Hauptschwierigkeit, daß es ein Reden in der Gemeinde gewesen sein muß.

Auch altkath. Schriftsteller wie Tertullian (Adv. Marc., V, 8) und Irenäus (Contra haer., V, 6, 1) können sich das Zungenreden nur als ein Reden in nicht erlernten fremden Sprachen vorstellen, wobei Tertullian sich ausdrücklich auf die für die Glossolalie classische Stelle Jes. 28, 11 beruft. Die ekstatischen Reden der Montanisten waren kein wirkliches Zungenreden, sondern Ergüsse schwärmerischer prophetischer Begeisterung (Tertullian, Opera, ed. Oehler [Leipzig 1853—54], II, 298: qui ... de dei spiritu sint locuti, qui et futura praenuntiarint et cordis occulta traduxerint). Das Zungenreden zur Zeit des Apostels Paulus, als ein stürmisches ekstatisches Reden von Enthusiasten ohne verständlichen Inhalt in den Gemeindeversammlungen, war mithin eine ganz vorübergehende Erscheinung, die mit der Glut der ersten christl. Begeisterung schwand und von der wir uns keinen ausreichend deutlichen Begriff mehr machen können, wenn auch bei Inspirirten, Quäkern, Camisarden, Irvingianern u. s. w. Zustände vorgekommen sind oder noch vorkommen mögen, die sich mit dem korinthischen Zungenreden einigermaßen vergleichen lassen.
Schenkel.

Zuph. Das „Land Zuph" (1 Sam. 9, 5), welches seinen Namen vielleicht von großem Wasserreichthum hat, ist derjenige District, in welchem Ramathaim-Zophim, der Wohnort Samuel's, lag und welcher wahrscheinlich im Stammgebiete Ephraim nördlich von Bethel, in der Nähe von Silo zu suchen ist. Doch s. Rama, Ramathaim-Zophim.
Kneucker.

Zurechnung, ein der Rechtsanschauung entnommener biblischer Begriff (s. auch Rechtfertigung), wonach Gott als ein solcher vorgestellt wird, der dem Sünder seine Sünden auf Rechnung schreibt, um sie seinerzeit als Schuld (s. b.) zu richten und abzustrafen. Darum sagt der Psalmist: „Heil dem Menschen, dem Jahve die Schuld nicht zurechnet" (Ps. 32, 2). Im N. T. hat besonders der Apostel Paulus von dem Begriff der Zurechnung in seiner Rechtfertigungslehre Gebrauch gemacht, und zwar namentlich auch in positivem Sinne mit Beziehung auf den Glauben, der, nach 1 Mos. 15, 6, schon dem Abraham als Gerechtigkeit zugerechnet wurde (Röm. 4, 2 fg. 22 fg.). Nichtzurechnung der Sünde (Schuld) bedeutet dann s. v. a. Sündenvergebung, als deren Grund bei Gott die im Opfertode Christi am Kreuz dargebrachte Sühne betrachtet wird (2 Kor. 5, 19). Die Annahme einer Zurechnung des sittlichen Verhaltens des Menschen von seiten Gottes beruht auf der Voraussetzung der menschlichen Wahlfreiheit (s. Freiheit und Rechtfertigung).
Schenkel.

Zuversicht, s. Vertrauen.

Zwiebeln (hebräisch bēṣēl) gehörten zu den Producten, welche die Israeliten in Aegypten einst in Fülle genossen (4 Mos. 11, 5). Daselbst wird noch jetzt eine Menge Zwiebeln von vorzüglicher Qualität gepflanzt. Auch in Palästina ist ihre Cultur weit verbreitet, da sie eine Lieblingsspeise der dortigen Bewohner bildet und die Qual des Durstes angenehm zurückdrängen soll. Vgl. Hasselquist, „Reise nach Palästina", deutsch von Gadebusch (Rostock 1762), S. 562; Oken, „Allgemeine Naturgeschichte" (Stuttgart 1833—41), II, 558.
Furrer.

Zwillinge, s. Dioskuren.

Nachwort.

Indem wir mit diesem fünften Bande das „Bibel-Lexikon" abschließen, bedarf es wol kaum einer Rechtfertigung, daß der im Prospect vom Januar 1869 in Aussicht genommene Umfang des Werkes um einen Band überschritten worden ist. Zum ersten mal ist hier in Deutschland der Versuch gemacht worden, den gesammten biblischen Stoff auf ebenso gemeinverständliche als wissenschaftlich gründliche Weise einem größern Leserkreise zum Verständniß zu bringen. Nur unter dieser Bedingung rechtfertigt sich der Titel „Bibel-Lexikon". Darum hätten wir es auch nicht verantworten zu können geglaubt, die zum Verständniß der Bibel ganz unentbehrliche biblische Literaturgeschichte und den Kern der Bibel, ihre Glaubens- und Sittenlehre, von unserm Plane auszuschließen. Je reicher in den letztverflossenen zehn Jahren die Bäche der wissenschaftlichen Forschung geflossen, je mehr neue Ergebnisse ans Licht gefördert worden waren, desto nothwendiger war es, diese den Lesern in einer durchsichtigern Beleuchtung und umfassendern Begründung darzulegen. Nur auf Unkosten der Gediegenheit und des innern Werthes des Werkes hätten die wichtigern Artikel gekürzt werden können, und wir hätten nicht unverdient den Vorwurf der Oberflächlichkeit auf uns geladen, wenn die Belege aus den Quellen selbst nur spärlich citirt, oder ganz weggelassen worden wären. Wenn sich weder die Herren Mitarbeiter noch der Herausgeber dazu entschließen konnten, sondern eine mäßige Erweiterung des Umfanges vorzogen, so verdient die Bereitwilligkeit, mit welcher die Verlagshandlung dem ihr damit auferlegten Opfer sich unterzog und überhaupt nichts unterließ, um dem Werke einen bleibenden Werth und eine würdige Ausstattung zu sichern, ganz besondere Anerkennung und unsern warmen Dank. Zu aufrichtigem Danke sind wir insbesondere auch den Herren Mitarbeitern verpflichtet, ohne deren treue Ausdauer und unermüdlichen Eifer das Werk nicht so bald seine glückliche Vollendung gefunden hätte. Einer der hervorragendsten unter ihnen, mein unvergeßlicher College Dr. R. Rothe, der den Plan des Unternehmens mit Freude begrüßte und eine größere Anzahl der wichtigsten Artikel zur Bearbeitung übernommen hatte, konnte sich leider bei der Ausführung nicht mehr betheiligen und erlebte auch die Ausgabe des ersten Bandes nicht mehr. Zwei andere, Dr. Graf und Dr. Bruch, sind vor dem Abschlusse heimgegangen; mit rührender Hingabe haben sie bis in ihre letzten Lebenstage den Rest ihrer Kräfte der Arbeit am „Bibel-Lexikon" gewidmet. Soeben ist ihnen ein vierter Mitarbeiter, der hochverdiente, von seltenem Wahrheitsernste beseelte Bibelforscher Dr. F. Hitzig, nachgefolgt.

Die Aufgabe, die wir uns im Vorworte zum ersten Bande gestellt, haben wir nach Kräften zu erfüllen gesucht. Wir haben es verschmäht, unsere Leser mit wohlfeilen apologetischen Künsten zu täuschen, oder ihnen durch jedes Absprechen zu imponiren: denn wir sind überzeugt, daß nur durch unbefangene Forschung die Bibel wahrhaft geehrt und dem Geiste der Wahrheit ernstlich gedient wird. Möchte es uns gelungen sein, „zur Erweckung und Läuterung des christlichen Geistes, zur Erneuerung und Förderung des kirchlichen Lebens unter der Geistlichkeit und besonders auch in den Kreisen theilnehmender Gemeindeglieder" auf diesem Wege mit unserm Werke wesentlich beigetragen und in weitern Kreisen für das Verständniß des „Buches der Bücher" auf die Dauer eine lebendige Theilnahme angeregt zu haben.

Heidelberg, im Januar 1875.

Dr. D. Schenkel.

Verzeichniß
der im fünften Bande enthaltenen Artikel.

P.

Psalmen. Von Steiner. 1.
Psalter, s. Musik.
Ptolemais. Von Krenkel. 9.
Ptolemäer. Von Holtzmann. 9.
Publius. Von Krenkel. 16.
Purimfest. Von Dillmann. 16.
Purpur. Von Rosloff. 18.
Put. Von Merx. 20.
Puteoli. Von Starl. 21.
Putz, s. Schmuck.

Q.

Qual, s. Hölle.
Quellen. Von Furrer. 22.
Quirinius. Von Weizsäcker. 23.

R.

Raama. Von Merx. 27.
Raamses, s. Ramses.
Rabba. Von Kneuder. 28.
Rabbath-Ammon. Von Kneuder. 28.
Rabbath-Moab. Von Kneuder. 29.
Rabbi. Von Steiner. 29.
Rabbith. Von Schenkel. 30.
Rabe. Von Furrer. 30.
Rabsake. Von Steiner. 30.
Racha oder Raka. Von Kneuder. 30.
Rachel oder Rahel. Von Kneuder. 31.
Rache. Von Wittichen. 31.
Rad, s. Wagen.
Raëma, s. Raama.
Raemses, s. Ramses.
Rages. Von Fritzsche. 31.
Raguel. Von Merx. 34.
Rahab. Von Steiner. 35.
Rahab. Von Steiner. 36.
Rahel. Von Steiner. 36.
Rakkath. Von Kneuder. 36.
Rakkon. Von Kneuder. 37.
Rama. Von Furrer. 37.
Ramath. Von Kneuder. 37.
Ramathaim-Zophim. Von Kneuder. 37.
Ramoth. Von Kneuder. 37.
Ramses. Von Merx. 37.
Rapha, s. Rephaim.
Raphael, s. Engel.
Raphaim, s. Rephaim.
Raphidim, Rephidim. Von Kneuder. 38.
Rapson. Von Kneuder. 40.
Rath, s. Synedrium.
Rathsherr, s. Synedrium.
Räthsel. Von Holtzmann. 40.
Raub, s. Räuber.
Räuber. Von Grundt. 41.
Rauch. Von Steiner. 43.
Rauchaltar. Von Steiner. 43.
Räuchern. Von Steiner. 44.
Rauchfaß. Von Steiner. 44.
Rauchopfer. Von Steiner. 44.
Rauchwerk, s. Rauchopfer, Räuchern.
Raupen, s. Heuschrecken.
Raute. Von Furrer. 45.
Rebe, s. Weinstock.
Rebekka. Von Schenkel. 45.
Rebhuhn. Von Furrer. 45.
Rechab, s. Rechabiter.
Rechabiter. Von Schrader. 46.
Rechob, s. Beth-Rechob.
Rechoboth. Von Kneuder. 46.
Rechoboth-Hannahar und Rechoboth-Ir. Von Kneuder. 47.
Recht, s. Gesetz.
Rechtfertigung. Von Schenkel. 48.
Redlichkeit. Von Späth. 51.
Redekunst, s. Predigt.
Redner, s. Predigt.
Regen, s. Witterung.
Regenbogen. Von Furrer. 52.
Regierung, regieren, s. König, Königthum.
Regu. Von Schenkel. 52.
Reguel. Von Fritzsche. 52.
Reh, s. Gazelle.
Rehabeam. Von Schenkel. 53.
Rehob, s. Bethrechob.
Rehoboth hannahar ir, s. Rechoboth.
Reich, s. Reich Gottes.
Reich Gottes. Von Bruch. 54.
Reich, Reichthum. Von Hoßbach. 61.
Reigen, s. Tanz.
Reiher. Von Furrer. 65.
Reinigkeit, Reinigung, Reinigkeitsgesetze. Von Schenkel. 65.
Reinigungsopfer, s. Reinigkeit.
Reinigungswasser, s. Reinigkeit.

Reifen. Von Rosloff. 73.
Reiter, s. Pferde, Wagen, Krieg.
Rekem. Von Kneuder. 74.
Religion. Von Schwarz. 74.
Remphan, s. Chiun.
Rephaim. Von Dillmann. 84.
Refen. Von Nölbeke. 86.
Reson, König von Damaskus, s. Damaskus.
Reue. Von Schenkel. 86.
Rezeph. Von Nölbeke. 87.
Rezin. Von Nölbeke. 88.
Rhazis. Von Fritzsche. 88.
Rhegium. Von Fritzsche. 88.
Rhode. Von Schenkel. 88.
Rhodus. Von Fritzsche. 88.
Ribla, Riblah, Ribleth. Von Kneuder. 89.
Richter. Von Bertheau. 89.
Richter (Buch der). Von Bertheau. 92.
Richthaus, s. Gericht.
Richtstuhl, s. Gericht.

Riegel, s. Thür.
Riesen, s. Rephaim.
Rimmon. Von Merx. 95.
Rimmon. Von Merx. 95.
Rimmona, Rimmono, s. Rimmon 3.
Rindvieh. Von Furrer. 96.
Ringe, s. Schmuck.
Ringen, s. Spiele.
Riphat. Von Kneuder. 97.
Rissa. Von Kneuder. 98.
Rithma. Von Steiner. 98.
Ritter, Ritterschaft, s. Wagen.
Rock, s. Kleidung.
Rogel. Von Furrer. 98.
Roglim. Von Kneuder. 98.
Rohr, s. Schilf.
Rohrdommel, s. Pelikan.
Rohrschilf, s. Schiffe.
Rom. Von Stark. 98.
Römer, römisches Reich. Von Holtzmann. 101.
Römer (Brief an die). Von Schenkel. 106.

Römisches Bürgerrecht, s. Römer.
Ros. Von Steiner. 116.
Rose. Von Furrer. 116.
Rosinen. Von Furrer. 117.
Rosinfarbe, s. Farben.
Roß, s. Pferd.
Roßthor, s. Jerusalem.
Rost. Von Rosloff. 117.
Roth, s. Farben.
Rotte, s. Korah.
Ruben. Von Schrader. 117.
Rubin, s. Edelsteine.
Ruf, s. Berufung.
Rufus. Von Schenkel. 118.
Ruhe. Von Späth. 118.
Ruhm. Von Späth. 118.
Ruma. Von Kneuder. 119.
Rüstag. Von Mangold. 119.
Rüstung, s. Waffen.
Ruth (Personname), s. Ruth (Buch).
Ruth (Buch). Von Schrader. 121.

S.

Saal, s. Häuser.
Saalabbim oder Saalabin. Von Kneuder. 121.
Saalim. Von Kneuder. 122.
Saareim. Von Kneuder. 122.
Saat. Von Furrer. 122.
Saba, s. Seba.
Sabbat. Von Mangold. 123.
Sabbatsjahr. Von Mangold. 126.
Sabbatsweg. Von Mangold. 127.
Sabtha. Von Merx. 128.
Sabthecha. Von Merx. 129.
Sacharja. Von Diestel. 129.
Sack. Von Rosloff. 134.
Sackbücher, s. Pharisäer.
Sadrach. Von Fritzsche. 134.
Säemann, s. Gleichnisse.
Säen, s. Saat.
Safran. Von Furrer. 135.
Säge. Von Rosloff. 135.
Salamis. Von Kneuder. 135.
Salbe. Von Rosloff. 136.
Salcha. Von Kneuder. 136.
Salem. Von Furrer. 136.
Saleph oder Seleph. Von Schenkel. 137.
Salim, s. Aenon.
Salisa, s. Baal-Salisa.
Sallum. Von Schenkel. 137.
Salmen, Salmanasser (mit 1 Abb.). Von Schrader. 137.
Salmon, s. Salmanassar.
Salmone. Von Fritzsche. 139.
Salome. Von Schenkel. 139.
Salome. Von Dillmann. 140.
Salomo (Prediger der), s. Koheleth.

Salz, Salzbund. Von Rosloff. 148.
Salzmeer, s. Meer (Todtes).
Salzstadt. Von Kneuder. 149.
Salzthal. Von Kneuder. 149.
Samarien, Samaritaner. Von Schrader. 149.
Samariter (der barmherzige), s. Gleichniß.
Samaja, s. Semaja.
Samen, s. Saat.
Samenfluß, s. Reinigkeit.
Samgar. Von Schenkel. 154.
Samir, Schamir. Von Kneuder. 155.
Sammt. Von Rosloff. 155.
Samos. Von Fritzsche. 155.
Samothrake. Von J. A. Hanne. 156.
Sampsate, s. Sampsame.
Sampsame. Von Fritzsche. 156.
Samsummim. Von Kneuder. 156.
Samuel. Von Hoßbach. 156.
Samuel (Bücher Samuel und der Könige). Von Bertheau. 161.
Sanballat. Von Kneuder. 169.
Sandelholz. Von Furrer. 170.
Sandmeer, s. Wüste.
Sänfte. Von Rosloff. 170.
Sanftmuth. Von Scheufel. 171.
Sanhedrin, s. Synedrium.
Sanserib (mit 1 Abb.). Von Schrader. 171.
Sauir oder Schenir, s. Hermon.
Sansab, Sansnab. Von Kneuder. 177.

Sansannah. Von Kneuder. 177.
Saphan. Von Nölbeke. 177.
Sapher. Von Kneuder. 178.
Saphir, s. Edelsteine.
Sapphira, s. Ananias.
Sara, Sarai. Von Schenkel. 178.
Saramel. Von Fritzsche. 179.
Sarder, Sardonyx, s. Edelsteine.
Sarbes. Von Furrer. 179.
Sared, Sereb. Von Kneuder. 180.
Sarepta. Von Kneuder. 180.
Sarezer. Von Steiner. 181.
Särge. Von Rosloff. 181.
Sargon (mit 1 Abb.). Von Schrader. 181.
Sarid. Von Kneuder. 184.
Saron. Von Furrer. 185.
Satan und Dämonen. Von Schenkel. 185.
Sattel. Von Furrer. 191.
Saturn. Von Merx. 191.
Satzung. Von Bruch. 200.
Sauerteig. Von Furrer. 201.
Saul. Von Dillmann. 202.
Saulus, s. Paulus.
Saum. Von Schenkel. 207.
Scepter. Von Rosloff. 207.
Schädelstätte, s. Golgatha.
Schafe. Von Furrer. 207.
Schafhirte, s. Jerusalem.
Schakal. Von Furrer. 209.
Schalen. Von Rosloff. 210.
Schalt. Von Wittichen. 210.
Schall, s. Musik.
Schallum, s. Sallum.
Scham, Schamhaftigkeit. Von Schenkel. 210.

Register

Schande. Von Späth. 211.
Schaphir, s. Samir.
Scharlach, s. Purpur.
Schatten. Von Schenkel. 211.
Schach, Schachbrett, Schachmeister. Von Wittichen. 212.
Schatzung, s. Quirinius und Steuern.
Schaubrote, Schaubrottisch. Von Rosloff. 213.
Schaufeln. Von Rosloff. 215.
Schauspiele, s. Spiele.
Scheba. Von Steiner. 215.
Scheffel. Von Kneucker. 216.
Scheidebrief, s. Ehe.
Scherken. Von Rosloff. 216.
Scheltworte. Von Kneucker. 216.
Schemel. Von Rosloff. 217.
Scherf, Scherflein. Von Kneucker. 217.
Schermesser, s. Bart.
Schibboleth. Von J. R. Hanne. 217.
Schiffe, Schiffahrt. Von Kneucker. 217.
Schild, s. Waffen.
Schildlein, s. Priester und Urim und Thummim.
Schilf. Von Furrer. 220.
Schilfmeer, s. Meer (Rothes).
Schirjon, s. Hermon.
Schlacht, s. Krieg.
Schlachten. Von Rosloff. 220.
Schlaf. Von Schenkel. 221.
Schlangen. Von Furrer. 222.
Schlange (des Paradieses und eherne). Von Merz. 224.
Schlauch. Von Rosloff. 230.
Schlecht, s. Böse.
Schleier. Von Rosloff. 230.
Schleife. Von Rosloff. 231.
Schleuder. Von Rosloff. 231.
Schlösser, s. Thür.
Schlüssel, s. Thür.
Schmähung, Schmach. Von Späth. 232.
Schmelzen. Von Rosloff. 233.
Schmerz. Von Wittichen. 233.
Schmiede. Von Rosloff. 233.
Schminke. Von Rosloff. 234.
Schmuck. Von Rosloff. 234.
Schnecke. Von Furrer. 236.
Schnee. Von Furrer. 236.
Schnitter, s. Ernte.
Schönheit. Von Hoßbach. 237.
Schöpfung. Von Späth. 239.
Schöpfung, s. Welt.
Schos, s. Abraham's Schos.
Schoß, s. Abgaben.
Schreiber, s. Schreibkunst.
Schreiber, Schreibkunst (mit 1 lithographirten Tafel). Von Merz. 240.
Schrift (Heilige), s. Bibel.
Schriftgelehrte. Von Klöpper. 247.

Schube. Von Rosloff. 255.
Schuld, Verschuldung. Von Schenkel. 256.
Schuld- und Sündopfer. Von Steiner. 257.
Schulen, s. Synagoge, Schriftgelehrte und Erziehung.
Schulter. Von Rosloff. 260.
Schur, Sur. Von Kneucker. 260.
Schwager, s. Ehe.
Schwalbe. Von Furrer. 261.
Schwan. Von Furrer. 262.
Schwefel. Von Rosloff. 262.
Schwein. Von Rosloff. 262.
Schweißtuch. Von Rosloff. 263.
Schwelle. Von Grundt. 264.
Schwert, s. Waffen.
Schwur, s. Eid.
Scorpion, s. Skorpion.
Scythen. Von Fritzsche. 264.
Scythopolis, s. Beth-Schean.
Sealthiel. Von Schenkel. 265.
Seba. Von Schenkel. 265.
Seba. Von Steiner. 265.
Sebach, s. Zebach.
Sebna. Von Schenkel. 266.
Sebul, s. Zebul.
Sebulon. Von Schrader. 266.
Sech. Von Kneucker. 267.
Seeb. Von Schenkel. 267.
Seele. Von Schenkel. 268.
Segen. Von Schenkel. 269.
Segnen, s. Segen.
Seher, s. Propheten.
Seide. Von Rosloff. 270.
Seife. Von Rosloff. 271.
Seil. Von Rosloff. 272.
Seim, s. Honig.
Seir, Seiriten. Von Steiner. 272.
Sekel. Von Schrader. 273.
Sekte, s. Irrlehrer und Irrthum.
Sela. Von Bertheau. 274.
Sela (Stadt). Von Bertheau. 274.
Sela, s. Musik.
Seleph, s. Saleph.
Seleucia. Von Krenkel. 277.
Seleucus. Von Holzmann. 278.
Seligkeit. Von Schenkel. 278.
Selomith. Von Schrader. 279.
Selomot. Von Schrader. 279.
Sem. Von Nöldeke. 279.
Semaja. Von Schenkel. 280.
Semer, Somer. Von Schenkel. 280.
Sen. Von Kneucker. 280.
Senf. Von Furrer. 280.
Senir oder Senir, s. Hermon.
Sepham. Von Kneucker. 281.
Sephar. Von Kneucker. 281.
Spharad. Von Fritzsche. 281.
Sepharvaim. Von Fritzsche. 282.
Sephela. Von Kneucker. 282.

Sephmoth, Sephamoth, Siphmoth, s. Sepham.
Septuaginta, s. Uebersetzungen der Bibel.
Serach. Von Dillmann. 282.
Seraja. Von Schenkel. 283.
Seraphim. Von Dillmann. 283.
Sered. Von Furrer. 285.
Sergius Paulus. Von Schenkel. 285.
Seron. Von Fritzsche. 285.
Serubabel. Von Schenkel. 285.
Serug. Von Schenkel. 286.
Sesai. Von Schenkel. 286.
Sesai, s. Enakiter.
Sesbazar, s. Serubabel.
Seth. Von Schenkel. 286.
Seuchen, s. Krankheiten.
Seveh, s. So.
Sibma. Von Kneucker. 287.
Sibraim. Von Kneucker. 287.
Sicheln. Von Rosloff. 287.
Sichem (mit 1 Abbildung). Von Furrer. 287.
Sicher, Sicherheit. Von Wittichen. 289.
Sidor. Von Kneucker. 289.
Sidron. Von Kneucker. 290.
Sievon. Von Fritzsche. 290.
Siddim. Von Steiner. 291.
Sibe. Von Kneucker. 291.
Sibon, Sibon. Von Kneucker. 291.
Sieben, Siebenzig, s. Zahlen.
Sieden, s. Kochen.
Sieg, s. Krieg.
Siegel (mit 5 Abb.). Von Rosloff. 292.
Siene, s. Syene.
Sihon. Von Bertheau. 293.
Sihor, s. Sichor.
Silas. Von Holzmann. 294.
Silber, s. Metalle.
Silberling, s. Sekel.
Silla. Von Kneucker. 295.
Silo, s. Siloh.
Siloah. Von Furrer. 295.
Siloh. Von Furrer. 296.
Silpa. Von Schenkel. 296.
Silvanus, s. Silas.
Simei. Von Schenkel. 296.
Simeon. Von Schrader. 297.
Simeon. Von Schrader. 298.
Simeon. Von Schrader. 298.
Simeon (Simon). Von Schenkel. 298.
Simon. Von Fritzsche. 298.
Simon, Bruder Jesu, s. Brüder Jesu.
Simon (der Zelot). Von Schenkel. 300.
Simon (von Bethanien). Von Schenkel. 301.
Simon (von Cyrene). Von Schenkel. 301.
Simon (der Gerber). Von Schenkel. 301.

Simon (der Magier). Von Lipsins. 301.
Simri. Von Schenkel. 321.
Simri (Land). Von Kneucker. 321.
Simron. Von Kneucker. 321.
Simson. Von Schenkel. 322.
Sin. Von Merx. 325.
Sinai (mit 1 lithogr. Karte und 2 Abb.). Von Furrer. 326.
Sinear. Von Schrader. 331.
Sinim. Von Nöldeke. 331.
Siniter. Von Bertheau. 332.
Sinn (innerer), Sinnen, Gesinnung. Von Wittichen. 332.
Sion. Von Kneucker. 332.
Siph. Von Kneucker. 332.
Siphmoth, s. Sepham.
Siphron. Von Kneucker. 333.
Sirach, s. Jesus Sirach.
Sirion, s. Hermon.
Sisai. Von Merx. 333.
Sisera. Von Schenkel. 334.
Sitte. Von Späth. 334.
Sittim. Von Furrer. 334.
Siv, s. Kalender.
Sivan. Von Schenkel. 335.
Sklave, Sklaverei. Von J. R. Hanne. 335.
Skorpionen. Von Furrer. 337.
Smaragd, s. Edelsteine.
Smyrna. Von Krenkel. 337.
So. Von Schenkel. 338.
Soba, s. Zoba.
Sobal. Von Fritzsche. 338.
Sobi. Von Kneucker. 338.
Socho, Solo. Von Kneucker. 338.
Sodom. Von Furrer. 339.
Sobeleth. Von Merx. 339.
Sohn, s. Aeltern, Kinder.
Sohn Gottes. Von Schenkel. 339.
Sold, s. Krieg.
Söller, s. Häuser.
Sommer, s. Zeit.
Sonne, Sonnenfinsterniß. Von Schrader. 343.
Sonnendienst, s. Baal.
Sonnenzeiger, s. Hiskia.
Sopater. Von Fritzsche. 344.
Soret. Von Kneucker. 344.
Sorge. Von Schenkel. 345.
Sosipater. Von Fritzsche. 345.
Sosthenes. Von Schenkel. 345.
Sostratus. Von Fritzsche. 346.
Spanien, s. Hispanien.
Spangen. Von Rosskoff. 346.
Spannader. Von Furrer. 346.
Spartaner. Von Fritzsche. 346.
Spätregen, s. Regen, Witterung.

Speer, s. Waffen.
Speichel. Von Rosskoff. 349.
Speisen. Von Rosskoff. 349.
Speisegesetze. Von Rosskoff. 351.
Speisemeister. Von Rosskoff. 356.
Spetleopfer. Von Steiner. 357.
Spelt oder Spelz, s. Getreide.
Sperber, s. Habicht.
Sperling. Von Furrer. 358.
Spezereien, s. Begräbniß.
Spiegel. Von Rosskoff. 358.
Spiele, Schauspiele, Kampfspiele. Von Krenkel. 359.
Spiele, Vergnügungsspiele. Von Rosskoff. 360.
Spieß, s. Waffen.
Spinne. Von Furrer. 360.
Spinnen. Von Rosskoff. 361.
Spott, Spötter. Von Schenkel. 362.
Spotten, s. Spott.
Sprache, hebräische. Von Nöldeke. 362.
Sprengen, Sprengwasser, s. Besprengungen.
Spreu. Von Rosskoff. 368.
Springbase. Von Furrer. 368.
Spruch, s. Sprüche Salomo's.
Sprüche Salomo's. Von Bertheau. 368.
Stab. Von Rosskoff. 374.
Stachel. Von Rosskoff. 375.
Stachus. Von Schenkel. 375.
Stadium. Von Grundt. 375.
Städte. Von Furrer. 376.
Stahl. Von Rosskoff. 378.
Stakte. Von Furrer. 379.
Stall. Von Rosskoff. 379.
Stämme. Von Steiner. 380.
Stände. Von Wittichen. 382.
Stärke. Von Späth. 383.
Stater, s. Geld.
Statthalter, s. Verwaltung.
Stäupen, s. Strafen.
Stechen, s. Stab.
Stechdorn. Von Furrer. 383.
Stehlen, s. Diebstahl.
Steinbock. Von Furrer. 383.
Steine. Von Rosskoff. 384.
Steinigung, s. Strafen.
Steinschneider, s. Handwerke.
Stephanus. Von Weizsäcker. 385.
Sterben, s. Tod.
Sternanbetung, s. Sterne.
Sterne, Sternkunde, Sterndeutung. Von Schrader. 393.
Steuern. Von Kneucker. 398.
Stiefeln, s. Schuhe.
Stiftshütte. Von Diestel. 405.
Stirnband, s. Schmuck.

Stock, s. Stab.
Stoiker. Von Holtzmann. 412.
Stolz, s. Hochmuth.
Stoppeln. Von Furrer. 412.
Storax. Von Furrer. 419.
Storch. Von Furrer. 420.
Strafen. Von Rosskoff. 420.
Strafen. Von Rosskoff. 423.
Strauß. Von Furrer. 425.
Streit, s. Kampf.
Strick, s. Seil, Flachs und Handwerke.
Stroh. Von Furrer. 425.
Städte in Either. Von Fritzsche. 426.
Stufen, s. Altar, Tempel.
Stuhl, s. Geräthe.
Stunden, s. Uhren.
Sua. Von Rosskoff. 428.
Succoth, Suckoth. Von Kneucker. 428.
Succoth-Benoth. Von Schrader. 429.
Suchim. Von Dillmann. 429.
Sud. Von Fritzsche. 429.
Sühnopfer. Von Steiner. 429.
Sünde. Von Schenkel. 431.
Sünde wider den Heiligen Geist, s. Sünde.
Sündenfall, s. Sünde.
Sündenvergebung, s. Vergebung.
Sünder, s. Sünde.
Sündflut. Von Dillmann.
Sündlosigkeit Jesu, s. Sollkommenheit Jesu Christi und Jesus Christus.
Sündopfer, s. Sühnopfer.
Sündwasser, s. Priesterweihe.
Sulamit, s. Hohes Lied.
Sunamitin, s. Sunem.
Sunem, Sulem. Von Kneucker. 439.
Sur, s. Schur.
Susan. Von Fritzsche. 440.
Susanna. Von Holtzmann. 440.
Susim. Von Steiner. 441.
Sychar, s. Sichem.
Syene. Von Merx. 441.
Symeon, s. Simeon.
Synagoge, die Große. Von Kneucker. 442.
Synagogen. Von Kneucker. 443.
Synedrium. Von Holtzmann. 446.
Syntyche, s. Euodia.
Syrafusa. Von Grundt. 451.
Syrien. Von Holtzmann. 452.
Syrophönizien. Von Holtzmann. 455.
Sorte. Von Grundt. 455.
Syrup, s. Honig.

Register

T.

Sabbath. Von Kneucker. 456.
Tabea, s. Tabitha.
Tabeel. Von Schenkel. 456.
Tabitha. Von Schenkel. 456.
Tabor. Von Furrer. 456.
Tabrimmon. Von Kneuder. 457.
Tachasch, s. Dachs.
Tafel, s. Mahlzeit.
Tag. Von Grundt. 457.
Taglöhner. Von Grundt. 458.
Tagreise. Von Grundt. 459.
Tagwähler, s. Aberglaube, Zauberei.
Talent. Von Kneuder. 460.
Talmai, s. Geschur.
Tamariske. Von Furrer. 461.
Tanne. Von Furrer. 461.
Tanz. Von Rosloff. 461.
Tapeten, s. Teppiche.
Tarpelaje. Von Kneuder. 462.
Tarsis, s. Tharsis.
Tarsus. Von Furrer. 462.
Tartsche, s. Waffen.
Tasche. Von Rosloff. 463.
Tataren, s. Scythen.
Tatnai. Von Schenkel. 463.
Taube. Von Furrer. 463.
Taufe. Von Schenkel. 464.
Tebach oder Tebal, s. Betach.
Tebet, s. Kalender.
Teiche. Von Furrer. 467.
Teig, s. Sauerteig.
Telaim. Von Kneuder. 468.
Telem, s. Telaim.
Tempel. Von Diestel. 468.
Tempelmarkt, s. Tempel und Tempelpolizei.
Tempelpolizei, Tempelwache. Von Kneuder. 484.
Tempelraub, s. Räuber.
Tenne. Von Rosloff. 486.
Teppiche. Von Rosloff. 486.
Teppichmacher. Von Rosloff. 486.
Terapim, s. Theraphim.
Terebinthe. Von Furrer. 486.
Terebinthenthal, s. Eichgrund.
Tertius. Von Schenkel. 487.
Tertullus. Von Schenkel. 487.
Testament, A. und N., s. Kanon des A. und N. T.
Tetrarchen. Von Reim. 487.
Teufel, s. Satan.
Teufelsklaue. Von Furrer. 490.

Thaanach. Von Kneuder. 490.
Thaanath-Schilo. Von Kneuder. 490.
Thabor, s. Tabor.
Thachasch, s. Dachs.
Thachmekes. Von Merz. 490.
Thachpenes. Von Merz. 490.
Thaddäus, s. Judas.

Thadmor. Von Furrer. 491.
Thaenach, s. Thaanach.
Thäler. Von Furrer. 491.
Thalmai, s. Geschur.
Thalthor, s. Jerusalem.
Thamar oder Tamar. Von Schenkel. 492.
Thamar. Von Schenkel. 493.
Thammuz. Von Merz. 493.
Thamnus, s. Thammuz.
Thappuah, En(Ain)-Thappuah. Von Kneuder. 494.
Tharah. Von Kneuder. 494.
Tharala. Von Kneuder. 494.
Tharschisch, s. Tharsis.
Tharsis, Tharsisch. Von Kneuder. 494.
Thartak. Von Merz. 495.
Tharthan. Von Merz. 496.
Thaten, s. Werke.
Thatnai, s. Tatnai.
Thau. Von Furrer. 496.
Theater, s. Spiele.
Thebez. Von Kneuder. 496.
Theboe. Von Furrer. 497.
Thel-Abib. Von Kneuder. 497.
Thelassar. Von Steiner. 497.
Thelbarscha. Von Steiner. 497.
Thelmelach. Von Steiner. 497.
Thema. Von Kneuder. 497.
Theman. Von Schenkel. 498.
Theophilus. Von Holtzmann. 498.
Therah oder Terah. Von Schenkel. 498.
Theraphim. Von Merz. 499.
Thessalonich. Von Holtzmann. 499.
Thessalonicher, Briefe an die. Von Holtzmann. 501.
Theudas. Von Reim. 510.
Theuerung. Von Furrer. 513.
Thibul oder Tibni. Von Schenkel. 514.
Thibeal. Von Schenkel. 514.
Thiere. Von Furrer. 514.
Thiglath-Pileser (mit 1 Abb.). Von Schrader. 514.
Thimna. Von Grundt. 518.
Thimnath-Heres, s. Thimnath-Serach.
Thimnath-Serach oder Thimnath-Heres. Von Kneuder. 518.
Thimenholz. Von Furrer. 519.
Thiphsach, Thipsach. Von Kneuder. 519.
Thiras. Von Nöldeke. 519.
Thirhafa. Von Dillmann. 520.
Thirza. Von Furrer. 521.
Thisbe. Von Kneuder. 521.
Thochen. Von Kneuder. 521.

Thogarma, Togarma, s. Armenien.
Thoi. Von Nöldeke. 521.
Thola. Von Schenkel. 522.
Tholad. Von Kneuder. 522.
Thomas. Von Holtzmann. 522.
Thon. Von Rosloff. 523.
Tophel. Von Kneuder. 523.
Thophetb. Von Furrer. 523.
Thore, s. Städte, Jerusalem.
Thoren, Thorheit, s. Sünde, Weisheit.
Thrazien. Von Kneuder. 523.
Thron, s. Geräthe und Königthum.
Thubal. Von Kneuder. 524.
Thubalkain. Von Schenkel. 525.
Thüren, Thürhüter, s. Häuser.
Thürme. Von Krentel. 525.
Thyatira. Von Schenkel. 526.
Thymian. Von Furrer. 526.
Tibchath, s. Betach.
Tiberias. Von Weizsäcker. 526.
Tiberius. Von Reim. 528.
Tiegel, s. Schmelzen.
Tiglatpileser, s. Thiglath-Pileser.
Tigris. Von Nöldeke. 536.
Till, s. Dill.
Timotheus. Von Schenkel. 537.
Timotheus. Von Schenkel. 538.
Timotheus (Briefe an den), s. Pastoralbriefe.
Tinte, s. Schreibkunst.
Tisch, s. Geräthe.
Titus. Von Schenkel. 539.
Titus (Brief an den), s. Pastoralbriefe.
Tob. Von Kneuder. 540.
Tobias. Von Fritzsche. 540.
Tocht oder Docht, s. Geräthe.
Tochter, s. Ehe, Aeltern, Kinder.
Tod. Von Schenkel. 541.
Todesstrafen, s. Strafen.
Todsünde, s. Sünde.
Todt, s. Tod.
Todtenbeschwörer. Von Krentel. 544.
Todtschlag, s. Mord.
Ton, s. Musik.
Tonne, s. Maße.
Topas, s. Edelsteine.
Topf, s. Geräthe.
Töpfer. Von Rosloff. 545.
Trabanten, s. Läufer.
Träber, s. Johannisbrotbaum.
Trachonitis. Von Kneuder. 546.
Tragakanth. Von Furrer. 546.

Register

Trank, s. Getränke.
Trankopfer. Von Steiner. 547.
Traubenthal, s. Thäler.
Trauer, s. Klage.
Träume. Von Holtzmann. 547.
Tretabern, s. Forum Appii.
Treue. Von Späth. 548.
Tribut, s. Abgaben, Steuern.
Trinkgeschirr, s. Geräthe.
Tripolis. Von Kneucker. 548.
Troas. Von Schenkel. 549.
Trogullum. Von Kneucker. 549.
Trompete, s. Musik.
Trophimus. Von Schenkel. 549.
Trost. Von Schenkel. 550.
Tröster, s. Trost.
Trübsal, s. Leiden.
Tryphäna, Tryphosa. Von Schenkel. 550.
Tryphon. Von Fritzsche. 550.
Tryphosa, s. Tryphäna.
Tubin. Von Fritzsche. 551.
Tubiner, s. Tubin.
Tuch, Tücher. Von Roskoff. 551.
Tugend. Von Schenkel. 551.
Tünchen. Von Roskoff. 552.
Turban. Von Roskoff. 552.
Türkis, s. Edelsteine.
Turteltaube. Von Furrer. 553.
Tychikus. Von Schenkel. 553.
Tyrannus. Von Schenkel. 554.
Tyrus. Von Kneucker. 554.

U.

Uebel, s. Leiden, Krankheiten, das Böse.
Uebersetzungen der Bibel. Von Fritzsche. 558.
Uhren. Von Roskoff. 575.
Uhu, s. Eule.
Ulai. Von Nölbeke. 576.
Ulam. Von Schenkel. 577.
Ungehorsam. Von Späth. 577.
Ungeziefer, s. Fliege.
Unglaube. Von Schenkel. 578.
Unreinigkeit, s. Reinigkeit.
Unschuld. Von Späth. 578.
Unsterblichkeit. Von Schenkel. 579.
Unterricht, s. Erziehung, Synagogen.
Unterthan, s. Obrigkeit.
Untugend, s. Tugend.
Unwissenheit. Von Späth. 579.
Unzuchtsvergehen. Von Kneucker. 580.
Uphas. Von Kneucker. 581.
Ur, s. Ur Kasdim.
Urban. Von Schenkel. 581.
Uria. Von Schenkel. 581.
Urim und Thummim. Von Steiner. 581.
Ur Kasdim. Von Bertheau. 585.
Usa. Von Schenkel. 585.
Usal. Von Steiner. 585.
Usia. Von Schenkel. 585.
Uz. Von Merx. 586.

V.

Basti. Von Fritzsche. 588.
Vater, s. Aeltern.
Vaterland (-stadt), Vaterlandsliebe. Von Wittichen. 589.
Vedan. Von Kneucker. 590.
Venus, s. Meni.
Verbannung, s. Strafen.
Verbote, s. Gesetz.
Verdammniß, s. Hades und Weltgericht.
Verderben, s. Sünde und Weltgericht.
Verfluchung, s. Fluch.
Verfolgung. Von Schenkel. 590.
Verführung. Von Wittichen. 591.
Vergänglichkeit. Von Wittichen. 592.
Vergebung. Von Schenkel. 592.
Vergeltung. Von Schenkel. 594.
Verhärtung, s. Verstockung.
Verklärung Jesu, s. Jesus Christus.
Verleumdung. Von Schenkel. 594.
Verlobung, s. Hochzeit, Ehe.
Vermögen, s. Besitz.
Vernunft. Von Schenkel. 594.
Versammlungen, s. Gemeinde und Synagogen.
Verschnittene. Von Steiner. 595.
Versiegeln, s. Siegel.
Versöhnung, Verführung. Von Schenkel. 596.
Versöhnungstag. Von Steiner. 597.
Verstockung. Von Schenkel. 599.
Versucher, s. Versuchung.
Versuchung. Von Schenkel. 600.
Verführung, s. Sühnopfer und Versöhnung.
Vertrauen. Von Späth. 601.
Verwaltung. Von Krenkel. 601.
Verwandtschaft, s. Aeltern, Ehe, Eheverbote.
Verwerfung, s. Erwählung und Verstockung.
Verweisung, s. Tod.
Viehzucht. Von Roskoff. 602.
Vielweiberei, s. Ehe, Frauen, Geschlechtsverkehr, Harem, Keuschheitsgesetze.
Vierfürst, s. Tetrarchen.
Vögel. Von Furrer. 603.
Völker, s. Heiden und Völkertafel.
Völkertafel (mit 1 lithographirten Tafel). Von Merx. 604.
Vollendung, s. Vollkommenheit.
Vollkommenheit, Vollkommenheit Jesu Christi. Von Schenkel. 611.
Vorbild. Van Diestel. 613.
Vorhang, s. Stiftshütte und Tempel.
Vorhaut, s. Beschneidung.
Vorhof, s. Stiftshütte u. Tempel.
Vorsehung, Vorherbestimmung. Von Holtzmann. 621.

W.

Wachen, Wachsamkeit. Von Späth. 627.
Wachholderbaum, s. Ginster.
Wachtel. Von Furrer. 627.
Wächter. Von Furrer. 628.
Waffen. Von Roskoff. 628.
Wage. Von Roskoff. 631.
Wagen. Von Roskoff. 631.
Wahl, s. Erwählung.
Wahrheit, Wahrhaftigkeit. Von Schenkel. 631.
Wahrsager, s. Zauberei.
Waisen und Witwen. Von Grundt. 634.
Waizen, s. Getreide.
Wälder. Von Furrer. 635.
Waldesel. Von Furrer. 636.
Waldochs, s. Gazelle.
Wallfisch. Von Furrer. 637.
Walter. Von Roskoff. 637.
Walterfeld, s. Walter.
Wand, s. Häuser.
Wandel, s. Werke.
Waschen. Von Grundt. 638.
Wasser. Von Furrer. 639.
Wassermelonen. Von Furrer. 639.
Webebrote, s. Heben und Weben.
Webebruh, s. Heben und Weben.
Webegarbe, s. Heben und Weben.
Weben, s. Heben und Weben.
Weberei, s. Handwerke, Birken.
Wechsler. Von Roskoff. 640.
Wege, s. Straßen.
Wehmutter, s. Geburt.
Weib, s. Frauen.
Weiden. Von Grundt. 641.
Weidenbach, s. Bäche.
Weihe, s. Weihen.
Weihen. Von Steiner. 641.
Weihrauch. Von Roskoff. 642.

Register

Wein, Weinbau. Von Furrer. 643.
Weise, s. Weisheit.
Weisheit. Von Fritzsche. 645.
Weisheit, Buch der. Von Fritzsche. 647.
Weissagung, s. Messianische Weissagungen, Propheten und Zukunft.
Weizen, s. Getreide.
Welt, Weltschöpfung, Weltregierung, Weltgericht. Von Holtzmann. 652.
Weltende, s. Erde, Himmel, Welt, Weltgericht, Zukunft.
Werke (gute). Von Schenkel. 663.
Wermuth. Von Rosloff. 663.
Westwind, s. Winde.
Wetter, s. Witterung.

Widder. Von Steiner. 664.
Widerchrist, s. Antichrist.
Wiedehopf. Von Furrer. 664.
Wiedergeburt. Von Schenkel. 664.
Wiederkunft Christi, s. Zukunft.
Wiesel. Von Furrer. 665.
Wild, s. Thiere.
Wille. Von Wittichen. 665.
Winde. Von Furrer. 666.
Windeln. Von Rosloff. 668.
Windspiel. Von Furrer. 669.
Winter, s. Zeit (Jahreszeit).
Wirken. Von Rosloff. 669.
Witterung. Von Furrer. 670.
Wittwe, s. Waisen.
Woche, s. Sabbat.
Wohlgefallen. Von Wittichen. 673.

Wohlgerüche. Von Rosloff. 674.
Wohnungen, s. Häuser, Zelte.
Wolf. Von Furrer. 675.
Wolken, s. Witterung.
Wolken- und Feuersäule, s. Feuer.
Wollust, s. Lust, Unzuchtsvergehen.
Wort (Logos), s. Alexandrinische Religionsphilosophie und Wort Gottes.
Wort Gottes. Von Schenkel. 675.
Wucher. Von Rosloff. 676.
Wunder. Von Schenkel. 677.
Wunderbaum, s. Kürbis.
Würmer. Von Furrer. 679.
Würze. Von Rosloff. 679.
Wüste. Von Furrer. 680.

X.

Xanthicus. Von Kneucker. 685.
Xerxes, s. Ahasverus, Esther und Perser.

Y.

Yjop. Von Furrer. 685.

Z.

Zaanan. Von Kneucker. 686.
Zaanannim. Von Kneucker. 686.
Zabbiel. Von Fritzsche. 686.
Zabedäer. Von Steiner. 687.
Zacharias, s. Sacharja.
Zachäus. Von Schenkel. 687.
Zadok. Von Schenkel. 687.
Zahlen bei den Hebräern. Zahlensymbolik in der H. Schrift. Von Kneucker. 688.
Zair. Von Kneucker. 695.
Salmon. Von Kneucker. 695.
Salmona. Von Kneucker. 695.
Zange. Von Rosloff. 696.
Zank. Von Wittichen. 696.
Zapfen. Von Kneucker. 696.
Zarea, Zareia, s. Zora.
Zareda, s. Zarthan.
Zarpath, s. Sarepta.
Zarthan. Von Kneucker. 696.
Zauberei. Von Merz. 697.
Zauberer, s. Zauberei.
Zebach. Von Schenkel. 702.
Zebaoth. Von Schrader. 702.
Zebedäus. Von Schenkel. 703.
Zeboim. Von Kneucker. 703.
Zebul. Von Schenkel. 703.
Zebub. Von Kneucker. 704.
Zedekia. Von Schenkel. 704.
Zehn Städte, s. Dekapolis.
Zehnt. Von Holtzmann. 705.
Zeichen, s. Wunder.
Zeichendeuterei, s. Zauberei.
Zeiger, s. Uhren.
Zeit, Jahreszeit. Von Kneucker. 706.
Zela. Von Kneucker. 707.

Zeloten. Von Holtzmann. 707.
Zelotes, s. Simon.
Zelte. Von Furrer. 709.
Seljah, Seljach. Von Kneucker. 710.
Zemaraim. Von Kneucker. 710.
Zemari. Von Kneucker. 710.
Zenan, s. Zaanan.
Zenas. Von Schenkel. 710.
Zephanja. Von Schrader. 711.
Zephanja (Buch), s. Zephanja.
Zephath, s. Horma.
Zer. Von Kneucker. 712.
Zereda, Zerera, Zereratha, s. Zarthan.
Zereth-Halschachar, Zereth-Gaber. Von Kneucker. 712.
Zerstreuung (Diaspora). Von Weizsäcker. 712.
Zeruja. Von Schenkel. 716.
Zeugen. Von Krenkel. 716.
Zeugniss, s. Zeugen.
Zibei, s. Mephibojeth.
Ziddim. Von Kneucker. 718.
Zidon, s. Sidon.
Siegel. Von Rosloff. 718.
Ziegelthor, s. Jerusalem.
Ziegen. Von Furrer. 719.
Zihim, Zijim. Von Kneucker. 720.
Zittag. Von Kneucker. 720.
Zilla, s. Lamech.
Zimmermann, s. Handwerke.
Zimmerthal, s. Thäler.
Zimmt. Von Furrer. 720.
Zin. Von Steiner. 721.

Zinn, s. Metalle.
Zinna, s. Zin.
Zinne, s. Tempel.
Zinsen, s. Darlehn, Wucher, Geld.
Zinsgroschen, s. Abgaben, Drachme.
Zion, s. Jerusalem.
Zior. Von Kneucker. 721.
Zippora. Von Schenkel. 721.
Sitz. Von Kneucker. 721.
Soan. Von Merz. 721.
Soar. Von Merz. 722.
Zoba, s. Aram-Zoba.
Zoll, Zöllner. Von Holtzmann. 723.
Zophar, s. Hiob.
Zora, Zorea. Von Kneucker. 724.
Zorn. Von Schenkel. 724.
Zucht, s. Züchtigung.
Züchtigung. Von Schenkel. 725.
Zukunft (Wiederkunft) Christi, s. Zukunft.
Zukunft. Von Wittichen. 725.
Zulassung, s. das Böse, Freiheit.
Zungen, s. Zungenreden.
Zungenreden. Von Schenkel. 732.
Zupf. Von Kneucker. 737.
Zurechnung. Von Schenkel. 738.
Zuversicht, s. Vertrauen.
Zwiebeln. Von Furrer. 738.
Zwillinge, s. Dioskuren.

Berichtigungen.

Band 1, Seite 13, Zeile 3 v. o. sind die Worte: (s. Todestag Jesu) zu streichen.
» 5, » 525, » 17 v. u. ist nach Phöniziern ein Komma zu setzen.

Druck von F. A. Brockhaus in Leipzig.

B. Palaestinische Entwicklung.

Beschriftete Steine 8-7 Jh.	Alte Sekel	Maccabäische Sekel 105-37 v. Chr.	Münzen der Aufstände 68-135 nach Chr.	Samaritanisch 5-6 tes Jhrh.	Modernes Handschriften
✶	F ✕	✶	✕	✕	м
ϟ	ϟ 9	9	9	Э	ϫ
	⅂ ∧	⅂	⌐	⁊	ɼ
◁	◁	◁		⌐	⌐
⊒	⊒	◻ ⊒ ⅂		ⅎ	ⅎ ⅌
⅄⅄	⅄	⅄⅄	⅄⅄ ⅄⅄	⅄	∵
⊐			⅁	(⅁)	⋔
	⊟	⊟	⊟	⊟	⅂
				⅁	ϧ
ℤ	ℤ ⅄	ℤ ℤ ⅄		⅏	⅏

www.ingramcontent.com/pod-product-compliance
Lightning Source LLC
Chambersburg PA
CBHW020137170426
43199CB00010B/788